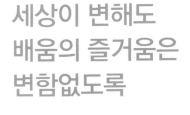

세상이 변해도
배움의 즐거움은
변함없도록

시대는 빠르게 변해도
배움의 즐거움은
변함없어야 하기에

어제의 비상은
남다른 교재부터
결이 다른 콘텐츠
전에 없던 교육 플랫폼까지

변함없는 혁신으로
교육 문화 환경의 새로운 전형을
실현해왔습니다.

비상은 오늘, 다시 한번
새로운 교육 문화 환경을 실현하기 위한
또 하나의 혁신을 시작합니다.

오늘의 내가 어제의 나를 초월하고
오늘의 교육이 어제의 교육을 초월하여
배움의 즐거움을 지속하는 혁신,

바로, 메타인지 기반 완전 학습을.

상상을 실현하는 교육 문화 기업 비상

메타인지 기반 완전 학습
초월을 뜻하는 meta와 생각을 뜻하는 인지가 결합한 메타인지는
자신이 알고 모르는 것을 스스로 구분하고 학습계획을 세우도록 하는
궁극의 학습 능력입니다. 비상의 메타인지 기반 완전 학습 시스템은
잠들어 있는 메타인지를 깨워 공부를 100% 내 것으로 만들도록 합니다.

나만의
공부계획표를
작성해 보자!

초등학교   이름

(나에 대하여)

나는	
집중이 잘 되는 시간은	
공부가 잘 되는 장소는	
나의 장점은	
좀 더 잘했으면 하는 점은	
내가 꿈꾸는 미래의 모습은	

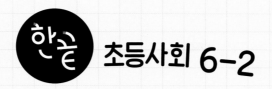

공부계획표

01일차	02일차	03일차
10~13쪽	14~17쪽	18~21쪽
월 일	월 일	월 일

06일차	07일차	08일차
30~33쪽	34~37쪽	38~41쪽
월 일	월 일	월 일

11일차	12일차	13일차
50~53쪽	54~57쪽	58~61쪽
월 일	월 일	월 일

16일차	17일차	18일차
74~77쪽	78~81쪽	82~85쪽
월 일	월 일	월 일

21일차	22일차	23일차
94~97쪽	98~101쪽	102~105쪽
월 일	월 일	월 일

나의 다짐

나는 이렇게 공부할 거야! ✏

한끝

진도책

초등
사회 | 6·2

한끝 구성과 특징

진도책

개념 학습

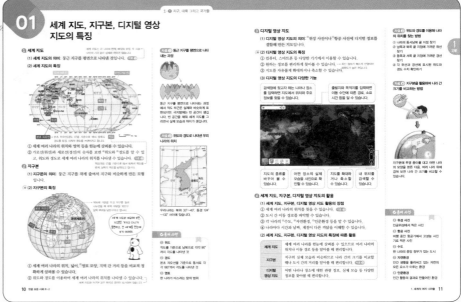

11종 사회 교과서를 꼼꼼하게 분석하여 핵심 주제를 선정하고, 이를 개념 정리와 사진, 그림 자료로 한눈에 들어오게 정리하였습니다. 한 번에 학습하기에 알맞은 분량의 개념을 펼친 면으로 구성하여 집중도 높은 학습이 이루어지도록 하였습니다.

문제 학습

주제별 개념을 핵심 체크 ▶ 개념 문제 ▶ 확인 문제를 통해 완벽하게 이해할 수 있도록 하였습니다.

중단원 학습

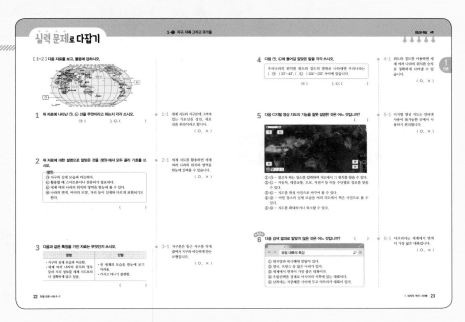

중단원 단위의 학습을 문제를 풀면서 체계적으로 복습할 수 있도록 하였습니다.

단원 마무리

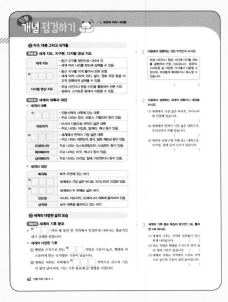

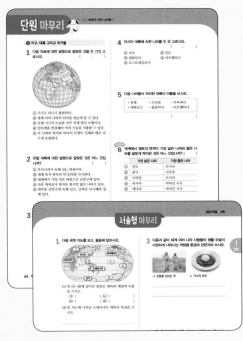

대단원 단위의 학습을 빈칸을 채우며 정리하고, 핵심 문제로 확인하도록 하였습니다. 답을 글로 쓰는 서술형 문제로 배운 내용을 다시 한번 확인할 수 있습니다.

사회 공부
한 권으로 끝!

평가책

- 단원 평가 대비
  중단원별 개념 정리 / 쪽지 시험
  실전 단원 평가 / 수행 평가

- 학업성취도 평가 대비
  학업성취도 평가 대비 문제

한끝과 내 교과서 단원 비교하기

1 세계의 여러 나라들

		한끝	비상교육	비상교과서	교학사	금성	김영사	동아	미래엔	아이스크림	지학사	천재교육	천재교과서
❶ 지구, 대륙 그리고 국가들	**01** 세계 지도, 지구본, 디지털 영상 지도의 특징	10~13	10~18	11~15	11~14	12~19	12~18	8~11	14~19	11~19	10~15	12~19	17~21
	02 세계의 대륙과 대양	14~17	19~25	16~21	16~21	20~25	19~22	12~15	20~25	17~19	16~21	20~21	22~27
	03 세계 여러 나라의 영토 특징	18~21	26~30	22~28	22~30	26~34	23~34	16~28	26~29	20~30	22~26	22~32	28~34
❷ 세계의 다양한 삶의 모습	**01** 세계의 기후 분포	26~29	32~35	31~34	33~36	36~39	38~40	32~33	34~38	35~38	30~35	36~37	37~39
	02 열대, 건조, 온대 기후 지역 사람들의 생활 모습	30~33	36~38	35~37	37~42	40~43	41~46	34~36	39~41	40~43	36~41	38~47	40~45
	03 냉대, 한대, 고산 기후 지역 사람들의 생활 모습	34~37	39~47	38~41	37~42	44~46	41~46	37~41	42~43	40~43	36~41	38~47	40~45
	04 세계 여러 나라 사람들의 의식주 문화	38~41	48~54	42~52	44~54	47~53	47~58	42~54	44~53	44~49	42~48	48~56	46~56
❸ 우리나라와 가까운 나라들	**01** 이웃 나라의 자연환경과 인문환경	46~49	56~60	63~66	57~60	56~65	62~66	66~71	58~61	57~62	52~57	60~67	59~63
	02 우리나라와 이웃 나라의 교류 모습	50~53	61~65	60~62, 67~74	61~68	66~67	67~73	62~64, 72~76	62~69	64~66	58~61	68~71	64~71
	03 우리나라와 관계 깊은 나라들	54~57	66~74	55~62	69~76	68~73	74~82	58~61	70~77	67~74	62~68	72~80	72~80

2 통일 한국의 미래와 지구촌의 평화

		한끝	비상 교육	비상 교과서	교학사	금성	김영사	동아	미래엔	아이스 크림	지학사	천재 교육	천재 교과서
❶ 한반도의 미래와 통일	**01** 우리 땅 독도	70 ~73	84 ~95	85 ~95	89 ~99	84 ~93	92 ~102	86 ~95	90 ~99	87 ~93	78 ~89	90 ~99	93 ~103
	02 남북통일과 통일 한국의 미래	74 ~77	96 ~104	96 ~106	100 ~108	94 ~101	103 ~110	96 ~106	100 ~105	94 ~103	90 ~100	100 ~108	104 ~112
❷ 지구촌의 평화와 발전	**01** 지구촌 갈등의 원인과 문제점 그리고 해결 방안	82 ~85	106 ~115	109 ~115	111 ~116	104 ~113	114 ~119	110 ~117	110 ~115	109 ~116	104 ~109	112 ~115	115 ~127
	02 지구촌의 평화와 발전을 위한 노력	86 ~89	116 ~124	116 ~128	117 ~126	114 ~121	120 ~128	118 ~126	116 ~129	117 ~126	110 ~122	116 ~126	128 ~132
❸ 지속 가능한 지구촌	**01** 지구촌에서 나타나는 환경 문제	94 ~97	126 ~134	131 ~137	129 ~136	124 ~131	132 ~138	130 ~137	134 ~141	131 ~136	126 ~131	130 ~137	138 ~143
	02 지속 가능한 미래	98 ~101	135 ~147	138 ~152	137 ~148	132 ~141	139 ~150	138 ~152	142 ~151	137 ~146	132 ~142	138 ~144	135 ~137, 144 ~152

한끝의 각 일차가 내 교과서의
몇 쪽에 해당하는지 확인할 수 있어!
만약 비상 교과서 31~34쪽이면
한끝 26~29쪽을 공부하면 돼.

한끝 차례

1 세계의 여러 나라들

2 통일 한국의 미래와 지구촌의 평화

규칙적으로 공부하고, 공부한 내용을
확인하는 과정을 반복하면서 사회가
재밌어지고, 자신감이 쌓여 갈 거야.

1

세계의 여러 나라들

01 세계 지도, 지구본, 디지털 영상 지도의 특징

❶ 세계 지도

(1) **세계 지도의 의미**: 둥근 지구를 평면으로 나타낸 것입니다. 자료①

세계 지도는 각 나라의 면적, 바다의 모양, 두 지점 사이의 거리 등이 실제와 차이가 있습니다.

(2) **세계 지도의 특징**

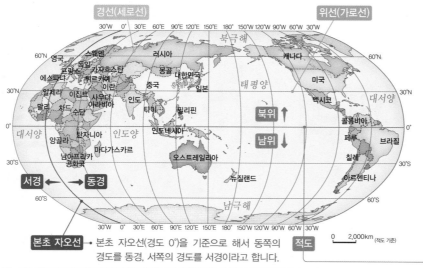

본초 자오선(경도 0°)을 기준으로 해서 동쪽의 경도를 동경, 서쪽의 경도를 서경이라고 합니다.

① 세계 여러 나라의 위치와 영역 등을 한눈에 살펴볼 수 있습니다.

② 가로선(위선)과 세로선(경선)의 숫자를 보면 ❶위도와 ❷경도를 알 수 있고, 위도와 경도로 세계 여러 나라의 위치를 나타낼 수 있습니다. 자료②

적도(위도 0°)를 기준으로 해서 북쪽의 위도를 북위, 남쪽의 위도를 남위라고 합니다.

❷ 지구본

(1) **지구본의 의미**: 둥근 지구를 작게 줄여서 지구와 비슷하게 만든 모형입니다.

⭐ (2) **지구본의 특징**

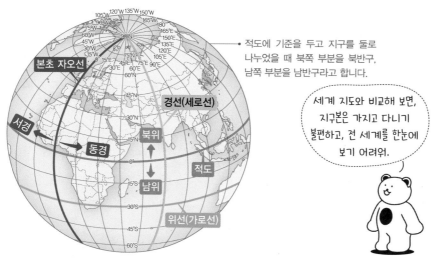

적도에 기준을 두고 지구를 둘로 나누었을 때 북쪽 부분을 북반구, 남쪽 부분을 남반구라고 합니다.

세계 지도와 비교해 보면, 지구본은 가지고 다니기 불편하고, 전 세계를 한눈에 보기 어려워.

① 세계 여러 나라의 위치, 넓이, ❸영토 모양, 지역 간 거리 등을 비교적 정확하게 살펴볼 수 있습니다.

② 위도와 경도를 이용하여 세계 여러 나라의 위치를 나타낼 수 있습니다.

세계 지도와 지구본 모두 위선과 경선이 표시되어 있습니다.

자료① **둥근 지구를 평면으로 나타내는 과정**

둥근 지구를 평면으로 나타내는 과정에서 적도 부근은 실제와 비슷하게 표현되지만, 극지방에는 빈 공간이 생깁니다. 빈 공간을 채워 세계 지도를 그리면서 실제 모습과 차이가 생깁니다.

자료② **위도와 경도로 나타낸 우리나라의 위치**

우리나라는 북위 33°~43°, 동경 124°~132° 사이에 있습니다.

✔ 용어 사전

❶ **위도**
적도를 기준으로 남북으로 각각 90°까지 각도를 나타낸 것

❷ **경도**
본초 자오선을 기준으로 동서로 각각 180°까지 각도를 나타낸 것

❸ **영토**
한 나라가 다스리는 땅의 범위

③ 디지털 영상 지도

(1) 디지털 영상 지도의 의미: ❹위성 사진이나 ❺항공 사진에 디지털 정보를 결합해 만든 지도입니다.

⭐(2) 디지털 영상 지도의 특징

① 컴퓨터, 스마트폰 등 다양한 기기에서 이용할 수 있습니다.

② 원하는 정보를 편리하게 찾아볼 수 있습니다. → 최신 정보가 빠르게 반영되어 정확도가 높은 편입니다.

③ 지도를 자유롭게 확대하거나 축소할 수 있습니다.

(3) 디지털 영상 지도의 다양한 기능

검색창에 찾고자 하는 나라나 장소를 입력하면 지도에서 위치와 주요 정보를 찾을 수 있습니다.

출발지와 목적지를 입력하면 이동 수단에 따른 경로, 소요 시간 등을 알 수 있습니다.

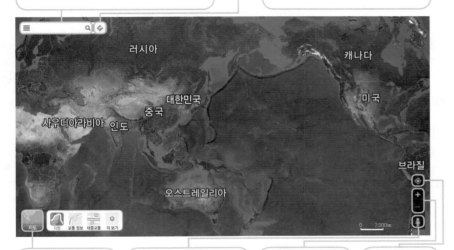

지도의 종류를 바꾸어 볼 수 있습니다.

어떤 장소의 실제 모습을 사진으로 확인할 수 있습니다.

지도를 확대하거나 축소할 수 있습니다.

내 위치를 검색할 수 있습니다.

④ 세계 지도, 지구본, 디지털 영상 지도의 활용

(1) 세계 지도, 지구본, 디지털 영상 지도 활용의 장점

① 세계 여러 나라의 위치를 찾을 수 있습니다. (자료 ③)

② 도시 간 이동 경로를 파악할 수 있습니다.

③ 각 나라의 ❻수도, ❼자연환경, ❽인문환경 등을 알 수 있습니다.

④ 나라마다 시간과 날짜, 계절이 다른 까닭을 이해할 수 있습니다.

(2) 세계 지도, 지구본, 디지털 영상 지도의 특징에 따른 활용

세계 지도	세계 여러 나라를 한눈에 살펴볼 수 있으므로 여러 나라의 위치나 이동 경로 등을 알아볼 때 편리합니다.
지구본	지구의 실제 모습과 비슷하므로 나라 간의 크기를 비교할 때나 도시 간의 거리를 알아볼 때 편리합니다. (자료 ④)
디지털 영상 지도	어떤 나라나 장소에 대한 관광 정보, 실제 모습 등 다양한 정보를 찾아볼 때 편리합니다.

자료 ③ 위도와 경도를 이용해 나라의 위치를 찾는 방법

① 나라의 동서남북 끝 지점 찾기

② 남쪽과 북쪽 끝 지점에 가까운 위선 찾기

③ 동쪽과 서쪽 끝 지점에 가까운 경선 찾기

④ 각 위선과 경선에 표시된 위도와 경도 수치 확인하기

자료 ④ 지구본을 활용하여 나라 간 크기를 비교하는 방법

지구본에 투명 종이를 대고 어떤 나라의 모양을 본뜬 다음, 여러 나라 위에 겹쳐 보면 나라 간 크기를 비교할 수 있습니다.

✅ 용어 사전

❹ **위성 사진**
인공위성에서 찍은 사진

❺ **항공 사진**
비행 중인 항공기에서 고성능 사진기로 찍은 사진

❻ **수도**
한 나라의 중앙 정부가 있는 도시

❼ **자연환경**
인간 생활을 둘러싸고 있는 자연의 모든 요소가 이루는 환경

❽ **인문환경**
인간 활동의 결과로 만들어진 환경

기본 문제로 익히기

● 세계 지도, 지구본, 디지털 영상 지도의 의미와 특징

세계 지도	• 둥근 지구를 ❶ ☐☐으로 나타낸 것입니다. • 세계 여러 나라의 위치와 영역 등을 한눈에 살펴볼 수 있습니다.
❷ ☐☐☐	• 둥근 지구를 작게 줄여서 지구와 비슷하게 만든 모형입니다. • 세계 여러 나라의 위치, 넓이 등을 비교적 정확하게 살펴볼 수 있습니다.
디지털 영상 지도	• ❸ ☐☐ 사진이나 항공 사진을 활용하여 만든 지도입니다. • 컴퓨터, 스마트폰 등 다양한 기기에서 이용할 수 있습니다. • 지도를 자유롭게 ❹ ☐☐ 하거나 축소할 수 있습니다.

● 세계 지도, 지구본, 디지털 영상 지도의 활용

• ❺ ☐☐☐☐는 여러 나라의 위치를 한눈에 살펴볼 때 편리합니다.

• 지구본은 나라 간의 크기를 비교할 때나 도시 간의 ❻ ☐☐를 알아볼 때 편리합니다.

• 디지털 영상 지도는 어떤 나라나 장소에 대한 다양한 ❼ ☐☐를 찾아볼 때 편리합니다.

1 ( )은/는 둥근 지구를 평면으로 나타낸 것입니다.

2 세계 지도에 대한 설명이 맞으면 ○표, 틀리면 ✕표 하시오.

(1) 세계 여러 나라의 위치와 영역 등을 한눈에 살펴볼 수 있습니다. ( )

(2) 세계 지도에 그어져 있는 가로선을 경선, 세로선을 위선이라고 합니다. ( )

(3) 세계 여러 나라의 위치, 넓이, 영토 모양 등을 비교적 정확하게 살펴볼 수 있습니다.

( )

3 다음 괄호 안에 들어갈 알맞은 말에 ○표 하시오.

> 디지털 영상 지도는 (종이 지도 , 위성 사진)에 디지털 정보를 결합하여 만든 지도입니다.

4 세계 지도, 지구본, 디지털 영상 지도의 특징을 잘못 이야기한 어린이는 누구인지 쓰시오.

지구본은 가지고 다니기 불편해.

세계 지도는 자유롭게 확대하거나 축소할 수 있어.

디지털 영상 지도에서는 어떤 장소의 실제 모습을 사진으로 볼 수 있어.

지유   승민   서연

( )

확인 문제

1 세계 지도에 대한 설명으로 알맞지 <u>않은</u> 것은 어느 것입니까? ( )

① 위선과 경선이 그어져 있다.
② 지구본보다 가지고 다니기 편리하다.
③ 둥근 지구를 평면으로 나타낸 것이다.
④ 각 나라의 면적을 정확하게 알 수 있다.
⑤ 세계 여러 나라의 모습을 한눈에 살펴볼 수 있다.

2 다음 빈칸에 공통으로 들어갈 알맞은 말을 쓰시오.

세계 지도와 지구본에는 가상의 가로선과 세로선이 그어져 있습니다. 가로선에 쓰여 있는 숫자를 보면 ( )을/를 알 수 있고, 세로선에 쓰여 있는 숫자를 보면 경도를 알 수 있습니다. ( ) 0°선을 적도, 경도 0°선을 본초 자오선이라고 합니다.

( )

3 ^{중요} 다음 자료의 특징으로 알맞은 것은 어느 것입니까? ( )

① ㉠은 적도, ㉡은 본초 자오선이다.
② 둥근 지구를 평면으로 나타낸 것이다.
③ 자유롭게 확대하거나 축소할 수 있다.
④ 세계 여러 나라의 위치를 한눈에 살펴볼 수 있다.
⑤ 여러 나라의 넓이를 비교적 정확하게 살펴볼 수 있다.

4 ^{서술형} 오른쪽 지도에 표시된 위도와 경도를 이용하여 우리나라의 위치를 나타내시오.

_____

_____

5 다음은 디지털 영상 지도입니다. ㉠~㉤ 중 지도를 확대하거나 축소할 수 있는 기능에 해당하는 것을 골라 기호를 쓰시오.

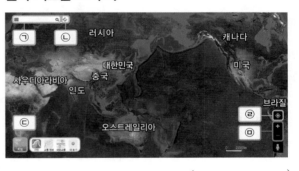

( )

6 세계 지도, 지구본, 디지털 영상 지도 활용의 장점으로 알맞지 <u>않은</u> 것은 어느 것입니까? ( )

① 도시 간 이동 경로를 파악할 수 있다.
② 세계 여러 나라의 위치를 찾을 수 있다.
③ 나라마다 시간과 날짜, 계절이 다른 까닭을 이해할 수 있다.
④ 각 나라의 수도, 자연환경, 인문환경 등에 대한 정보를 얻을 수 있다.
⑤ 세계 지도, 지구본, 디지털 영상 지도는 특징이 서로 같아 무엇을 활용해도 같은 정보를 얻을 수 있다.

02 세계의 대륙과 대양

❶ 세계의 대륙과 대양

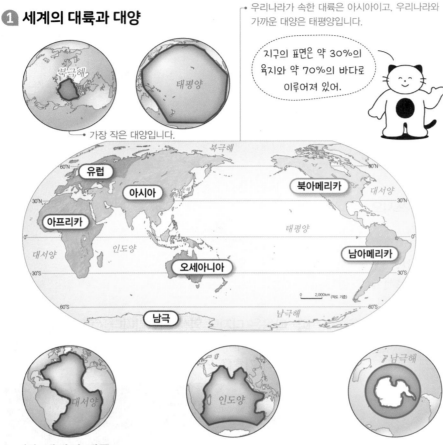

> 우리나라가 속한 대륙은 아시아이고, 우리나라와 가까운 대양은 태평양입니다.

> 지구의 표면은 약 30%의 육지와 약 70%의 바다로 이루어져 있어.

• 가장 작은 대양입니다.

(1) 세계의 대륙
① 대륙의 의미: 바다로 둘러싸인 커다란 땅덩어리를 말합니다.
⭐ ② 각 대륙의 특징 【자료 ①】

유럽	• 우랄산맥을 경계로 아시아의 서쪽에 있는 대륙입니다. • 대륙 중 면적이 좁은 편이지만 많은 나라가 있습니다. • 대서양과 북극해에 맞닿아 있습니다.
아프리카	• 유럽의 남쪽에 있으며, 아시아 다음으로 면적이 넓습니다. • ❶북반구와 ❷남반구에 걸쳐 있습니다.
아시아	• 대륙 중 면적이 가장 넓고, 우리나라가 속해 있습니다. • 북극해, 태평양, 인도양과 맞닿아 있습니다. _{세계 육지 면적의 약 30%를 차지합니다.}
오세아니아	• 남반구에 있으며, 대륙 중에서 면적이 가장 좁습니다. • 오스트레일리아와 여러 섬들이 있습니다.
북아메리카	• 북반구에 속해 있는 대륙입니다. • 태평양, 대서양, 북극해에 맞닿아 있습니다.
남아메리카	• 대부분 남반구에 속해 있는 대륙입니다. • 태평양, 대서양, 남극해에 맞닿아 있습니다.
남극	남극해로 둘러싸여 있는 대륙입니다.

• 대부분이 얼음으로 덮여 있습니다.

【자료 ①】 대륙을 구분하는 경계

유럽과 아시아의 경계는 우랄산맥, 아시아와 아프리카의 경계는 수에즈 ❸지협, 아시아와 오세아니아의 경계는 파푸아 뉴기니 국경입니다.

북아메리카와 남아메리카의 경계는 파나마 지협입니다.

✓ 용어 사전

❶ 북반구
적도(위도 0°)를 경계로 지구를 둘로 나누었을 때의 북쪽 부분

❷ 남반구
적도(위도 0°)를 경계로 지구를 둘로 나누었을 때의 남쪽 부분

❸ 지협
두 개의 육지를 연결하는 좁고 잘록한 땅

(2) 세계의 대양

① 대양의 의미: 큰 바다를 말합니다. 자료 ②

★ ② 각 대양의 특징

북극해	북극 주변에 있는 바다로, 아시아, 유럽, 북아메리카 대륙에 둘러싸여 있습니다. → 태평양 넓이의 10분의 1도 되지 않습니다.
태평양	• 세계에서 가장 넓은 바다로, 우리나라와 ④인접해 있습니다. • 아시아, 오세아니아, 북아메리카, 남아메리카 대륙에 둘러싸여 있고, 북쪽은 북극해, 남쪽은 남극해와 닿아 있습니다.
대서양	• 세계에서 두 번째로 넓은 바다입니다. • 북아메리카, 남아메리카, 유럽, 아프리카 대륙에 둘러싸여 있습니다.
인도양	아시아, 아프리카, 오세아니아 대륙에 둘러싸여 있습니다.
남극해	남극 대륙을 둘러싸고 있는 바다입니다.

❷ **대륙별 주요 나라** ⌐ 각 나라의 위치와 영역은 세계 지도, 지구본, 디지털 영상 지도를 활용하여 살펴볼 수 있습니다.

유럽	아프리카 자료 ❸
아시아	오세아니아
북아메리카	남아메리카 자료 ❹

자료 ❷ **바다 이름에 붙는 '양'과 '해'의 차이점**

양	'양'이 붙는 바다는 매우 큰 바다임. 예 태평양, 대서양
해	'해'가 붙는 바다는 육지와 섬이 가로막아 큰 바다와 떨어진 작은 바다임. 예 동해, 지중해

자료 ❸ 케냐의 위치와 영역

케냐는 아프리카 대륙에 있는 나라로, 남위 4°~북위 4°, 동경 34°~41°에 위치합니다. 남동쪽으로 인도양과 닿아 있으며, 동쪽에 소말리아, 남서쪽에 탄자니아가 있습니다.

자료 ❹ 페루의 위치와 영역

페루는 남아메리카 대륙에 있는 나라로, 0°~남위 18°, 서경 68°~81°에 위치합니다. 서쪽으로 태평양과 닿아 있으며, 동쪽에 브라질, 남쪽에 칠레가 있습니다.

✔**용어 사전**

❹ 인접
이웃하여 있거나 옆에 닿아 있음.

기본 문제로 익히기

핵심 체크

● 세계의 대륙

유럽	❶ ☐☐ 산맥을 경계로 아시아의 서쪽에 있는 대륙입니다.
❷ ☐☐☐☐	유럽의 남쪽에 위치하며, 대륙 중에서 두 번째로 면적이 넓습니다.
❸ ☐☐☐	면적이 가장 넓은 대륙으로, 북극해, 태평양, 인도양과 접해 있습니다.
오세아니아	남반구에 있으며, 대륙 중에서 면적이 가장 좁습니다.
북아메리카	태평양, ❹ ☐☐☐, 북극해에 맞닿아 있습니다.
남아메리카	대부분 남반구에 속하며, 태평양, 대서양, 남극해에 맞닿아 있습니다.
남극	남극해로 둘러싸여 있는 대륙입니다.

● 세계의 대양

북극해	북극 주변에 있는 바다입니다.
❺ ☐☐☐	세계에서 가장 넓은 바다로, 우리나라와 인접해 있습니다.
❻ ☐☐☐	세계에서 두 번째로 넓은 바다로, 북아메리카, 남아메리카, 유럽, 아프리카 대륙에 둘러싸여 있습니다.
인도양	아시아, 아프리카, 오세아니아 대륙에 둘러싸여 있습니다.
남극해	남극 대륙을 둘러싸고 있는 바다입니다.

개념 문제

1 다음 괄호 안에 들어갈 알맞은 말에 ○표 하시오.

(아시아 , 아프리카)는 세계에서 면적이 가장 넓은 대륙입니다.

2 세계의 대륙에 대한 설명이 맞으면 ○표, 틀리면 X표 하시오.

(1) 유럽 대륙은 면적이 좁은 편이지만 많은 나라가 있습니다. ( )

(2) 대륙 중에서 면적이 가장 좁은 것은 오세아니아 대륙입니다. ( )

(3) 남아메리카 대륙은 수에즈 지협을 경계로 남쪽에 있는 대륙입니다. ( )

3 세계에서 가장 넓은 바다로, 우리나라와 인접해 있는 바다를 무엇이라고 합니까?

( )

4 ( ) 대륙에는 캐나다, 미국, 멕시코 등의 나라가 있습니다.

확인 문제

1 다음 빈칸에 들어갈 알맞은 말을 쓰시오.

> 지구는 육지와 바다로 이루어져 있습니다. 그중에서 육지의 면적은 약 30%이고, 바다의 면적은 약 70%입니다. 바다로 둘러싸인 커다란 땅덩어리를 (   )(이)라고 하고, 큰 바다를 대양이라고 합니다.

(   )

중요

2 세계의 대륙에 대한 설명으로 알맞은 것은 어느 것입니까? (   )

① 오세아니아는 북반구에 있다.
② 유럽은 아시아 다음으로 큰 대륙이다.
③ 아시아는 대륙 중에서 면적이 가장 좁다.
④ 아프리카는 북반구와 남반구에 걸쳐 있다.
⑤ 남아메리카는 우리나라가 속해 있는 대륙이다.

[3~4] 다음 지도를 보고, 물음에 답하시오.

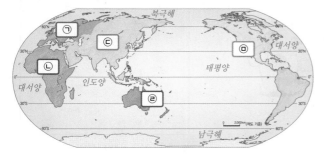

3 위 ㉠~㉫ 중 세계에서 가장 큰 대륙을 찾아 기호를 쓰시오.

(   )

4 위 ㉠~㉫ 대륙에 대한 설명으로 알맞지 <u>않은</u> 것은 어느 것입니까? (   )

① ㉠은 면적이 좁아서 나라도 적다.
② ㉡은 세계에서 두 번째로 큰 대륙이다.
③ ㉢에는 우리나라가 속해 있다.
④ ㉣은 남반구에 속해 있다.
⑤ ㉤은 북반구에 속해 있다.

서술형

5 다음 자료를 보고, 인도양의 위치와 범위 특징을 쓰시오.

_____

_____

_____

_____

6 다음 빈칸에 공통으로 들어갈 알맞은 말은 무엇입니까? (   )

> • (   )은/는 세계에서 가장 넓은 바다입니다.
> • 우리나라는 아시아 대륙에 속하며, (   )과/와 인접해 있습니다.

① 남극해   ② 대서양   ③ 북극해
④ 인도양   ⑤ 태평양

7 각 대륙에 속한 나라를 알맞게 짝지은 것은 어느 것입니까? (   )

① 유럽 – 이집트
② 아시아 – 미국
③ 아프리카 – 브라질
④ 오세아니아 – 중국
⑤ 남아메리카 – 아르헨티나

8 다음 내용과 관련 있는 나라는 어디입니까?

(   )

> • 위치한 대륙: 아프리카
> • 위도와 경도의 범위: 남위 4°~북위 4°, 동경 34°~41°
> • 주변에 있는 대양: 남동쪽으로 인도양과 닿아 있습니다.
> • 주변에 있는 나라: 동쪽에 소말리아, 남서쪽에 탄자니아가 있습니다.

① 미국   ② 케냐   ③ 스웨덴
④ 프랑스   ⑤ 뉴질랜드

03 세계 여러 나라의 영토 특징

❶ 세계 여러 나라의 영토 면적

★(1) 세계 여러 나라의 서로 다른 영토 면적

① 세계에서 영토 면적이 가장 넓은 나라는 러시아이고, 두 번째로 넓은 나라는 캐나다입니다. 자료❶

② 세계에서 영토 면적이 가장 좁은 나라는 바티칸 시국입니다.

(2) **우리나라의 영토 면적**: 약 22만 km²이고, 영국, 루마니아, 라오스 등과 비슷합니다. → 남한의 영토 면적은 약 10만 km²입니다.

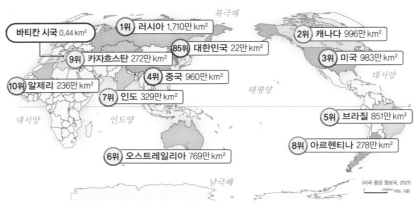

▲ 세계 여러 나라의 영토 면적

◀ 바티칸 시국

바티칸 시국은 이탈리아의 로마시 안에 있고, 가톨릭교의 교황청이 있어. 면적은 우리나라의 경복궁과 비슷해.

❷ 세계 여러 나라의 영토 모양과 특징

(1) 영토 모양에 영향을 주는 요인

① 영토 모양은 ❶해안선이나 ❷국경선에 따라 결정됩니다.

② 국경선은 산맥, 강, 호수, 폭포, 계곡 등 오랜 세월 나라 간의 교류에 ❸장애가 된 지형을 경계로 정해지는 경우가 많습니다. 자료❷

국경선은 자연적 요인뿐만 아니라 역사적 요인, 정치적 요인 등에 따라 결정되기도 합니다.

▲ 프랑스와 에스파냐의 경계인 피레네산맥

▲ 미국과 캐나다의 경계인 나이아가라 폭포

자료❶ 대륙별 영토 면적이 가장 넓은 나라

아시아, 유럽	러시아
아프리카	알제리
오세아니아	오스트레일리아
북아메리카	캐나다
남아메리카	브라질

자료❷ 아프리카 대륙의 국경선

국경선은 대부분 산맥이나 강과 같은 지형을 경계로 정해지므로 들쭉날쭉한 곡선인 경우가 많습니다. 그런데 아프리카에는 국경선 중 일부분이 직선으로 된 나라가 많습니다. 19~20세기에 유럽의 여러 나라들이 아프리카를 식민 지배할 때, 위도와 경도를 이용하여 국경선을 결정하였기 때문입니다.

▲ 현재 아프리카 대륙의 국경선

✅ 용어 사전

❶ 해안선
바다와 육지가 맞닿은 선

❷ 국경선
나라와 나라 사이의 경계선

❸ 장애
어떤 사물의 진행을 가로막아 거치적거리게 하거나 충분한 기능을 하지 못하게 하는 것

★ (2) 세계 여러 나라의 서로 다른 영토 모양 [자료 3]

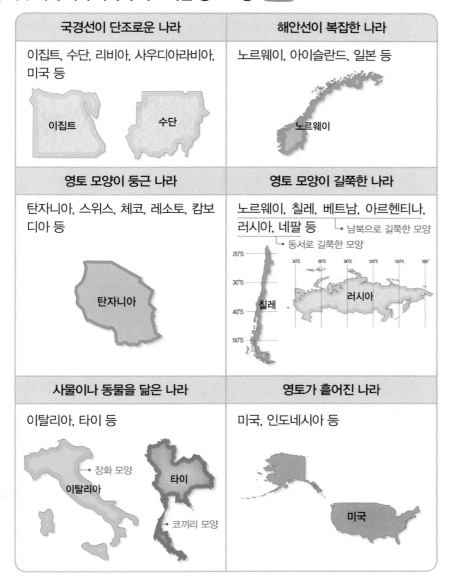

국경선이 단조로운 나라	해안선이 복잡한 나라
이집트, 수단, 리비아, 사우디아라비아, 미국 등 이집트 수단	노르웨이, 아이슬란드, 일본 등 노르웨이

영토 모양이 둥근 나라	영토 모양이 길쭉한 나라
탄자니아, 스위스, 체코, 레소토, 캄보디아 등 탄자니아	노르웨이, 칠레, 베트남, 아르헨티나, 러시아, 네팔 등 └ 남북으로 길쭉한 모양 └ 동서로 길쭉한 모양 칠레 러시아

사물이나 동물을 닮은 나라	영토가 흩어진 나라
이탈리아, 타이 등 이탈리아 → 장화 모양 타이 → 코끼리 모양	미국, 인도네시아 등 미국

(3) 육지와 바다의 분포에 따른 영토 특징
① 육지에 둘러싸인 나라: 몽골, 네팔, 레소토 등
② 삼면이 바다이고 다른 면은 육지에 연결된 나라: 대한민국, 이탈리아 등
③ 바다에 둘러싸인 나라: 뉴질랜드, 일본 등 └ 삼면이 바다로 둘러싸여 있고, 한 면은 육지에 이어진 땅을 '반도'라고 합니다.

③ 세계 여러 나라의 영토 특징 조사하기

(1) **조사 방법**: 지구본, 세계 지도, 디지털 영상 지도 등의 공간 자료를 활용하면 세계 여러 나라의 영토 특징을 조사할 수 있습니다.

(2) **조사 과정** [자료 4]
① 조사할 주제와 나라를 정합니다.
② 지구본, 세계 지도, 디지털 영상 지도를 활용하여 정보를 수집합니다.
③ 조사한 내용을 정리하여 ❹보고서를 작성합니다.
④ 정리한 자료, 보고서 등을 활용하여 발표합니다.

[자료 3] **영토 모양이 독특한 나미비아**

나미비아

나미비아는 아프리카 남서쪽에 위치한 나라로, 영토의 일부가 튀어나와 있는 독특한 모양입니다.

[자료 4] **세계 여러 나라를 조사하는 과정**

주제 정하기
↓
조사할 나라 정하기
↓
다양한 정보 조사하기
↓
조사한 내용 정리하기
↓
조사 보고서 만들기
↓
발표하기

♡ 용어 사전

❹ 보고서
일에 관한 내용이나 결과를 알리는 글이나 문서

기본 문제로 익히기

핵심 체크

● **세계 여러 나라의 영토 면적**

• 세계에서 영토 면적이 가장 넓은 나라는 ❶ ☐☐☐ 입니다.

• 세계에서 영토 면적이 가장 좁은 나라는 ❷ ☐☐☐ 시국입니다.

• 우리나라의 영토 면적은 약 ❸ ☐☐ 만 km²입니다.

● **세계 여러 나라의 영토 모양**

• 영토의 모양은 해안선이나 ❹ ☐☐☐ 에 따라 결정됩니다.

• 영토 모양이 ❺ ☐☐☐ 나라에는 러시아, 노르웨이, 칠레, 네팔, 베트남 등이 있습니다.

• 영토 모양이 독특한 나라에는 장화 모양을 닮은 ❻ ☐☐☐☐ 가 있습니다.

● **육지와 바다의 분포에 따른 영토 특징**

육지에 둘러싸인 나라	몽골, 네팔, 레소토 등
삼면이 바다이고 다른 면은 ❼ ☐☐ 에 연결된 나라	대한민국, 이탈리아 등
❽ ☐☐ 에 둘러싸인 나라	뉴질랜드, 일본 등

개념 문제

1 세계에서 영토 면적이 가장 넓은 나라는 (㉠   )이고, 두 번째로 넓은 나라는 (㉡   )입니다.

2 세계 여러 나라의 영토 면적에 대한 설명이 맞으면 ○표, 틀리면 ✕표 하시오.

(1) 우리나라의 영토 면적은 약 10만 km²입니다. (   )

(2) 세계에서 영토 면적이 가장 좁은 나라는 바티칸 시국입니다. (   )

(3) 우리나라와 영토 면적이 비슷한 나라에는 영국, 루마니아 등이 있습니다. (   )

3 다음 ㉠, ㉡에 들어갈 알맞은 말에 각각 ○표 하시오.

> 사우디아라비아는 국경선이 ㉠ (복잡한 , 단조로운) 편이고, 칠레의 영토는 ㉡ (남북 , 동서)(으)로 길게 뻗은 모양입니다.

4 몽골, 네팔, 레소토 등은 (   )에 둘러싸인 나라입니다.

확인 문제

1 다음 빈칸에 들어갈 알맞은 말을 쓰시오.

> 세계 여러 나라는 영토 면적이 서로 다릅니다. 세계에서 영토 면적이 가장 넓은 나라는 러시아이고, 두 번째로 넓은 나라는 (   )입니다.

(   )

중요
2 우리나라의 영토 면적에 대한 설명으로 알맞은 것을 두 가지 고르시오.   (,   )

① 세계에서 85번째로 넓다.
② 세계에서 면적이 가장 좁다.
③ 세계에서 면적이 두 번째로 넓다.
④ 우리나라의 영토 면적은 약 220만 km²이다.
⑤ 우리나라와 영토 면적이 비슷한 나라에는 영국, 루마니아, 라오스 등이 있다.

3 각 대륙에서 면적이 가장 넓은 나라를 알맞게 짝지은 것은 어느 것입니까?   (   )

① 유럽 – 프랑스
② 아시아 – 일본
③ 아프리카 – 알제리
④ 북아메리카 – 미국
⑤ 남아메리카 – 칠레

4 다음 보기 에서 영토 모양과 국경선에 대한 설명으로 알맞은 것을 모두 골라 기호를 쓰시오.

> 보기
> ㉠ 세계 여러 나라의 영토 모양은 서로 비슷하다.
> ㉡ 영토의 모양은 해안선이나 국경선에 따라 결정된다.
> ㉢ 미국과 캐나다의 국경선은 피레네산맥을 경계로 정해졌다.
> ㉣ 국경선은 오랜 세월 나라 간의 교류에 장애가 된 지형을 경계로 정해지는 경우가 많다.

(   )

서술형
5 다음 두 나라의 영토 모양을 비교하여 서술하시오.

이집트

노르웨이

――――――――――――――――――――――

――――――――――――――――――――――

6 세계 여러 나라의 영토 모양에 대해 바르게 말한 어린이는 누구인지 모두 골라 쓰시오.

> 소윤: 아이슬란드는 해안선이 복잡해.
> 도경: 탄자니아의 영토는 네모 모양이야.
> 정호: 사우디아라비아는 국경선이 단조로운 편이야.
> 수정: 아르헨티나의 영토는 동서로 길게 뻗은 모양이야.

(   )

7 삼면이 바다이고 다른 면은 육지에 연결된 나라는 어디입니까?   (   )

① 네팔   ② 몽골   ③ 일본
④ 뉴질랜드   ⑤ 대한민국

8 다음 보기 에서 세계 여러 나라의 영토 특징을 조사하는 과정을 순서대로 알맞게 기호를 쓰시오.

> 보기
> ㉠ 조사할 주제와 나라를 정한다.
> ㉡ 조사한 내용을 정리하여 보고서를 작성한다.
> ㉢ 정리한 자료, 보고서 등을 활용하여 발표한다.
> ㉣ 지구본, 세계 지도, 디지털 영상 지도를 활용하여 다양한 정보를 수집한다.

(→ → →   )

실력 문제로 다잡기

[1~2] 다음 자료를 보고, 물음에 답하시오.

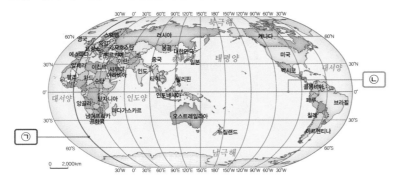

1 위 자료에 나타난 ㉠, ㉡ 선을 무엇이라고 하는지 각각 쓰시오.

㉠: (   ), ㉡: (   )

2 위 자료에 대한 설명으로 알맞은 것을 보기 에서 모두 골라 기호를 쓰시오.

> **보기**
> ㉠ 지구의 실제 모습과 비슷하다.
> ㉡ 활용할 때 스마트폰이나 컴퓨터가 필요하다.
> ㉢ 세계 여러 나라의 위치와 영역을 한눈에 볼 수 있다.
> ㉣ 나라의 면적, 바다의 모양, 거리 등이 실제와 다르게 표현되기도 한다.

(   )

3 다음과 같은 특징을 가진 자료는 무엇인지 쓰시오.

장점	단점
• 지구의 실제 모습과 비슷함. • 세계 여러 나라의 위치와 영토 등의 지리 정보를 세계 지도보다 더 정확하게 담고 있음.	• 전 세계의 모습을 한눈에 보기 어려움. • 가지고 다니기 불편함.

(   )

1-1 세계 지도와 지구본에 그려져 있는 가로선을 경선, 세로선을 위선이라고 합니다.

(○ , ×)

2-1 세계 지도를 활용하면 세계 여러 나라의 위치와 영역을 한눈에 살펴볼 수 있습니다.

(○ , ×)

3-1 지구본은 둥근 지구를 작게 줄여서 지구와 비슷하게 만든 모형입니다.

(○ , ×)

4 다음 ㉠, ㉡에 들어갈 알맞은 말을 각각 쓰시오.

> 우리나라의 위치를 위도와 경도의 범위로 나타내면 우리나라는 (㉠) 33°~43°, (㉡) 124°~132° 사이에 있습니다.

㉠: (   ), ㉡: (   )

4-1 위도와 경도를 이용하면 세계 여러 나라의 위치를 숫자로 정확하게 나타낼 수 있습니다.

(○ , ×)

5 다음 디지털 영상 지도의 기능을 <u>잘못</u> 설명한 것은 어느 것입니까?

(   )

① ㉠ – 찾고자 하는 장소를 입력하여 지도에서 그 위치를 찾을 수 있다.
② ㉡ – 자동차, 대중교통, 도보, 자전거 등 이동 수단별로 경로를 찾을 수 있다.
③ ㉢ – 지도를 위성 사진으로 바꾸어 볼 수 있다.
④ ㉣ – 어떤 장소의 실제 모습을 여러 각도에서 찍은 사진으로 볼 수 있다.
⑤ ㉤ – 지도를 확대하거나 축소할 수 있다.

5-1 디지털 영상 지도는 인터넷 사용이 불가능한 곳에서 사용하기 편리합니다.

(○ , ×)

6 다음 검색 결과로 알맞지 <u>않은</u> 것은 어느 것입니까?

(   )

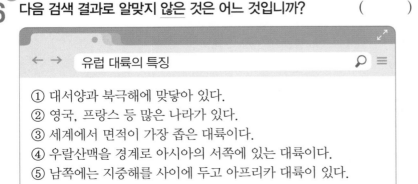

유럽 대륙의 특징

① 대서양과 북극해에 맞닿아 있다.
② 영국, 프랑스 등 많은 나라가 있다.
③ 세계에서 면적이 가장 좁은 대륙이다.
④ 우랄산맥을 경계로 아시아의 서쪽에 있는 대륙이다.
⑤ 남쪽에는 지중해를 사이에 두고 아프리카 대륙이 있다.

6-1 아프리카는 세계에서 면적이 가장 넓은 대륙입니다.

(○ , ×)

7 다음에서 설명하는 대양으로 알맞은 것은 어느 것입니까? (   )

> 아시아, 오세아니아, 북아메리카, 남아메리카 대륙에 둘러싸여 있으며, 세계에서 가장 넓은 바다로 우리나라와 인접해 있습니다.

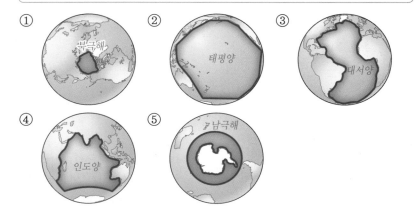

① 북극해
② 태평양
③ 대서양
④ 인도양
⑤ 남극해

7-1 북아메리카, 남아메리카, 유럽, 아프리카 대륙에 둘러싸여 있으며, 세계에서 두 번째로 큰 바다는 인도양입니다.

(○ , ×)

8 다음 나라들이 속해 있는 대륙은 어디입니까? (   )

· 인도   · 일본   · 중국   · 베트남   · 대한민국

① 유럽
② 아시아
③ 아프리카
④ 북아메리카
⑤ 남아메리카

8-1 남아메리카 대륙에는 브라질, 아르헨티나, 칠레, 우루과이 등의 나라가 있습니다.

(○ , ×)

9 다음 하은이와 서준이의 대화를 읽고, 빈칸에 들어갈 알맞은 나라 이름을 쓰시오.

> 하은: 우리 '나라 이름 맞히기' 네 고개 놀이하자!
> 서준: 그래, 좋아.
> 하은: 내가 문제 낼게. 적도의 북쪽에 있어.
> 서준: 음, 두 번째 고개는 뭐야?
> 하은: 북아메리카에 있어.
> 서준: 아직 잘 모르겠어. 세 번째 고개는?
> 하은: 국경선이 단조로운 편이야.
> 서준: 마지막 네 번째 고개를 말해 줄래?
> 하은: 세계에서 영토의 면적이 두 번째로 넓은 나라야.
> 서준: 알겠다! 그 나라는 (   )(이)야.

(   )

9-1 세계에서 영토 면적이 가장 넓은 나라는 러시아입니다.

(○ , ×)

1 단원

★중요★
10 다음 밑줄 친 ㉠~㉤ 중 알맞지 않은 것을 골라 기호를 쓰시오.

> ㉠ 세계 여러 나라는 영토 면적이 서로 다릅니다. 영토 면적이 매우 넓은 나라도 있고 매우 좁은 나라도 있습니다. ㉡ 세계에서 영토 면적이 가장 넓은 나라는 러시아이고, ㉢ 두 번째로 넓은 나라는 캐나다이며, ㉣ 세 번째로 넓은 나라는 중국입니다. ㉤ 세계에서 영토 면적이 가장 좁은 나라는 바티칸 시국입니다.

(   )

10-1 우리나라는 세계에서 85번째로 영토 면적이 넓은 나라입니다.

(○ , ×)

★서술형★
11 다음 지도를 통해 알 수 있는 아프리카 대륙 나라들의 국경선 특징과 그 배경을 쓰시오.

_____

_____

11-1 이집트는 국경선이 단조롭고 영토 모양이 사각형에 가깝습니다.

(○ , ×)

12 세계 여러 나라의 영토 모양에 대해 잘못 이야기한 어린이는 누구입니까? (   )

① 세계 여러 나라의 영토 모양은 서로 달라.

② 영토의 모양은 해안선이나 국경선에 따라 결정될 때가 많아.

③ 노르웨이, 아이슬란드, 일본은 해안선이 단조로운 나라들이야.

④ 러시아, 칠레, 네팔, 베트남은 영토 모양이 길쭉한 나라들이야.

12-1 수단, 리비아, 사우디아라비아, 미국은 해안선이 복잡한 나라들입니다.

(○ , ×)

01 세계의 기후 분포

❶ 세계의 다양한 기후

(1) 기후의 의미: 여러 해 동안 한 지역에서 일정하게 나타나는 평균적인 대기 상태를 말합니다. 자료❶ ── 한 지역의 기후는 그 지역의 기온, 강수량, 바람 등으로 나타낼 수 있습니다.

(2) 지역에 따라 다른 기후
① 세계의 기후는 지역마다 다르게 나타납니다.
② 세계 각 지역의 기온과 ❶강수량 분포는 위도, 육지와 바다의 영향, 지형, ❷해발 고도, 주변에 흐르는 ❸해류 등에 따라 달라집니다.

(3) 위도에 따른 기후 분포 특징
① 지구는 둥글기 때문에 햇볕을 수직으로 받는 적도 지방은 기온이 높고, 햇볕을 비스듬하게 받는 극지방은 기온이 낮습니다.
② 대체로 저위도 지역에서 고위도 지역으로 갈수록 기온이 점차 낮아지며, 이는 기후 분포에 큰 영향을 미칩니다. 자료❷

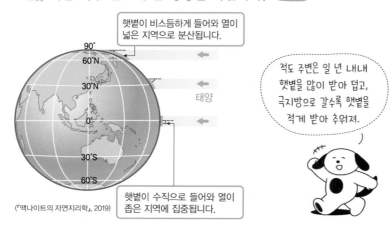

햇볕이 비스듬하게 들어와 열이 넓은 지역으로 분산됩니다.

적도 주변은 일 년 내내 햇볕을 많이 받아 덥고, 극지방으로 갈수록 햇볕을 적게 받아 추워져.

햇볕이 수직으로 들어와 열이 좁은 지역에 집중됩니다.

(『맥나이트의 자연지리학』, 2019)

❷ 세계의 기후 분포

★**(1) 세계의 기후 분포**: 대체로 적도 지방에서 극지방으로 갈수록 열대 기후, 건조 기후, 온대 기후, 냉대 기후, 한대 기후 순으로 나타납니다.

(2) 세계의 기후 지역 구분
── 기온과 강수량을 기준으로 구분한 것입니다.

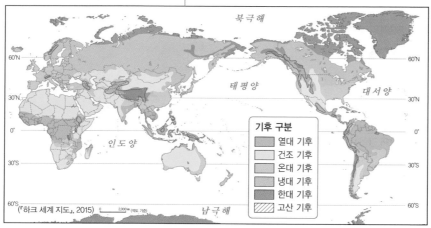

기후 구분
열대 기후
건조 기후
온대 기후
냉대 기후
한대 기후
고산 기후

(『하크 세계 지도』, 2015)

자료❶ **날씨와 기후의 차이**

날씨	그날그날의 비, 구름, 바람, 기온 등과 같이 비교적 짧은 기간의 대기 상태를 말함.
기후	오랜 기간 반복되어 나타나는 대기의 종합적인 평균 상태를 말함.

자료❷ **위도가 다른 두 지역의 연평균 기온 차이**

러시아 야쿠츠크

• 위도: 북위 62°
• 연평균 기온: −7.5℃

말레이시아 쿠알라룸푸르

• 위도: 북위 3°
• 연평균 기온: 25.8℃

고위도에 있는 러시아 야쿠츠크는 저위도에 있는 말레이시아 쿠알라룸푸르보다 연평균 기온이 낮습니다.

✔용어 사전

❶ **강수량**
일정 기간 동안 일정한 곳에 내린 물(비, 눈, 우박, 안개 등)의 총량

❷ **해발 고도**
평균 해수면을 기준으로 잰 어떤 지점의 높이

❸ **해류**
일정하게 흐르는 바닷물의 흐름

③ 세계 주요 기후의 특징

★(1) 세계 주요 기후의 구분 자료 ③

열대 기후	• 가장 추운 달의 평균 기온이 18℃ 이상입니다. • 햇볕을 가장 많이 받는 적도 부근 지역에서 주로 나타나는 기후입니다.
건조 기후	• 강수량이 매우 적어 일 년 동안의 합이 500mm 미만입니다. • 주로 ❹중위도 지역의 ❺내륙에 나타납니다.
온대 기후	• 가장 추운 달의 평균 기온이 –3℃ 이상 18℃ 미만입니다. • 중위도 지방에서 주로 나타나는 기후입니다.
냉대 기후	• 가장 추운 달의 평균 기온이 –3℃ 미만이고, 가장 따뜻한 달의 평균 기온이 10℃ 이상입니다. • 북반구의 중위도와 고위도 지역에서 널리 나타납니다.
한대 기후	• 가장 따뜻한 달의 평균 기온이 10℃ 미만으로 매우 춥습니다. • 햇볕을 가장 적게 받는 극지방에서 나타나는 기후입니다.
고산 기후	• 해발 고도가 높은 고산 지역에서 나타나는 기후입니다. • 적도 부근의 고산 지역은 일 년 내내 날씨가 온화하여 우리나라의 봄 날씨와 비슷합니다.

(2) 세계 주요 기후의 특징과 ❻경관

사막 지역에서는 나무나 풀이 거의 자라지 않습니다.

열대 기후	일 년 내내 덥고, 계절 변화가 거의 없습니다.	건조 기후	낮과 밤의 기온 차가 크고, 강수량보다 ❼증발량이 많습니다.
온대 기후	사계절이 비교적 뚜렷합니다. 대체로 기온이 온화하고 강수량이 적당하여 사람이 살기 좋습니다.	냉대 기후	사계절이 나타나지만 겨울이 몹시 춥고 깁니다. 여름은 짧고 비교적 따뜻합니다.
한대 기후	기온이 매우 낮아 얼음과 눈으로 덮인 곳이 많고, 나무가 자라기 어렵습니다.	고산 기후	적도 부근의 고산 기후 지역에는 도시가 발달하기도 합니다. 자료 ④

자료 ③ **한 나라의 다양한 기후**

기후는 지역이나 국가의 경계와 관계없이 구분됩니다. 따라서 한 나라에서도 다양한 기후가 나타납니다. 특히 중국과 같이 영토 면적이 넓은 나라나 칠레와 같이 영토 모양이 길쭉한 나라는 한 나라에서 기후가 매우 다양하게 나타납니다.

자료 ④ **고산 도시**

해발 고도가 높아질수록 기온이 낮아지고 일사량이 많아집니다. 적도 부근의 고산 지역의 기후는 일 년 내내 우리나라의 봄철과 같이 온화합니다. 따라서 사람이 살기에 유리하여 도시가 발달하기도 합니다. 대표적인 고산 도시로는 콜롬비아의 보고타, 에콰도르의 키토, 페루의 쿠스코, 볼리비아의 라파스 등이 있습니다.

▲ 안데스 산지의 고산 도시 분포

✔ 용어 사전

❹ 중위도
남·북위 30°~60° 정도

❺ 내륙
바다에서 멀리 떨어져 있는 육지

❻ 경관
산이나 들, 강, 바다 등의 자연이나 지역의 풍경

❼ 증발량
일정한 시간 안에 물의 표면에서 수증기가 증발하는 양

- ❶ ☐☐ : 여러 해 동안 한 지역에서 일정하게 나타나는 평균적인 대기 상태를 말합니다.

● **세계의 다양한 기후**

- 세계 각 지역의 ❷ ☐☐ 과 강수량 분포는 위도, 지형, 해발 고도 등에 따라 달라집니다.
- 햇볕을 수직으로 받는 ❸ ☐☐ 지방은 기온이 높고, 햇볕을 비스듬하게 받는 극지방은 기온이 낮습니다.
- 대체로 저위도 지역에서 ❹ ☐☐☐ 지역으로 갈수록 기온이 점차 낮아지며, 이는 기후 분포에 큰 영향을 미칩니다.

● **세계 주요 기후의 구분**

❺ ☐☐ 기후	가장 추운 달의 평균 기온이 18℃ 이상입니다.
건조 기후	❻ ☐☐☐ 이 매우 적어 일 년 동안의 합이 500mm 미만입니다.
온대 기후	가장 추운 달의 평균 기온이 –3℃ 이상 18℃ 미만입니다.
❼ ☐☐ 기후	가장 추운 달의 평균 기온이 –3℃ 미만이고, 가장 따뜻한 달의 평균 기온이 10℃ 이상입니다.
한대 기후	가장 따뜻한 달의 평균 기온이 10℃ 미만으로 매우 춥습니다.
고산 기후	❽ ☐☐☐☐ 가 높은 고산 지역에서 나타나는 기후입니다.

1 여러 해 동안 한 지역에서 일정하게 나타나는 평균적인 대기 상태인 ( )은/는 그 지역의 기온, 강수량, 바람 등으로 나타낼 수 있습니다.

2 세계의 다양한 기후에 대한 설명이 맞으면 ○표, 틀리면 X표 하시오.

(1) 세계의 기후는 지역마다 다르게 나타납니다. ( )

(2) 적도 지방은 햇볕을 많이 받아 극지방보다 기온이 낮습니다. ( )

3 다음 괄호 안에 들어갈 알맞은 말에 ○표 하시오.

(온대 , 한대) 기후는 사계절이 비교적 뚜렷하며, 대체로 기온이 온화하고 강수량이 적당하여 사람이 살기 좋습니다.

4 가장 추운 달의 평균 기온이 –3℃ 미만이고 가장 따뜻한 달의 평균 기온이 10℃ 이상이며, 북반구의 중위도와 고위도 지역에서 널리 나타나는 기후를 무엇이라고 합니까?

( )

확인 문제

1 세계의 다양한 기후에 대한 설명으로 알맞지 <u>않은</u> 것은 어느 것입니까? ( )

① 세계의 기후는 지역마다 다르다.
② 위도에 따른 기온 차이는 기후 분포에 큰 영향을 미친다.
③ 지구는 둥글기 때문에 지역에 따라 햇볕을 받는 양이 달라진다.
④ 대체로 저위도 지역에서 고위도 지역으로 갈수록 기온이 점차 높아진다.
⑤ 세계 각 지역의 기온과 강수량 분포는 위도, 육지와 바다의 영향, 지형, 해발 고도 등에 따라 달라진다.

[2~3] 다음 세계 지도를 보고, 물음에 답하시오.

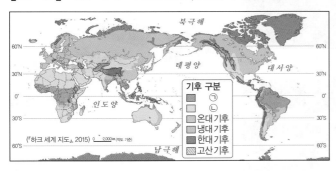

2 위 세계 지도의 ㉠, ㉡에 해당하는 기후는 무엇인지 각각 쓰시오.

㉠: ( ), ㉡: ( )

★중요★
3 위 세계 지도와 같이 세계의 기후를 구분하는 기준을 두 가지 고르시오. (,)

① 기온 ② 인구수
③ 강수량 ④ 영토의 면적
⑤ 영토의 모양

서술형
4 다음 밑줄 친 부분에 들어갈 알맞은 내용을 쓰시오.

> 지구는 둥글기 때문에 햇볕을 수직으로 받는 적도 지방은 기온이 높고, 햇볕을 비스듬하게 받는 극지방은 기온이 낮습니다. 따라서 세계의 기후는 대체로 적도 지방에서 극지방으로 갈수록 _____ 순으로 나타납니다.

_____

_____

5 다음 (가), (나)에서 설명하는 기후를 알맞게 짝지은 것은 어느 것입니까? ( )

> (가) 가장 추운 달의 평균 기온이 −3℃ 이상 18℃ 미만이며, 중위도 지방에서 주로 나타나는 기후입니다.
> (나) 가장 따뜻한 달의 평균 기온이 10℃ 미만이며, 햇볕을 가장 적게 받는 극지방에서 나타나는 기후입니다.

	(가)	(나)
①	건조 기후	열대 기후
②	건조 기후	온대 기후
③	온대 기후	냉대 기후
④	온대 기후	한대 기후
⑤	한대 기후	건조 기후

6 건조 기후 지역에서 주로 볼 수 있는 모습으로 알맞은 것은 어느 것입니까? ( )

①  ②

③  ④

02 열대, 건조, 온대 기후 지역 사람들의 생활 모습

❶ 열대 기후 지역의 생활 모습

(1) 열대 기후 지역의 특성
① 열대 우림: 일 년 내내 비가 많이 내리는 곳에 발달합니다. 자료❶
　　└ 열대 밀림이라고도 합니다.
② 열대 초원: ❶건기와 ❷우기가 번갈아 나타나는 곳에 발달합니다.
　　└ 많은 야생 동물들이 살기 적합합니다.

(2) 열대 기후 지역 사람들의 생활 모습
① 사람들은 얇고 통풍이 잘되는 옷을 주로 입습니다.
② ❸고상 가옥: 땅의 열기와 습기, 해충을 막으려고 집 바닥을 땅에서 띄워 짓습니다.
③ ❹화전 농업: 전통적 방식으로 카사바, 얌 등을 재배하였습니다. 자료❷
④ 열대작물 재배: 오늘날에는 커피, 바나나 등을 대규모로 재배합니다.
⑤ 생태 관광 산업: 독특한 자연 경관과 야생 동물을 볼 수 있어 관광 산업이 발달하고 있습니다.

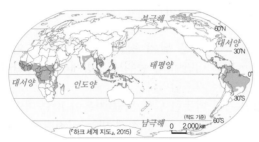

▲ 열대 기후의 분포

▲ 얇고 통풍이 잘되는 옷

▲ 고상 가옥

▲ 열대 초원 지역의 생태 관광 산업

❷ 건조 기후 지역의 생활 모습

(1) 건조 기후 지역의 특성
① 낮과 밤의 기온 차이가 크고 강수량이 매우 적습니다.
② 매우 건조한 지역에서는 식물이 거의 없는 사막이 발달합니다.

▲ 건조 기후의 분포

> 건조 기후는 남·북위 20°~30° 일대와 중앙아시아처럼 바다와 멀리 떨어진 지역 등에 주로 분포해.

자료❶ 아마존 열대 우림

아마존 열대 우림은 세계 최대의 열대 우림으로, 깨끗한 공기를 만들어 낸다고 해서 '지구의 허파'라고 불리기도 합니다.

자료❷ 카사바와 얌

▲ 카사바

▲ 얌

아프리카 지역에서 주로 재배하는 농작물로, 음식 재료로 많이 사용됩니다.

✔ 용어 사전

❶ 건기
일 년 중 비가 적게 내리는 시기

❷ 우기
일 년 중 비가 많이 내리는 시기

❸ 고상
땅에 세운 기둥 위에 높게 깐 마루 또는 그 건축물

❹ 화전 농업
나무와 풀을 태우고 남은 재를 거름으로 사용하여 농작물을 기르는 농업 방식

★(2) **건조 기후 지역 사람들의 생활 모습**

> 강수량이 매우 적어 사막이 나타나는 지역이 있고, 사막보다 강수량이 약간 더 많아 짧은 풀이 자라는 초원 지역도 있습니다.

사막 지역	• 강한 햇볕과 모래바람을 막으려고 온몸을 감싸는 옷을 입습니다. • 흙벽돌로 만든 흙집에서 생활합니다. • ❺오아시스나 강 주변에서 밀, 대추야자 등을 재배합니다. 자료 ❸
초원 지역	• 전통적으로 물과 풀을 찾아 이동하며 가축을 기르는 유목 생활을 합니다. • 유목민들은 가축의 젖으로 만든 유제품이나 고기를 먹습니다.

▲ 온몸을 감싸는 옷

▲ 흙집

> 낮과 밤의 기온 차를 견디고자 벽을 두껍게 만들고 창문은 작게 만듭니다.

▲ 유목 생활

❸ 온대 기후 지역의 생활 모습

(1) 온대 기후 지역의 특성 → 여름에 강수량이 집중됩니다.
① 여름은 덥고 습하며 겨울은 건조한 곳이 있습니다. 예 우리나라
② 여름이 서늘하고 겨울이 따뜻하며 일 년 내내 비가 고르게 내리는 곳이 있습니다. 예 서유럽
③ 여름이 덥고 건조하지만, 겨울은 따뜻하고 여름보다 강수량이 많은 곳이 있습니다. 예 ❻지중해 주변

(2) 온대 기후 지역 사람들의 생활 모습
① 벼농사, 밀 농사, ❼화훼 농업이 발달하였으며, 목화, 올리브, 포도, 오렌지 등 다양한 농작물을 재배하기도 합니다. 자료 ❹
② 계절에 따라 옷과 음식이 다양하며, 지역에 따라 집의 모습이 다양하게 나타납니다. 자료 ❺
③ 옛날부터 사람이 많이 모여 살았고, 다양한 산업이 발달하였습니다.

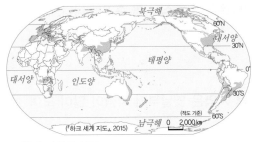

▲ 온대 기후의 분포

▲ 아시아의 벼농사
> 여름철 기온이 높고 강수량이 많은 아시아 지역에서는 벼농사가 발달합니다.

▲ 서유럽의 화훼 농업

▲ 지중해 주변의 올리브 재배

자료 ❸ **대추야자**

사막 기후 지역에 사는 사람들은 물을 구할 수 있는 오아시스나 강 주변에서 대추야자를 재배합니다. 말린 대추야자는 사막 기후 지역에 사는 사람들이 즐겨 먹는 간식입니다.

자료 ❹ **온대 기후 지역의 다양한 농업**

지역	발달한 농업
아시아	벼농사
서유럽	밀 농사, 화훼 농업
지중해 주변	포도, 오렌지, 올리브 재배
북아메리카	밀 농사, 목화 재배

자료 ❺ **지중해식 가옥**

지중해 주변 지역에는 여름철 강한 햇볕을 막으려고 벽을 흰색으로 칠하고 창문을 작게 만든 집이 많습니다.

✅ 용어 사전

❺ **오아시스**
사막 가운데에 샘이 솟고 풀과 나무가 자라는 곳

❻ **지중해**
유럽, 아시아, 아프리카에 둘러싸인 바다로, 주변에는 그리스와 이탈리아 등의 나라가 있음.

❼ **화훼 농업**
꽃이 피는 풀과 나무 등을 기르는 농업

핵심 체크

● 열대 기후 지역 사람들의 생활 모습

· 땅의 열기와 습기, 해충을 막으려고 집 바닥을 땅에서 띄워 **❶**☐☐ 가옥을 짓습니다.

· 나무와 풀을 태우고 남은 재를 거름으로 사용하여 농사를 짓는 **❷**☐☐ 농업으로 카사바, 얌 등을 재배합니다.

● 건조 기후 지역 사람들의 생활 모습

사막 지역	· 강한 햇볕과 **❸**☐☐☐☐을 막으려고 온몸을 감싸는 옷을 입습니다.
	❹☐☐☐☐나 강 주변에서 밀, 대추야자 등을 재배합니다.
초원 지역	전통적으로 물과 풀을 찾아 이동하며 가축을 기르는 **❺**☐☐ 생활을 합니다.

● 온대 기후 지역 사람들의 생활 모습

· 여름철 기온이 높고 강수량이 많은 아시아 지역에서는 **❻**☐☐☐가 발달합니다.

· **❼**☐☐☐ 주변 지역에서는 올리브, 포도, 오렌지 등을 많이 재배합니다.

개념 문제

1 열대 기후 지역의 특성에 대한 설명이 맞으면 ○표, 틀리면 X표 하시오.

(1) 일 년 내내 비가 많이 내려 밀림을 이루는 곳이 있습니다.　　　　　　(　　　)

(2) 오늘날에는 바나나, 커피 등의 열대작물을 대규모로 재배합니다.　　(　　　)

(3) 남·북위 20°~30° 일대와 중앙아시아처럼 바다와 멀리 떨어진 곳에 나타납니다.

(　　　)

2 건조 기후의 (　　　　　) 지역에서는 흙벽돌로 만든 흙집을 볼 수 있습니다.

3 사계절이 비교적 뚜렷한 (　　　　　) 기후 지역은 옛날부터 사람이 많이 모여 살았고 다양한 산업이 발달하였습니다.

4 다음 ㉠, ㉡에 들어갈 알맞은 말에 각각 ○표 하시오.

온대 기후 지역에 속하는 유럽에서는 주로 ㉠ (밀 , 쌀)을 재배하며, 아시아에서는 주로 ㉡ (밀 농사 , 벼농사)를 짓습니다.

확인 문제

1 다음 빈칸에 들어갈 알맞은 말을 쓰시오.

> 열대 기후 지역 중 일 년 내내 비가 많이 내리는 곳에는 (   )이/가 발달하고, 건기와 우기가 번갈아 나타나는 곳에는 열대 초원이 발달합니다.

(   )

중요

2 열대 기후 지역에서 볼 수 있는 생활 모습으로 알맞지 않은 것은 어느 것입니까? (   )

① 화전 농업을 한다.
② 얌, 카사바 등을 재배한다.
③ 생태 관광 산업이 발달하고 있다.
④ 동물의 가죽과 털로 만든 옷을 입는다.
⑤ 커피, 바나나 등의 열대작물을 대규모로 재배한다.

서술형

3 열대 기후 지역에서 오른쪽 사진과 같은 집을 짓는 까닭을 쓰시오.

▶ 고상 가옥

_____

_____

4 다음과 같은 생활 모습을 볼 수 있는 기후 지역은 어디입니까? (   )

> • 사막 지역의 사람들은 오아시스나 강 주변에서 농사를 지으며 살아갑니다.
> • 초원 지역의 사람들은 물과 풀을 찾아 이동하며 가축을 기르는 유목 생활을 하기도 합니다.

① 열대 기후 지역   ② 건조 기후 지역
③ 온대 기후 지역   ④ 냉대 기후 지역
⑤ 한대 기후 지역

5 다음 **보기** 에서 건조 기후 지역 사람들의 생활 모습으로 알맞은 것을 모두 골라 기호를 쓰시오.

> **보기**
> ㉠ 커피, 바나나 등을 대규모로 재배한다.
> ㉡ 유목민들은 가축의 젖으로 만든 유제품이나 고기를 먹는다.
> ㉢ 강한 햇볕과 모래바람을 막으려고 온몸을 감싸는 옷을 입는다.
> ㉣ 독특한 자연 경관과 야생 동물을 볼 수 있어 관광 산업이 발달하고 있다.

(   )

6 다음과 같이 분포하는 기후 지역의 특징으로 알맞은 것은 어느 것입니까? (   )

① 사계절이 비교적 뚜렷하다.
② 평균 기온이 낮아 땅속이 계속 얼어 있다.
③ 일 년 내내 봄철과 같은 날씨가 지속된다.
④ 강수량이 매우 적어 사막이 널리 나타난다.
⑤ 일 년 내내 비가 많이 내려 밀림을 이룬다.

7 각 지역에서 발달한 농업을 알맞게 짝지은 것은 어느 것입니까? (   )

① 유럽 – 벼농사
② 아시아 – 밀 농사
③ 서유럽 – 화훼 농업
④ 지중해 주변 – 목화 재배
⑤ 북아메리카 – 포도, 오렌지, 올리브 재배

03 냉대, 한대, 고산 기후 지역 사람들의 생활 모습

❶ 냉대 기후 지역의 생활 모습

(1) 냉대 기후 지역의 특성

① 겨울이 몹시 춥고 길며, 여름과 겨울의 기온 차이가 큽니다.

② 러시아와 캐나다 북부 지역에는 대규모 침엽수림 지대가 분포합니다.

⭐(2) 냉대 기후 지역 사람들의 생활 모습

① 짧은 여름에는 밀, 감자, 옥수수 등을 재배하지만, 겨울에는 농사를 짓기 어렵습니다.

② 풍부한 침엽수림을 활용하여 ❶목재 및 ❷펄프 공업이 발달하고, 사람들은 통나무집을 짓고 살기도 합니다. 자료❶, ❷

▲ 냉대 기후의 분포

▲ 펄프 공업

▲ 통나무집

▲ 침엽수림 지대

❷ 한대 기후 지역의 생활 모습

(1) 한대 기후 지역의 특성

① 일 년 내내 지표면이 눈과 얼음으로 덮여 있는 곳이 있습니다. ◀ 평균 기온이 낮아 땅속이 계속 얼어 있습니다.

② 짧은 여름 동안 얼음이 녹아 ❸이끼 등의 식물이 자라는 곳도 있습니다.

③ 기온이 매우 낮아 나무가 자라기 어렵습니다.

한대 기후는 남극과 북극 주변의 고위도 지역에 주로 나타나.

▲ 한대 기후의 분포

자료❶ 타이가

북반구의 냉대 기후 지역에서 주로 나타나는 침엽수림 지대를 타이가라고 합니다. 침엽수는 재질이 부드러워 종이의 원료로 이용됩니다.

자료❷ 러시아의 이즈바

냉대 기후 지역인 러시아에서는 날씨가 추워 나무가 곧게 자랍니다. 사람들은 주변에서 구하기 쉬운 나무를 이용해 '이즈바'라는 통나무집을 짓고 살았습니다.

✔용어 사전

❶ 목재
건축이나 가구 등에 쓰는 나무로 된 재료

❷ 펄프
나무나 그 밖의 식물에서 뽑아낸 재료로, 종이 등을 만드는 데 사용됨.

❸ 이끼
잎과 줄기의 구분이 뚜렷하지 않고 주로 바위나 습지에서 자라는 식물

★ (2) 한대 기후 지역 사람들의 생활 모습 자료 ③

① 농사짓기가 어려워 전통적으로 순록을 기르며 유목 생활을 하거나 동물을 사냥하며 생활하였습니다.
   └ 얼음이 녹는 짧은 여름에 자라는 이끼나 풀을 찾아 이동하며 순록을 기릅니다.

② 동물 가죽과 털로 만든 옷을 입고, 생선과 고기를 날것으로 먹었습니다.

③ 얼어 있던 땅이 녹아 집이나 건축물이 무너지는 것을 막으려고 땅에 기둥을 박아 집이나 건축물을 땅으로부터 띄워 짓기도 합니다. 자료 ④

④ 최근 극지방에서는 석유와 천연가스 등 자원 개발이 활발하게 이루어지고 있습니다.

⑤ 세계 여러 나라는 과학 기지를 세워 극지방의 자연환경을 연구합니다.
   └ 우리나라는 남극 지방에 세종 과학 기지와 장보고 과학 기지, 북극 지방에 다산 과학 기지를 세웠습니다.

▲ 동물의 가죽과 털로 만든 옷

▲ 순록 유목

▲ 기둥을 세워 설치한 ❹송유관

▲ 장보고 과학 기지

자료 ③ **한대 기후 지역의 관광 산업**

최근 한대 기후 지역에서는 백야, 빙하 등을 이용한 관광 산업이 발달하고 있습니다. 백야는 고위도 지방에서 한여름에 해가 지지 않는 현상을 말합니다.

자료 ④ **극지방의 고상 가옥**

여름철에 기온이 높아져 얼어 있던 땅이 녹으면 집이 무너질 수 있으므로, 땅 깊숙이 기둥을 박고 집 바닥을 땅에서 띄워 집을 짓습니다.

❸ 고산 기후 지역의 생활 모습

(1) 고산 기후 지역의 특성

① 해발 고도가 높을수록 기온이 점차 낮아지므로 고산 지대는 기후가 춥고 서늘한 편입니다.

② 적도 부근의 고산 지대는 우리나라의 봄철과 같은 온화한 기후가 나타납니다.
   └ 일 년 내내 월평균 기온이 15℃ 내외입니다.

③ 저위도 지역에서는 사람들이 생활하기에 유리한 고산 지대에 도시가 발달하기도 합니다.

(2) 고산 기후 지역 사람들의 생활 모습

① 낮은 기온에서도 잘 자라는 감자, 옥수수 등을 주식으로 합니다.

② 주변에서 구하기 쉬운 돌과 나무로 집을 짓습니다.

③ 낮과 밤의 큰 기온 차를 견디려고 ❺망토와 같은 옷을 입습니다.
   └ 강한 햇볕을 피하기 위해 챙이 넓은 모자를 씁니다.

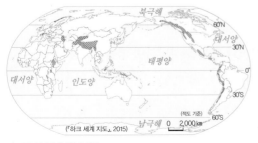

▲ 고산 기후의 분포

▲ 망토를 두른 사람들과 알파카

✅ 용어 사전

❹ 송유관
석유나 원유를 다른 곳으로 보내려고 설치한 관

❺ 망토
소매가 없이 어깨 위로 걸쳐 둘러 입도록 만든 외투

기본 문제로 익히기

핵심 체크

● **냉대 기후 지역 사람들의 생활 모습**

• 러시아와 캐나다 북부 지역에는 대규모 **①** ☐☐☐☐ 지대가 분포합니다.

• 풍부한 침엽수림을 활용하여 목재 및 **②** ☐☐ 공업이 발달하고, 사람들은 통나무집을 짓고 살기도 합니다.

● **한대 기후 지역 사람들의 생활 모습**

전통적인 생활 모습	• 농사짓기가 어려워 순록을 기르며 **③** ☐☐ 생활을 하거나 동물을 사냥하며 생활하였습니다. • 동물 **④** ☐☐과 털로 만든 옷을 입고, 생선과 고기를 날것으로 먹었습니다.
오늘날의 생활 모습	• 극지방에서는 석유와 천연가스 등 **⑤** ☐☐ 개발이 이루어지고 있습니다. • 세계 여러 나라는 **⑥** ☐☐☐☐를 세워 극지방의 자연환경을 연구하는 데 힘을 쏟고 있습니다.

● **고산 기후 지역 사람들의 생활 모습**

• 저위도 지역에서는 사람들이 생활하기에 유리한 고산 지대에 **⑦** ☐☐가 발달하기도 합니다.

• 낮과 밤의 큰 **⑧** ☐☐차를 견디려고 망토와 같은 옷을 입습니다.

개념 문제

1 대규모 침엽수림 지대가 분포하는 지역에 나타나는 기후는 무엇입니까? ( )

2 다음 괄호 안에 들어갈 알맞은 말에 ○표 하시오.

(냉대 , 한대) 기후 지역은 기온이 매우 낮아 나무가 자라기 어렵습니다.

3 한대 기후 지역 사람들의 생활 모습에 대한 설명이 맞으면 ○표, 틀리면 ✕표 하시오.

(1) 땅의 열기와 습기를 막으려고 고상 가옥을 짓기도 합니다. ( )

(2) 최근 극지방에서는 석유와 천연가스 등 자원 개발이 이루어지고 있습니다. ( )

(3) 전통적으로 순록을 기르며 유목 생활을 하거나 동물을 사냥하며 생활하였습니다.

( )

4 적도 부근의 고산 지대는 우리나라의 ( )과/와 같은 온화한 기후가 나타납니다.

확인 문제

1 다음 지도에 표시된 기후 지역에서 나타나는 특징으로 알맞은 것은 어느 것입니까? (   )

① 열대 우림이 분포한다.
② 목재 및 펄프 공업이 발달한다.
③ 순록을 기르며 유목 생활을 한다.
④ 밀 농사, 벼농사 등 다양한 농업이 발달한다.
⑤ 과학 기지를 세워 극지방의 자연환경을 연구한다.

2 다음 보기 에서 냉대 기후 지역의 생산 활동으로 알맞은 것을 골라 기호를 쓰시오.

보기
㉠ 생태 관광 산업   ㉡ 펄프용 목재 생산
㉢ 커피, 바나나 재배   ㉣ 올리브, 포도 재배

(   )

3 다음 빈칸에 들어갈 알맞은 말을 쓰시오.

북반구의 냉대 기후 지역에서 주로 나타나는 침엽수림 지대를 (   )(이)라고 합니다.

(   )

4 다음 밑줄 친 '이 기후'는 무엇인지 쓰시오.

최근에는 이 기후 지역의 자연환경을 연구하려고 여러 나라가 이곳에 연구소나 기지를 세우고 있습니다. 우리나라도 남극 지방에 세종 과학 기지와 장보고 과학 기지, 북극 지방에 다산 과학 기지를 세워 극지방의 자연환경을 연구하는 데 힘을 쏟고 있습니다.

(   )

5 한대 기후 지역에서 다음 사진과 같이 땅에 기둥을 세워 송유관을 설치한 까닭을 쓰시오.

▲ 기둥을 세워 설치한 송유관

_____

_____

6 다음 빈칸에 공통으로 들어갈 기후를 쓰시오.

• (   )은/는 해발 고도가 높은 곳에서 나타납니다.
• 저위도의 (   ) 지역은 무더운 평지보다 사람들이 생활하기에 유리하기 때문에 도시가 발달하기도 합니다.

(   )

7 고산 기후 지역에 대한 설명으로 알맞은 것을 두 가지 고르시오. (,   )

① 일 년 내내 지표면이 눈과 얼음으로 덮여 있는 곳도 있다.
② 짧은 여름 동안 얼음이 녹아 이끼 등의 식물이 자라기도 한다.
③ 겨울이 몹시 춥고 길며, 여름과 겨울의 기온 차이가 매우 크다.
④ 사람들은 낮과 밤의 큰 기온 차를 견디려고 망토와 같은 옷을 입는다.
⑤ 적도 부근의 고산 지대는 우리나라의 봄철과 같은 온화한 기후가 나타난다.

04 세계 여러 나라 사람들의 의식주 문화

❶ 생활 모습의 형성

★(1) **생활 모습의 형성에 영향을 주는 요인:** 사람들의 생활 모습은 그 지역의 지형, 기후 등 자연환경과 종교, ❶풍습 등 인문환경의 영향을 받습니다.

(2) **세계 여러 지역의 다양한 문화**
① 세계 여러 지역의 의식주 문화는 매우 다양하게 나타납니다.
② 오늘날에는 교통과 통신의 발달로 교류가 활발해지면서 전 세계에서 비슷한 생활 모습이 나타나기도 합니다.

❷ 세계 여러 나라의 의식주 문화

(1) 세계 여러 나라 사람들의 의복 문화

러시아의 털모자	이란의 차도르 자료❶
 러시아 사람들은 추위뿐만 아니라 건물에서 떨어지는 고드름과 얼음을 막으려고 동물의 털로 만든 모자인 우샨카, 샤프카를 씁니다.	 • 이슬람교를 믿는 여성들은 얼굴이나 피부를 천으로 가립니다. • 차도르는 얼굴, 손, 발을 제외한 온몸을 가리는 옷입니다.
인도의 사리 자료❷	케냐의 수카
 사리는 인도 여성의 전통 의복으로, 바느질을 하지 않은 한 장의 긴 천을 몸에 둘러 입습니다.	 케냐 사람들은 낮과 밤의 큰 기온 차를 견디려고 붉은색 천인 수카를 몸에 걸쳐 입습니다.

↳ 힌두교에서는 옷감을 자르고 바느질하는 것을 바람직하지 않게 여깁니다.

(2) 세계 여러 나라의 음식 문화

튀르키예의 케밥	가나의 푸푸
 초원에서 유목 생활을 하던 사람들이 쉽게 요리하려고 고기를 조각내어 구워 먹던 것에서 비롯된 음식입니다.	 ↳주로 다른 음식을 곁들여 먹습니다. 아프리카 지역에서 주로 재배하는 카사바, 옥수수 등을 가루로 만들어 ❷인절미와 같이 만든 것입니다.

자료❶ 이슬람교와 관련된 생활 모습

서남아시아와 북아프리카 지역 사람들은 주로 이슬람교를 믿습니다. 이들 지역에서는 경전인 『쿠란』의 가르침에 따른 생활 모습이 나타납니다. 돼지고기를 먹지 않고, 여성들은 천으로 얼굴이나 몸을 가리는 옷을 입습니다.

자료❷ 인도의 힌두교와 관련된 생활 모습

인도에는 다양한 종교를 믿는 사람들이 있으며, 특히 힌두교를 믿는 사람들이 많습니다. 따라서 인도에서는 힌두교의 영향을 받은 생활 모습이 많이 나타납니다.
• **식생활:** 힌두교에서는 소를 신성한 동물로 여기므로, 힌두교를 믿는 사람들은 소고기를 먹지 않는 경우가 많습니다.
• **목욕 의식:** 인도의 갠지스강은 힌두교를 믿는 사람들에게 성스러운 강입니다. 힌두교도들은 이 강물에 목욕을 하면 병이 낫고, 죄를 면할 수 있다고 믿습니다.

▲ 갠지스강에서 목욕을 하는 사람들

✔용어 사전

❶ **풍습**
옛날부터 그 사회에 전해 오는 생활 전반에 걸친 습관 등을 이르는 말

❷ **인절미**
찹쌀로 만들어 고물을 묻힌 쫀득한 떡

뉴질랜드의 항이	캐나다 북부의 말린 생선

❸화산 및 지진 활동으로 뜨거운 땅의 열기를 이용해 고기와 채소를 익혀 먹습니다.	한대 기후 지역에서는 생선이나 고기를 말려서 만든 어포, 육포 등을 많이 먹습니다.

→ 기온이 낮아 음식이 쉽게 상하지 않으므로 소금을 조금만 넣어 만듭니다.

(3) 세계 여러 나라의 가옥 문화

미얀마의 수상 가옥	그린란드의 고상 가옥

기둥을 박아 물 위에 지은 집에서 어업을 하며 생활하기도 합니다.	땅속 깊이 기둥을 박아 고상 가옥을 지으면 난방 열기로 땅이 녹아서 집이 기울어지거나 눈이 쌓여 집의 입구가 막히는 일을 예방할 수 있습니다.
몽골의 게르	그리스 산토리니섬의 하얀 가옥

게르는 나무로 뼈대를 세우고 천막을 덮어 만든 조립식 집으로, 가축과 함께 풀과 물을 찾아 이동하는 유목 생활에 적합합니다.	지중해 연안에 있는 그리스는 여름철 뜨거운 열을 ❹차단하고자 집의 벽을 두껍게 하고, 외부 벽면을 하얗게 칠하여 햇빛이 반사되게 합니다.

→ 몽골은 건조 기후 지역으로 농사짓기가 어려우므로, 유목 생활을 하며 게르를 짓고 생활하기도 합니다.

❸ 세계 여러 나라 사람들의 생활 모습 이해하기 [자료 ❸]

(1) 세계 여러 나라 사람들의 생활 모습 조사하기
① 조사 순서: 주제와 조사 지역 정하기 → 조사 계획 세우기 → 자료 조사하기 → 자료 분석하기 → 결과 정리하기
② 세계 여러 나라의 다양한 생활 모습 사례: 에스파냐의 낮잠 문화(시에스타), 신랑이 신부에게 고래 이빨을 선물하는 피지의 결혼 풍습

⭐**(2) 세계 여러 나라의 다양한 생활 모습을 대하는 태도**: 각 지역 환경의 영향을 받아 형성된 서로 다른 생활 모습을 이해하고 존중해야 합니다.

[자료 ❸] 세계 여러 나라의 축제

러시아의 백야 축제	여름철에 밤에도 해가 지지 않는 백야 현상을 이용한 축제
프랑스의 레몬 축제	지중해 주변 지역의 특산물인 레몬, 오렌지를 활용한 축제
타이의 송끄란 축제	전통적 새해를 축하하며 매년 4월에 열리는 물 축제
몽골의 나담 축제	전통 경기인 씨름, 말타기, 활쏘기를 하며, 몽골 전역에서 열리는 축제

▲ 타이의 송끄란 축제

✔용어 사전

❸ 화산
땅속에 있는 가스, 마그마 등이 지표로 분출하여 생기는 산

❹ 차단
액체나 기체 등의 흐름 또는 통로를 막거나 끊어서 통하지 못하게 함.

기본 문제로 익히기

● **세계 여러 나라의 생활 모습**: 사람들의 생활 모습은 그 지역의 지형, 기후 등 자연환경과 종교, 풍습 등 ❶ ☐☐☐☐ 의 영향을 받습니다.

● **세계 여러 나라의 의식주 문화**

· 러시아 사람들은 동물의 ❷ ☐ 로 만든 모자인 우샨카, 샤프카를 씁니다.

· ❸ ☐☐☐☐ 를 믿는 여성들은 얼굴이나 피부를 천으로 가립니다.

· 케밥은 초원 지대에서 ❹ ☐☐ 생활을 하던 사람들이 쉽게 요리하려고 고기를 조각 내어 구워 먹던 것에서 비롯된 음식입니다.

· ❺ ☐☐ 는 나무로 뼈대를 세우고 천막을 덮어 만든 몽골의 조립식 집으로, 가축과 함께 이동하는 유목 생활에 적합합니다.

● **세계 여러 나라의 다양한 생활 모습을 대하는 태도**: 각 지역 환경의 영향을 받아 형성된 서로 다른 생활 모습을 이해하고 ❻ ☐☐ 해야 합니다.

개념 문제

1 세계 여러 나라 사람들의 생활 모습에 대한 설명이 맞으면 ○표, 틀리면 X표 하시오.

(1) 각 지역 환경의 영향을 받아 형성된 서로 다른 생활 모습을 이해하고 존중해야 합니다.
(   )

(2) 사람들의 생활 모습은 그 지역의 자연환경과 인문환경의 영향을 받아 매우 비슷하게 나타납니다.
(   )

(3) 오늘날에는 교통과 통신의 발달로 교류가 활발해지면서 각 지역 생활 모습의 차이가 더욱 커지고 있습니다.
(   )

2 돼지고기를 먹지 않고, 여성들이 천으로 얼굴이나 몸을 가리는 옷을 입는 생활 모습에 영향을 준 종교는 무엇입니까? (   )

3 다음 ㉠, ㉡에 들어갈 알맞은 말에 각각 ○표 하시오.

인도에서는 ㉠ (힌두교 , 이슬람교)를 믿는 사람들이 많으며, ㉡ (소고기 , 돼지고기)를 먹지 않는 경우가 많습니다.

4 몽골의 게르는 나무로 뼈대를 세우고 천막을 덮어 만든 조립식 집으로, 가축과 함께 이동하는 (   ) 생활에 적합합니다.

확인 문제

1 다음 빈칸에 들어갈 알맞은 종교를 쓰시오.

> 인도 여성의 전통 의복인 사리가 한 장의 천으로 만들어진 것은 (　　　)에서 옷감을 자르거나 바느질하는 것을 바람직하지 않게 여기기 때문입니다.

(　　　　　)

중요

2 다음과 같이 옷의 형태나 소재가 나라마다 다르게 나타나는 까닭으로 알맞지 <u>않은</u> 것은 어느 것입니까?　　　　(　　　)

▲ 케냐의 수카　　▲ 이란의 차도르　　▲ 인도의 사리

① 종교가 다르기 때문에
② 기후가 다르기 때문에
③ 사람들의 소득이 다르기 때문에
④ 사람들이 사는 지역이 다르기 때문에
⑤ 쉽게 구할 수 있는 재료가 다르기 때문에

3 튀르키예의 음식인 케밥의 유래로 알맞은 것은 어느 것입니까?　　　　(　　　)

① 힌두교 교리의 영향을 받았다.
② 화산이 많은 지형의 영향을 받았다.
③ 옥수수를 중요하게 여긴 풍습이 이어졌다.
④ 고기가 귀해서 아껴 먹으려고 고기를 조각낸 것에서 비롯되었다.
⑤ 유목 생활을 하던 사람들이 쉽게 요리하려고 고기를 조각내어 구워 먹던 것에서 비롯되었다.

[4~5] 다음 사진을 보고, 물음에 답하시오.

(가)　　　　　　　　(나)

▲ 미얀마의 수상 가옥　　▲ 그린란드의 고상 가옥

(다)　　　　　　　　(라)

▲ 몽골의 게르　　▲ 그리스 산토리니섬의 하얀 가옥

4 위 (가)~(라) 중 열대 기후가 나타나는 지역에서 볼 수 있는 집의 형태를 찾아 기호를 쓰시오.

(　　　　　)

5 위 (다) 가옥에 대한 설명으로 알맞은 것을 두 가지 고르시오.　　　　(　　 , 　　)

① 조립과 해체가 편리하다.
② 벽이 두꺼워 뜨거운 열을 차단할 수 있다.
③ 가축과 함께 이동하는 유목 생활에 적합하다.
④ 열대 기후 지역에서 볼 수 있는 집의 형태이다.
⑤ 난방 열기로 땅이 녹아 집이 기울어지는 것을 예방할 수 있다.

서술형

6 다음 밑줄 친 부분에 들어갈 알맞은 내용을 쓰시오.

> 사람들의 생활 모습은 그 지역의 지형, 기후 등 자연환경과 종교, 풍습 등 인문환경의 영향을 받아 매우 다양하게 나타납니다. 따라서 우리는 _____를 길러야 합니다.

_____

_____

1
단원

실력 문제로 다잡기

중요
1 다음 ㉠~㉤ 지역에서 나타나는 기후에 대한 설명을 알맞게 짝지은 것은 어느 것입니까? ( )

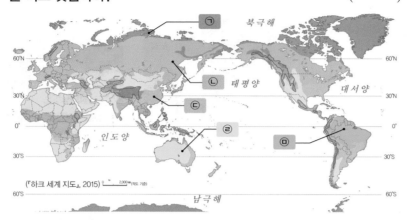

① ㉠ – 사계절이 가장 뚜렷한 기후이다.
② ㉡ – 일 년 내내 평균 기온이 매우 낮다.
③ ㉢ – 일 년 내내 기온이 높고 강수량이 많으며, 건기와 우기가 번갈아 나타나는 곳도 있다.
④ ㉣ – 강수량이 매우 적어 일 년 동안의 강수량을 모두 합쳐도 500mm 미만이다.
⑤ ㉤ – 여름에는 기온이 높고 강수량이 많으며, 겨울에는 기온이 낮고 강수량이 적다.

1-1 세계는 적도 지방에서 극지방으로 갈수록 기온이 점차 높아지는데, 이는 기후 분포에 큰 영향을 미칩니다.

(○ , ×)

2 다음 지도에 표시된 기후 지역에서 이루어지는 생산 활동으로 알맞은 것은 어느 것입니까? ( )

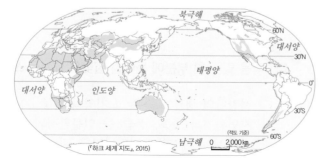

① 올리브나 포도를 많이 재배한다.
② 순록을 기르는 유목 생활을 한다.
③ 바나나, 기름야자, 커피 등을 대규모로 재배한다.
④ 오아시스나 강 주변에서 농사를 지으며 살아간다.
⑤ 전통적으로 화전 농업 방식을 활용해 얌, 카사바 등을 재배하였다.

2-1 건조 기후는 주로 남·북위 20°~30° 일대와 중앙아시아처럼 바다와 멀리 떨어진 곳에 나타납니다.

(○ , ×)

3 다음 사진과 같은 집이 나타나는 기후 지역의 특징으로 알맞은 것은 어느 것입니까? ( )

▲ 흙집

▲ 게르

① 사계절이 비교적 뚜렷하며, 지역에 따라 다양한 농업이 발달한다.
② 기온이 낮아 얼음과 눈으로 덮인 곳이 많고, 나무가 자라기 어렵다.
③ 적도 부근의 고산 지역은 일 년 내내 날씨가 온화하여 우리나라의 봄 날씨와 비슷하다.
④ 강수량이 매우 적어 사막이 나타나는 지역도 있고, 짧은 풀이 자라는 초원 지역도 있다.
⑤ 햇볕을 가장 많이 받는 적도 부근 지역에서 주로 나타나는 기후로, 가장 추운 달의 평균 기온이 18℃ 이상이다.

3-1 사막 지역의 흙집은 낮과 밤의 큰 기온 차를 견디고자 벽을 두껍게 만들고 창문은 작게 만듭니다.

(○ , ×)

4 다음 보기 에서 온대 기후 지역 사람들의 생활 모습으로 알맞은 것을 모두 골라 기호를 쓰시오.

보기
㉠ 여름철 기온이 높고 강수량이 많은 아시아 지역에서는 벼농사가 발달한다.
㉡ 독특한 자연 경관과 야생 동물을 볼 수 있어 생태 관광 산업이 발달하고 있다.
㉢ 여름이 덥고 건조한 지중해 주변 지역에서는 올리브, 포도, 오렌지 등을 많이 재배한다.
㉣ 여름이 서늘하고 겨울이 따뜻하며 일 년 내내 비가 고르게 내리는 북아메리카 지역에서는 화훼 농업이 발달하기도 한다.

( )

4-1 온대 기후는 저위도 지역에 주로 나타납니다.

(○ , ×)

5 다음 검색 결과로 알맞지 <u>않은</u> 것을 골라 기호를 쓰시오.

← → 냉대 기후의 특성과 생활 모습 🔍 ≡

　　냉대 기후는 ㉠ 러시아, 캐나다와 같이 북반구의 중위도와 고위도 지역에 널리 분포합니다.
　　냉대 기후 지역은 ㉡ 여름에는 밀, 감자, 옥수수 등을 재배할 수 있지만, ㉢ 겨울에는 농사를 짓기 어렵습니다. 또한 ㉣ 잎이 넓은 활엽수림이 널리 분포해 목재와 펄프의 세계적인 생산지입니다.

( )

5-1 냉대 기후 지역에는 잎이 뾰족하고 재질이 부드러운 침엽수림이 널리 분포합니다.

(○ , ×)

6 다음 빈칸에 공통으로 들어갈 알맞은 말은 무엇인지 쓰시오.

> • 건조 기후의 초원 지역에서는 전통적으로 물과 풀을 찾아 이동하며 가축을 기르는 (　　　) 생활을 하였습니다.
> • 한대 기후 지역에서는 농사짓기 어려워 전통적으로 순록을 기르며 (　　　) 생활을 하거나 동물을 사냥하며 생활하였습니다.

(　　　　　)

6-1 냉대 기후 지역에서는 얼음이 녹는 짧은 여름에 자라는 이끼나 풀을 찾아 이동하며 순록을 길렀습니다.

(○ , ×)

[7~8] 다음 지도를 보고, 물음에 답하시오.

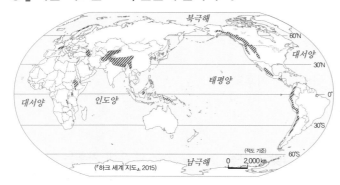

7 위 지도와 같이 분포하는 기후를 쓰시오.

(　　　　　)

7-1 해발 고도가 높을수록 기온이 점차 높아지므로 고산 지대는 기후가 따뜻한 편입니다.

(○ , ×)

8 적도 부근에서 나타나는 위 7번 답의 기후 특성을 쓰시오.

_____

_____

8-1 고위도 지역에서는 사람들이 생활하기에 유리한 고산 지대에 도시가 발달하기도 합니다.

(○ , ×)

9 고산 기후 지역의 특성과 사람들의 생활 모습으로 알맞지 <u>않은</u> 것은 어느 것입니까? (　　　)

① 낮은 기온에서도 잘 자라는 감자, 옥수수 등을 주식으로 한다.
② 땅에 기둥을 박아 집이나 건축물을 땅으로부터 띄워 짓기도 한다.
③ 저위도의 고산 지대는 사람이 살기에 유리하여 도시가 발달하기도 한다.
④ 적도 부근의 고산 지대는 일 년 내내 우리나라의 봄철과 같은 온화한 기후가 나타난다.
⑤ 대표적인 고산 도시로는 콜롬비아의 보고타, 에콰도르의 키토, 페루의 쿠스코 등이 있다.

9-1 땅에 기둥을 박아 땅으로부터 띄워 짓는 집을 고상 가옥이라고 합니다.

(○ , ×)

1 단원

⭐중요
10 다음 두 사진에 나타난 의복 문화가 서로 다른 까닭으로 알맞지 <u>않은</u> 것은 어느 것입니까? (　　　)

▲ 러시아의 털모자

▲ 인도의 사리

① 사람들이 사는 지역이 다르기 때문이다.
② 자연환경과 인문환경의 영향을 받기 때문이다.
③ 교통과 통신의 발달로 지역 간 교류가 활발해졌기 때문이다.
④ 사람들이 믿는 종교가 옷의 형태에 영향을 주기도 하기 때문이다.
⑤ 각 지역의 기후 특성에 맞는 소재, 두께 등의 의복을 입기 때문이다.

10-1 사람들의 생활 모습은 그 지역의 지형, 기후 등 인문환경과 종교, 풍습 등 자연환경의 영향을 받습니다.
(○ , ✕)

11 오른쪽 사진에 나타난 음식에 대한 설명으로 알맞은 것을 보기 에서 모두 골라 기호를 쓰시오.

▶ 튀르키예의 케밥

보기
㉠ 고기를 작게 잘라 꼬챙이에 끼워서 불에 구워 먹는 음식이다.
㉡ 화산 및 지진 활동으로 뜨거운 땅의 열기를 이용해 고기를 익혀 먹는 전통 음식이다.
㉢ 기온이 낮은 지역에서 음식이 쉽게 상하지 않으므로 소금을 조금만 넣어 고기를 말려서 먹는 육포이다.
㉣ 초원 지대에서 유목 생활을 하던 사람들이 쉽게 요리하려고 고기를 조각내어 구워 먹던 것에서 비롯되었다.

(　　　)

11-1 튀르키예 사람들은 대부분 이슬람교를 믿기 때문에 돼지고기를 사용하지 않고 주로 양고기로 케밥을 만듭니다.
(○ , ✕)

12 세계 여러 지역 사람들의 생활 모습과 생활 모습에 영향을 미친 요인을 알맞게 짝지은 것은 어느 것입니까? (　　　)

① 인도의 사리 – 불교
② 이란의 차도르 – 힌두교
③ 몽골의 게르 – 유목 생활
④ 뉴질랜드의 항이 – 한대 기후
⑤ 러시아의 우샨카 – 열대 기후

12-1 우리는 세계 여러 지역 사람들의 다양한 생활 모습을 이해하고 존중하는 태도를 지녀야 합니다.
(○ , ✕)

01 이웃 나라의 자연환경과 인문환경

❶ 우리나라와 가까운 나라

(1) 우리나라와 국경을 마주한 나라: 우리나라의 서쪽에는 중국, 동쪽에는 일본, 북쪽에는 러시아가 있습니다.

(2) 우리나라와 이웃 나라의 환경: 우리나라와 중국, 일본, 러시아는 이웃 나라이지만 자연환경과 인문환경은 다른 점도 많습니다.

▲ 우리나라와 이웃한 나라의 위치

⭐❷ 중국의 자연환경과 인문환경

자연 환경	• 서쪽에는 주로 ❶고원과 산지가 분포하고, 동쪽으로 갈수록 지형이 낮아져 넓은 평야가 발달합니다. • 히말라야산맥, 시짱고원, 고비 사막, 황허강 등 여러 지형이 발달해 있습니다. 자료❶ • 영토가 넓어 열대, 온대, 건조, 냉대, 고산 기후 등 지역마다 다른 기후가 나타납니다. └ 중국은 세계에서 네 번째로 영토가 넓은 나라입니다.
인문 환경	• 영토가 넓고 세계에서 인구가 많은 나라 중 하나입니다. • 다양한 문화를 가진 사람들이 함께 살고 있습니다. • 평야가 넓게 분포하는 동부 지역과 해안가에 베이징, 톈진, 상하이 등의 대도시와 항구가 발달하였습니다. 자료❷ • 석탄, 석유 등의 지하자원이 풍부하고, 인구가 많아 노동력이 풍부하여 다양한 산업이 발달하였습니다.

▲ 고비 사막 → 중국과 몽골에 걸쳐 있는 사막입니다.

▲ 황허강 → 중국의 서쪽에서 동쪽으로 흐르는 큰 강입니다.

둥베이평야
톈산산맥
타커라마간(타클라마칸) 사막
고비 사막
베이징 톈진
화베이평야
쿤룬산맥
시짱고원
(티베트고원)
히말라야산맥
스촨 분지
상하이
화중평야
화난평야
타이완섬
광저우
0   500km

▲ 상하이 → 중국 최대의 상공업 도시입니다.

중국 서남부에 있는 높고 ❷험준한 고산 지대입니다. 세계에서 가장 높고 큰 고원으로, '세계의 지붕'이라고 불립니다.

자료❷ 베이징

중국의 수도로, 긴 역사가 있는 도시입니다. 베이징에 있는 자금성에는 전 세계에서 많은 관광객이 방문합니다.

▲ 자금성

✔용어 사전

❶ 고원
높은 지대에 펼쳐진 평평한 땅

❷ 험준하다
땅의 생긴 모양이 험하며 높고 가파름.

⭐❸ 일본의 자연환경과 인문환경

바다로 둘러싸인 섬나라입니다. •

자연환경	• 네 개의 큰 섬과 수천 개의 작은 섬으로 이루어져 있습니다. • 영토 대부분이 산지이며, 화산이 많고 지진 활동이 활발합니다. • 영토 모양이 남북으로 길어 지역에 따라 기후 차이가 있지만, 대체로 온대 기후가 나타납니다. 자료 ❸ • 바다의 영향으로 비와 눈이 많이 내리고, ❸습도가 높습니다.
인문환경	• 동부 해안가를 중심으로 도시가 발달하였으며, 도쿄, 오사카, 나고야 등 대도시가 분포합니다. _{일본의 수도로, 도쿄를 중심으로 게이힌 공업 지역이 발달하였습니다.} • 화산, ❹온천 등 관광 자원이 많고, 수산업이 발달하였습니다. • ❺원료 수입과 제품 수출에 유리한 태평양 ❻연안을 따라 공업 지역이 발달하였습니다. → 전자 부품, 반도체, 자동차 산업 등이 발달하였습니다.

▲ 온천

▲ 게이힌 공업 지역

❹ 러시아의 자연환경과 인문환경

모스크바, 상트페테르부르크 등의 도시가 분포합니다. •

자연환경	• 세계에서 영토가 가장 넓으며, 영토 모양은 동서로 길쭉합니다. • 우랄산맥을 기준으로 서쪽에는 넓은 평야, 동쪽에는 고원과 산지가 분포합니다. _{우랄산맥을 경계로 동쪽은 아시아, 서쪽은 유럽 대륙에 속합니다.} • 주로 냉대 기후가 나타나며, 겨울이 길고 춥습니다. 자료 ❹
인문환경	• 대부분의 인구가 서남부 지역에 밀집해 있습니다. • 유럽과 아시아에 걸쳐 있어 두 대륙의 문화를 바탕으로 문학, 음악, 발레 등이 발달하였습니다. • 석유, 천연가스 등 천연자원이 풍부하여 다양한 산업이 발달하였고, 우주 항공 기술이 세계적으로 우수한 수준입니다.

모스크바에서 블라디보스토크를 연결하는 세계에서 가장 긴 철도입니다. •

▲ 시베리아 횡단 철도

자료 ❸ 일본의 기후 분포

일본은 영토 모양이 남북으로 길어 남부 지역과 북부 지역의 기후 차이가 있습니다. 삿포로는 눈이 많이 내리는 지역으로, 눈 축제가 열리기도 합니다. 반면, 남쪽 끝에 위치한 오키나와섬은 겨울에도 온화한 기후가 나타납니다.

▲ 삿포로의 눈 축제

▲ 겨울에도 온화한 오키나와섬

자료 ❹ 오이먀콘

러시아의 오이먀콘은 겨울철 매서운 추위로 유명한 지역으로, 사람이 사는 곳 중에서 가장 추운 곳으로 알려져 있습니다.

✅ 용어 사전

❸ 습도
공기 가운데 수증기가 들어 있는 정도

❹ 온천
땅속의 열기 때문에 지하에서 물이 따뜻하게 데워져 솟아 나오는 샘

❺ 원료
어떤 물건을 만드는 데 들어가는 재료

❻ 연안
강이나 호수, 바다를 따라 잇닿아 있는 육지

기본 문제로 익히기

핵심 체크

● **우리나라와 가까운 나라**: 우리나라의 서쪽에는 중국, 동쪽에는 ❶ ⬚⬚, 북쪽에는 ❷ ⬚⬚⬚ 가 있습니다.

● **이웃 나라의 자연환경과 인문환경**

중국	• 서쪽에는 주로 ❸ ⬚⬚ 과 산지가 분포하고, 동쪽으로 갈수록 지형이 낮아져 넓은 ❹ ⬚⬚ 가 발달하였습니다. • 동부 지역과 해안가에 ❺ ⬚⬚⬚ 와 항구가 발달하였습니다.
일본	• 영토 대부분이 산지이며, 화산이 많고 ❻ ⬚⬚ 활동이 활발합니다. • 바다의 영향을 받아 비와 ❼ ⬚ 이 많이 내리고, 습도가 높은 편입니다. • 원료 수입과 제품 수출에 유리한 ❽ ⬚⬚ 연안을 따라 공업 지역이 발달하였습니다.
러시아	• ❾ ⬚⬚ 산맥을 기준으로 서쪽에는 평야, 동쪽에는 고원과 산지가 분포합니다. • 석유, 천연가스 등 천연자원이 풍부하여 다양한 산업이 발달하였고, 우주 항공 기술이 세계적으로 우수한 수준입니다.

개념 문제

1 우리나라의 서쪽에 있는 ( )은/는 영토가 세계에서 네 번째로 넓고, 지역마다 다양한 지형과 기후가 나타납니다.

2 다음 괄호 안에 들어갈 알맞은 말에 ○표 하시오.

> 중국은 서쪽에서 동쪽으로 갈수록 지형이 낮아지며, (동부 , 서부) 지역과 해안가에 주요 항구와 대도시가 있습니다.

3 일본의 자연환경과 인문환경에 대한 설명이 맞으면 ○표, 틀리면 X표 하시오.

(1) 화산, 온천 등 관광 자원이 많고, 수산업이 발달하였습니다. ( )

(2) 원료 수입과 제품 수출에 유리한 동해 연안을 따라 공업 지역이 발달하였습니다.

( )

(3) 영토 대부분이 평야이며, 동부 해안가를 중심으로 도쿄, 오사카 등 대도시가 분포합니다.

( )

4 러시아의 인구는 대부분 ( ) 지역에 밀집해 있습니다.

확인 문제

1
단원

1 다음과 같은 지형을 볼 수 있는 이웃 나라는 어디인지 쓰시오.

▲ 고비 사막

▲ 황허강

( )

★중요

2 중국의 자연환경 특징으로 알맞지 않은 것은 어느 것입니까? ( )

① 서쪽에는 주로 고원과 산지가 분포한다.
② 영토가 넓어 지역마다 다른 기후가 나타난다.
③ 서부 지역과 해안가에 대도시와 항구가 발달하였다.
④ 히말라야산맥, 시짱고원 등 여러 지형이 발달해 있다.
⑤ 동쪽으로 갈수록 지형이 낮아져 넓은 평야가 발달하였다.

3 일본의 자연환경과 인문환경에 대해 잘못 이야기한 어린이는 누구입니까? ( )

① 네 개의 큰 섬과 수천 개의 작은 섬으로 이루어져 있어.

② 영토 모양이 남북으로 길어 지역에 따라 기후 차이가 있어.

③ 동부 해안가를 중심으로 도시가 발달하였어.

④ 석유, 천연가스 등 천연자원이 풍부하여 다양한 산업이 발달하였어.

서술형

4 오른쪽과 같은 일본의 공업 지역이 태평양 연안을 따라 발달한 까닭을 쓰시오.

_____

_____

5 다음 빈칸에 공통으로 들어갈 지형을 쓰시오.

- 러시아는 ( )을/를 경계로 동쪽은 아시아, 서쪽은 유럽 대륙에 속합니다.
- 러시아는 ( )을/를 기준으로 서쪽에는 넓은 평야, 동쪽에는 고원과 산지가 분포합니다.

( )

6 다음 보기 에서 러시아의 자연환경과 인문환경에 대한 설명으로 알맞은 것을 모두 골라 기호를 쓰시오.

보기
㉠ 대부분의 인구가 동남부 지역에 밀집해 있다.
㉡ 대부분 지역에서 냉대 기후가 나타나 겨울이 길고 춥다.
㉢ 세계에서 영토가 가장 넓으며, 영토 모양은 남북으로 길쭉하다.
㉣ 석유, 천연가스 등 천연자원이 풍부하여 다양한 산업이 발달하였다.

( )

7 이웃 나라의 자연환경 및 인문환경과 나라 이름을 알맞게 짝지은 것은 어느 것입니까? ( )

① 자금성 – 일본
② 시짱고원 – 일본
③ 우랄산맥 – 중국
④ 게이힌 공업 지역 – 러시아
⑤ 시베리아 횡단 철도 – 러시아

02 우리나라와 이웃 나라의 교류 모습

❶ 우리나라와 이웃 나라 사람들의 생활 모습

✦(1) 우리나라와 이웃 나라의 생활 모습

① 문자: 우리나라, 중국, 일본은 공통적으로 ❶한자를 활용하지만, 러시아는 한자를 사용하지 않습니다.
> 영어 알파벳처럼 대문자와 소문자를 나누어 씁니다.

② 식생활

• 우리나라, 중국, 일본 사람들은 쌀밥을 주식으로 하며, 식사를 할 때 젓가락을 사용하는 공통점이 있습니다. 자료❶

• 러시아 사람들은 빵을 주식으로 하며, 식사를 할 때 포크, 나이프를 주로 사용합니다.
> 추운 날씨 때문에 음식을 차례로 내게 되면서 코스 요리 문화가 발달하였습니다.

▲ 우리나라의 식생활

▲ 중국의 식생활

▲ 일본의 식생활

▲ 러시아의 식생활

> 우리나라, 중국, 일본은 공통적으로 젓가락을 사용하지만 그 형태는 조금씩 달라. 나라마다 자연환경, 식재료, 문화 등이 다르기 때문에 음식의 종류와 식사 도구도 달라져.

(2) 이웃 나라의 생활 모습 특징

① 중국, 일본: 우리나라와 지리적으로 가까워 오랫동안 활발하게 교류하였기 때문에 생활 모습에 비슷한 점이 많습니다.
> 자연환경, 사람들의 생각, 역사 등을 바탕으로 각각 고유한 문화를 이루었기 때문에 차이점도 많습니다.

② 러시아: 우리나라, 중국, 일본과 지리적으로 가깝지만, 대부분의 인구가 유럽과 가까운 서부 지역에 분포하기 때문에 유럽의 생활 모습과 비슷한 점이 많습니다.

❷ 우리나라와 이웃 나라의 교류 모습
> 우리나라는 이웃 나라들과 다양한 분야에서 교류하면서 상호 의존하고 있으며, 여러 문제를 함께 해결하려고 노력하고 있습니다.

(1) 경제 교류 사례

✦① ❷무역: 우리나라의 최대 ❸수출 및 ❹수입 상대국은 중국이며, 일본과 러시아도 주요 무역 상대국 중 하나입니다. 자료❷

② 에너지 협력 사업: 우리나라와 중국, 일본, 러시아가 국경을 초월하여 전력망을 연결하는 사업을 추진하고 있습니다.

▲ 한·중·일·러 에너지 협력

자료❶ 우리나라, 중국, 일본의 음식 문화와 젓가락

우리나라	반찬의 크기와 종류가 다양하여 음식을 집기 편하도록 금속 젓가락을 사용함.
중국	기름에 볶거나 튀긴 음식이 많아 음식을 조리하거나 먹을 때 길고 끝이 뭉툭한 나무젓가락을 사용함.
일본	생선 요리가 많아 가시를 편하게 바를 수 있도록 끝이 뾰족한 나무젓가락을 사용함.

자료❷ 우리나라와 이웃 나라의 무역 비중(2020년 기준)

구분	중국	일본	러시아
수출 비중	25.8% (1위)	4.9% (5위)	1.3% (12위)
수입 비중	23.3% (1위)	9.8% (3위)	2.3% (9위)

(한국 무역 협회, 2021)

✓ 용어 사전

❶ 한자
고대 중국에서 만들어져 오늘날에도 쓰이고 있는 문자

❷ 무역
나라와 나라 사이에 서로 물품을 사고파는 일

❸ 수출
국내의 상품이나 기술을 외국으로 팔아 내보냄.

❹ 수입
다른 나라로부터 상품이나 기술 등을 국내로 사들임.

(2) 사회·문화 교류 사례 `자료 ③`

① 우리나라와 러시아의 문화·예술 교류: 우리나라와 러시아는 문화·예술 분야의 다양한 교류 행사를 열고 있습니다.

② 동아시아 교육 협력 국제회의: 우리나라, 중국, 일본, 러시아는 각 나라의 교육 방향에 관해 논의하는 회의를 개최하고 있습니다.

③ 대중문화 교류: 최근 우리나라의 음악, 음식, 영화, 드라마 등 대중문화를 중심으로 이웃 나라와 교류하기도 합니다.

④ ❺유학생 증가: 우리나라에서 공부하는 유학생은 꾸준히 늘어나고 있으며, 지리적으로 가까운 이웃 나라에서 온 유학생이 많습니다.

▲ 한국—러시아 상호 교류의 해 개막식

▲ 러시아 발레단 내한 공연

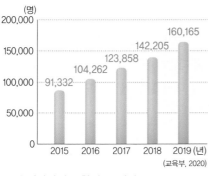

▲ 우리나라의 유학생 수 변화

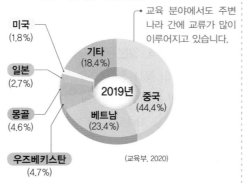

• 교육 분야에서도 주변 나라 간에 교류가 많이 이루어지고 있습니다.

▲ 우리나라 유학생의 출신 국가별 비율

(3) 정치 교류 사례

① 한·중·일 3국 협력 사무국 설립: 우리나라, 중국, 일본은 2011년 9월, 3국의 평화와 공동 번영을 목적으로 하는 국제기구를 설립하였습니다.

② 한·중·일 환경 장관 회의: 우리나라, 중국, 일본은 대기질 관리, 미세 먼지 및 ❻황사, 환경 교육, 기후 변화 대응 등 다양한 분야에서 협력하고 있습니다. `자료 ④`

③ 한·러 외교 및 국방 협력: 우리나라와 러시아는 '한·러 국방 전략 대화'를 열어 한반도의 평화를 위해 외교적 노력을 지속해 나갈 것을 약속하였습니다.

▲ 제21차 한·중·일 환경 장관 회의(2019년)

▲ 제4차 한·러 국방 전략 대화(2021년)

`자료 ③` **우리나라를 방문하는 외국인 관광객**

우리나라를 방문하는 외국인 관광객이 점점 증가하고 있습니다. 외국인 관광객 중에 가장 큰 비율을 차지하는 나라는 중국이고, 그다음은 일본입니다.

▲ 외국인 관광객 수와 국적별 비율

`자료 ④` **우리나라와 이웃 나라가 함께 해결해야 할 문제**

우리나라와 이웃 나라는 서로 이해하고 협력하는 태도가 필요합니다. 황사, 미세 먼지, ❼해양 쓰레기 등 오염 물질이 공기나 바닷물을 따라 이동하는 환경 문제는 여러 나라에 영향을 주기 때문입니다. 또한, 역사적 갈등 문제는 서로 합의가 필요하기도 합니다.

✅용어 사전

❺ 유학생
외국에 머물면서 공부하는 학생

❻ 황사
중국과 몽골의 사막에서 발생한 미세한 모래 먼지가 바람을 타고 우리 나라까지 날아오는 현상

❼ 해양 쓰레기
육지에서 바다로 들어갔다가 바다에 버려져 사용하지 못하게 된 모든 것을 말함.

기본 문제로 익히기

핵심 체크

● 우리나라와 이웃 나라의 생활 모습

문자	• 우리나라, 중국, 일본은 공통적으로 ❶[ ][ ]를 활용합니다. • 러시아는 영어 알파벳처럼 대문자와 소문자를 나누어 씁니다.
식생활	• 우리나라, 중국, 일본 사람들은 쌀밥을 주식으로 하며, 식사를 할 때 공통적으로 ❷[ ][ ][ ]을 사용합니다. • 러시아 사람들은 빵을 주식으로 하며, 식사를 할 때 포크, 나이프를 주로 사용합니다.

● 우리나라와 이웃 나라의 교류 모습

경제 교류	우리나라의 최대 무역 상대국은 ❸[ ][ ]이며, 일본과 러시아도 주요 무역 상대국 중 하나입니다.
사회·문화 교류	• 우리나라와 러시아는 문화·예술 분야의 다양한 교류 행사를 열고 있습니다. • 우리나라, 중국, 일본, 러시아는 동아시아 ❹[ ][ ] 협력 국제회의를 개최하여 각 나라의 교육 방향에 관해 논의합니다.
정치 교류	• 우리나라, 중국, 일본은 한·중·일 ❺[ ][ ] 장관 회의를 개최하여 대기질 관리, 미세 먼지 및 황사, 환경 교육, 기후 변화 대응 등 다양한 분야에서 협력하고 있습니다. • 우리나라와 러시아는 '한·러 ❻[ ][ ] 전략 대화'를 열어 한반도의 평화를 위해 외교적 노력을 지속해 나갈 것을 약속하였습니다.

개념 문제

1 우리나라와 중국, 일본이 공통적으로 영향을 받은 문자는 무엇입니까?

(   )

2 다음 괄호 안에 들어갈 알맞은 말에 ○표 하시오.

> 우리나라의 이웃 나라 중에서 빵을 주식으로 하며, 식사를 할 때 포크, 나이프, 숟가락을 사용하는 나라는 (중국 , 일본 , 러시아)입니다.

3 우리나라와 이웃 나라의 교류 모습에 대한 설명이 맞으면 ○표, 틀리면 ✗표 하시오.

(1) 우리나라의 최대 수출 및 수입 상대국은 일본입니다. (   )

(2) 우리나라와 중국, 일본, 러시아는 국경을 초월하여 전력망을 연결하는 사업을 추진하고 있습니다. (   )

(3) 우리나라에서 공부하는 유학생은 꾸준히 늘어나고 있으며, 지리적으로 가까운 이웃 나라에서 온 유학생이 많습니다. (   )

4 우리나라와 이웃 나라는 공동의 문제를 해결하기 위해 서로 이해하고 (   )하는 태도가 필요합니다.

확인 문제

1 우리나라와 중국, 일본이 사용하는 문자의 비슷한 점으로 알맞은 것은 어느 것입니까? (   )

① 영어의 영향을 받았다.
② 한자의 영향을 받았다.
③ 키릴 문자가 변형된 것이다.
④ 그리스 문자의 영향을 받았다.
⑤ 영어 알파벳처럼 대문자와 소문자가 있다.

2 우리나라와 이웃 나라 사람들의 생활 모습으로 알맞지 <u>않은</u> 것은 어느 것입니까? (   )

① 러시아 사람들은 식사를 할 때 포크, 나이프를 주로 사용한다.
② 러시아 사람들의 생활 모습은 중국의 생활 모습과 비슷한 점이 많다.
③ 우리나라, 중국, 일본 사람들은 식사를 할 때 젓가락을 사용하는 공통점이 있다.
④ 중국과 일본은 우리나라와 오랫동안 활발하게 교류하여 생활 모습에 비슷한 점이 많다.
⑤ 우리나라, 중국, 일본은 자연환경, 사람들의 생각, 역사 등이 다르므로 생활 모습에 차이점도 많다.

3 다음과 같은 식생활 모습이 나타나는 나라는 어디입니까? (   )

> • 빵을 주식으로 하며, 식사를 할 때 포크, 나이프를 주로 사용합니다.
> • 추운 날씨 때문에 음식을 차례로 내게 되면서 코스 요리 문화가 발달하였습니다.

① 일본   ② 중국   ③ 몽골
④ 러시아   ⑤ 베트남

4 다음 보기 에서 중국 젓가락의 특징으로 알맞은 것을 골라 기호를 쓰시오.

> 보기
> ㉠ 끝이 뾰족한 나무젓가락
> ㉡ 길고 끝이 뭉툭한 젓가락
> ㉢ 국물이 스며들지 않는 금속 젓가락

(   )

5 다음 우리나라와 이웃 나라 사이의 무역 현황을 나타낸 표를 보고, 빈칸에 들어갈 알맞은 말을 쓰시오.

구분	중국	일본	러시아
수출 비중	25.8% (1위)	4.9% (5위)	1.3% (12위)
수입 비중	23.3% (1위)	9.8% (3위)	2.3% (9위)

(한국 무역 협회, 2021)

> 우리나라에 수출·수입하는 비중이 가장 높은 나라는 (   )입니다.

(   )

6 다음 (가)~(라) 중 우리나라와 이웃 나라가 정치적으로 교류하는 모습을 두 가지 찾아 기호를 쓰시오.

(가)

▲ 러시아 발레단 내한 공연

(나)

▲ 한·중·일 환경 장관 회의

(다)

▲ 우리나라에서 판매하는 러시아산 수산물

(라)

▲ 한·러 국방 전략 대화

(   )

7 우리나라와 이웃 나라가 여러 가지 문제를 해결하기 위해 필요한 태도를 쓰시오.

_____

_____

03 우리나라와 관계 깊은 나라들

❶ 우리나라와 관계 깊은 나라의 자연환경과 인문환경

(1) 미국: 우리나라의 주요 무역 상대국으로, 경제 외에도 정치, 군사, 외교, 문화 등 다양한 분야에서 우리나라와 매우 밀접한 관계를 맺고 있습니다.
> 우리나라는 미국에 반도체, 자동차, 가전제품 등을 주로 수출합니다.

자연 환경	• 50개의 주가 있는 나라로, 국토가 넓어 다양한 지형과 기후가 나타납니다. • 중부에는 평원이 펼쳐져 있고, 서쪽에는 로키산맥이 있습니다.
인문 환경	• 서부 및 동부 해안 지역에 대도시가 발달하였습니다. **자료 ①** • 넓은 땅에서 옥수수, 밀 등의 곡물을 대규모로 생산합니다. • 다양한 인종 및 민족으로 이루어져 있습니다. • 풍부한 자원, 높은 기술 수준 등을 바탕으로 다양한 산업이 발달하였습니다. • 영화, 음악 등의 대중문화와 야구, 농구, 골프 등의 스포츠가 세계적으로 유명합니다.

⭐(2) 사우디아라비아: 우리나라가 ❶원유를 가장 많이 수입하는 나라이며, 우리나라 기업은 사우디아라비아에 건물이나 ❷발전소를 건설하기도 합니다. **자료 ②**
> 연평균 기온이 26℃ 이상으로 일 년 내내 매우 덥고 강수량이 적은 건조 기후가 나타납니다.

자연 환경	• 아시아와 아프리카를 잇는 아라비아반도의 대부분을 차지합니다. • 여름은 매우 덥고 겨울은 우리나라의 봄철과 같이 따뜻합니다. • 비가 거의 내리지 않아 영토 대부분이 사막입니다.
인문 환경	• 석유, 천연가스 등 지하자원의 수출을 바탕으로 세계 각국에서 여러 기술을 도입하여 국가 발전을 이루고 있습니다. • 지하수를 개발하여 농업 발전에도 노력하고 있습니다. • 이슬람교도들의 순례로 관광 산업이 발달하였습니다.

⭐(3) 베트남: 우리나라의 주요 무역 상대국이며, 서로 인적, 문화적 교류도 활발합니다.

자연 환경	• 영토는 남북으로 길게 뻗어 있으며, 대부분 산지로 이루어져 있습니다. • 메콩강 하류에 평야가 넓게 발달해 있습니다. • 열대 기후, 온대 기후의 특성이 모두 나타납니다.
인문 환경	• 벼농사가 발달하여 세계 여러 나라에 쌀을 수출하며, 커피, 후추 등을 많이 생산합니다. ▸기온이 높고 강수량이 많으며, 토양이 비옥하기 때문입니다. • 할롱베이와 같은 독특한 자연환경과 휴양지가 많아 관광 산업이 발달하였습니다. **자료 ③** • 노동력이 풍부하여 세계 여러 나라의 기업이 베트남에 공장을 운영합니다.

자료 ① 뉴욕

뉴욕은 미국 동부에 있는 도시로, 세계 정치, 경제, 문화의 중심지입니다.

자료 ② 우리나라의 원유 수입국

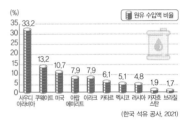

```
(%)
35  33.2        ⬛ 원유 수입액 비율
30
25
20
15      13.2
10          10.7
        7.9  7.9
5                6.1  5.1  4.8
                           1.9  1.7
0
사우디 쿠웨이트 미국 아랍 이라크 카타르 멕시코 러시아 카자흐 브라질
아라비아        에미리트              스탄
```
(한국 석유 공사, 2021)

우리나라가 가장 많이 원유를 수입하는 나라는 사우디아라비아입니다. 우리나라는 자원이 부족하여 주로 서남아시아 지역에서 원유를 수입합니다.

자료 ③ 베트남의 할롱베이

베트남의 할롱베이는 독특한 자연 경관을 보기 위해 전 세계에서 많은 관광객이 찾는 유명한 관광지입니다.

✔ 용어 사전

❶ 원유
땅속에서 뽑아낸, 정제하지 않은 그대로의 기름으로, 여러 가지 석유 제품, 석유 화학 공업의 원료로 사용됨.

❷ 발전소
발전기를 돌려 전기를 일으키는 시설을 갖춘 곳

(4) 독일: 우리나라는 독일에 첨단 기술 제품, 의료 물품, 식품 등을 주로 수출합니다.

자연 환경	• 9개의 나라에 둘러싸여 있습니다. • 남쪽으로 갈수록 지형이 높아지며, 남쪽에 알프스산맥이 있습니다. • 북부 지역은 바다의 영향을 받아 기후가 온화한 편이며, 남부 지역은 겨울에 춥습니다.
인문 환경	친환경 에너지 산업, 자동차 산업 등이 발달하였습니다. ┗→ 세계 최고 수준의 풍력 발전 기술이 있습니다.

(5) 인도: 우리나라는 인도에 철강, 반도체, 자동차 부품 등을 수출하고, 인도에서 화학 원료, 의류 등을 주로 수입합니다.

자연 환경	• 북쪽에는 세계에서 가장 높은 히말라야산맥이 있습니다. • 영토 면적이 넓어 지역에 따라 다양한 기후가 나타납니다. ┐
인문 환경	• 화학, 전기 전자, 섬유 산업 등이 빠르게 성장하고 있으며, 영화 산업에도 힘을 쏟고 있습니다. • 인도 사람들은 주로 힌두교를 믿지만 그 밖에도 다양한 종교를 믿는 사람들이 함께 살며, 사용하는 언어도 여러 개입니다.

→ 세계에서 비가 가장 많이 내리는 곳도 있고, 일 년 내내 비가 거의 오지 않는 사막도 있습니다.

② 우리나라와 세계 여러 나라의 교류 모습

(1) 우리나라와 세계 여러 나라의 관계 〔자료 4〕

① **교류와 협력**: 우리나라는 정치·경제·문화적으로 세계 여러 나라와 교류하고 협력하고 있습니다.

② **상호 의존 관계**: 세계 여러 나라가 활발하게 교류하면서 서로에게 미치는 영향도 커져 상호 의존 관계를 맺고 있습니다.

(2) 우리나라와 세계 여러 나라의 교류 사례

→ 우리나라는 철광석의 약 70%를 오스트레일리아에서 수입합니다.

경제적 교류 〔자료 5〕	• 우리나라는 칠레와 ❸자유 무역 협정(FTA)을 맺고 구리, 과일 등을 수입하며, 자동차, 전자 제품 등을 수출합니다. • 우리나라는 오스트레일리아에서 소고기, 석탄, 철광석, 알루미늄 등 자원을 주로 수입하고, 자동차, 석유 화학 제품, 전자 제품 등 공업 제품을 주로 수출합니다.
사회· 문화적 교류 〔자료 6〕	• 우리나라는 프랑스에서 공연, 전시, 학술제 등을 열고 있습니다. • 우리나라는 캐나다와 과학 기술 혁신 협력 협정을 맺고, 항공 우주, 생명 과학, 정보 통신 등의 연구를 함께 진행합니다. • 우리나라의 음악, 영화, 드라마, 방송 등의 문화가 전 세계적으로 확산되는 '한류' 열풍이 불고 있습니다.
정치적 교류	• 우리나라는 세계 여러 나라와 ❹정상 회담을 통해 국방, 행정, 환경, 문화 등 다양한 분야에서의 협력을 합의하였습니다. • 우리나라는 국제 연합(UN)에 가입하여 전 세계의 다양한 문제를 해결하고자 협력하고 있습니다.

〔자료 4〕 **우리나라와 세계 여러 나라가 교류하는 까닭**

• 나라마다 지형, 기후, 인구, 산업 등의 환경이 서로 달라서 필요한 도움을 주고받을 수 있기 때문입니다.
• 오늘날 교통·통신 기술의 발달로 사람이나 물자의 이동이 편리해졌기 때문입니다.

〔자료 5〕 **우리나라의 곡물 수입**

▲ 캐나다의 밀 수확

우리나라는 밀, 옥수수 등의 곡물을 주로 캐나다, 미국, 오스트레일리아 등에서 수입합니다.

〔자료 6〕 **우리나라에 살고 있는 국적별 외국인 수(2019년 기준)**

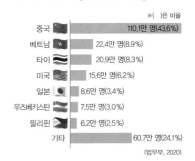

※( )은 비율

중국 🇨🇳	110.1만 명(43.6%)
베트남 ⭐	22.4만 명(8.9%)
타이 ▬	20.9만 명(8.3%)
미국 🇺🇸	15.6만 명(6.2%)
일본 ●	8.6만 명(3.4%)
우즈베키스탄 ▬	7.5만 명(3.0%)
필리핀 ▬	6.2만 명(2.5%)
기타	60.7만 명(24.1%)

(법무부, 2020)

우리나라에 살고 있는 외국인 중에는 중국에서 온 사람들이 가장 많고, 그 다음으로 베트남, 타이 순입니다. 특히 지리적으로 가까운 나라에서 우리나라로 오는 경우가 많습니다.

✔ 용어 사전

❸ **자유 무역 협정(FTA)**
둘 이상의 나라가 서로 수출입 관세 등 무역 장벽을 제거하여 무역을 자유롭게 하는 협정

❹ **정상**
한 나라의 최고 자리에 있는 인물

1
단원

기본 문제로 익히기

핵심 체크

● 우리나라와 관계 깊은 나라의 자연환경과 인문환경

미국	• 중부에는 평원이 펼쳐져 있고, 서쪽에는 ❶[ ][ ] 산맥이 있습니다. • 넓은 땅에서 옥수수, ❷[ ] 등의 곡물을 대규모로 생산합니다. • 풍부한 ❸[ ][ ], 높은 기술 수준 등을 바탕으로 다양한 산업이 발달하였습니다.
사우디 아라비아	• 아시아와 아프리카를 잇는 ❹[ ][ ][ ] 반도의 대부분을 차지합니다. • 비가 거의 내리지 않아 영토 대부분이 ❺[ ][ ] 입니다. • 우리나라가 ❻[ ][ ]를 가장 많이 수입하는 나라입니다.
베트남	• ❼[ ][ ][ ] 하류에 평야가 넓게 발달해 있습니다. • ❽[ ][ ][ ]가 발달하여 세계 여러 나라에 쌀을 수출합니다.

● 우리나라와 세계 여러 나라의 경제적 교류 사례

• 우리나라는 칠레와 ❾[ ][ ][ ][ ][ ](FTA)을 맺고, 구리, 과일 등을 수입하며, 자동차, 전자 제품 등을 수출합니다.

• 우리나라는 오스트레일리아에서 소고기, 석탄, 철광석, 알루미늄 등 ❿[ ][ ]을 주로 수입하고, 자동차, 석유 화학 제품, 전자 제품 등 공업 제품을 주로 수출합니다.

개념 문제

1 미국의 특징에 대한 설명이 맞으면 ○표, 틀리면 X표 하시오.

(1) 영토의 대부분이 사막입니다. ( )

(2) 하나의 민족과 인종으로 구성된 나라입니다. ( )

(3) 각종 지하자원이나 에너지 자원이 풍부합니다. ( )

2 다음 괄호 안에 들어갈 알맞은 말에 ○표 하시오.

> 사우디아라비아는 우리나라가 (소고기 , 원유)를 가장 많이 수입하는 나라입니다.

3 우리나라와 세계 여러 나라의 교류 모습에 대해 바르게 이야기한 어린이는 누구인지 쓰시오.

우리나라와 칠레는 자유 무역 협정(FTA)을 맺었어.

수진

우리나라는 오스트레일리아에 소고기, 석탄, 철광석을 수출해.

민재

우리나라는 유럽 연합(EU)에 가입하여 전 세계의 다양한 문제를 해결하고자 협력해.

서현

( )

확인 문제

⭐중요

1 미국의 특징으로 알맞지 <u>않은</u> 것은 어느 것입니까?
( )

① 50개의 주로 구성되었다.
② 우리나라와 무역을 많이 한다.
③ 인종과 민족이 다양하지 않다.
④ 농업, 상업, 공업 등 다양한 산업이 골고루 발달하였다.
⑤ 국토가 넓은 만큼 각종 지하자원이나 에너지 자원이 풍부하다.

2 다음과 같은 특징이 나타나는 나라는 어디입니까?
( )

자연환경	· 여름은 매우 덥고 겨울은 우리나라의 봄철과 같이 따뜻함. · 비가 거의 내리지 않아 영토 대부분이 사막임.
주요 산업	· 석유, 천연가스 수출로 얻은 수익으로 국가 발전을 이루고 있음. · 지하수를 개발하여 농업 발전에도 노력하고 있음.
우리나라와의 관계	· 우리나라가 원유를 가장 많이 수입하는 나라임. · 우리나라 기업이 건물이나 발전소를 건설하기도 함.

① 칠레
② 캐나다
③ 베트남
④ 오스트레일리아
⑤ 사우디아라비아

3 다음 보기 에서 베트남의 특징으로 알맞은 것을 모두 골라 기호를 쓰시오.

보기
㉠ 춥고 건조한 기후
㉡ 우리나라의 주요 무역 상대국
㉢ 풍부한 노동력을 바탕으로 제조업 발달
㉣ 세계에서 밀을 가장 많이 수출하는 나라

( )

서술형

4 다음과 같은 자연 경관을 볼 수 있는 나라에서 발달한 산업을 쓰시오.

_____

_____

_____

5 다음 밑줄 친 '이 나라'는 어디인지 쓰시오.

이 나라는 유럽 대륙에 있으며, 9개의 나라에 둘러싸여 있습니다. 남쪽으로 갈수록 지형이 높아지며, 남쪽에 알프스산맥이 있습니다. 친환경 에너지 산업, 자동차 산업 등이 발달하였으며, 우리나라는 <u>이 나라</u>에 첨단 기술 제품, 의료 물품, 식품 등을 주로 수출합니다.

( )

6 우리나라와 세계 여러 나라 간의 상호 의존 관계에 대해 잘못 이야기한 어린이의 이름을 쓰시오.

지혜: 오늘날 많은 사람이 우리나라와 세계 여러 나라를 오가며 다양한 활동을 해.
우현: 우리나라와 세계 여러 나라가 활발하게 교류하면서 서로에게 미치는 영향이 더욱 작아지고 있어.
슬비: 우리나라와 세계 여러 나라는 서로에게 필요한 물건이나 서비스를 주고받으며 함께 발전하고 있어.

( )

실력 문제로 다잡기

중요★
1 다음 중국의 지형도를 통해 알 수 있는 내용으로 알맞지 <u>않은</u> 것은 어느 것입니까? ( )

① 서쪽에는 주로 고원과 산지가 분포한다.
② 베이징, 톈진, 상하이 등의 대도시가 분포한다.
③ 동쪽으로 갈수록 지형이 낮아져 넓은 평야가 발달하였다.
④ 서부 지역과 서부 해안가에 대도시와 항구가 발달하였다.
⑤ 히말라야산맥, 시짱고원, 고비 사막, 황허강 등 여러 지형이 발달해 있다.

1-1 상하이는 중국의 동부 지역 해안가에 있는 주요 항구 도시입니다.

(○ , ×)

2 다음 두 사진을 보고 알 수 있는 일본의 자연환경 특징으로 가장 알맞은 것은 어느 것입니까? ( )

▲ 삿포로의 눈 축제

▲ 겨울에도 온화한 오키나와섬

① 영토의 대부분이 산지이다.
② 화산, 온천 등 관광 자원이 많다.
③ 화산이 많고 지진 활동이 활발하다.
④ 네 개의 큰 섬과 수천 개의 작은 섬으로 이루어져 있다.
⑤ 영토 모양이 남북으로 길어 지역에 따라 기후 차이가 크다.

2-1 일본은 섬나라이지만 건조하고 비와 눈이 적게 내립니다.

(○ , ×)

서술형

3 다음은 일본의 특징을 정리한 표입니다. 아래 제시어를 활용하여 빈칸에 들어갈 알맞은 내용을 쓰시오.

자연환경	• 지형: 네 개의 큰 섬과 3,000개가 넘은 작은 섬들로 이루어졌다. • 기후: 습하고 비와 눈이 많이 내린다.
인문환경	• 관광 산업: 화산, 온천 등 관광 자원이 많아 관광 산업이 발달하였다. • 공업 지역: _____

제시어

원료, 제품, 수입, 수출, 태평양

_____

_____

3-1 일본은 화산 활동의 영향으로 온천이 발달하였습니다.

(○ , ×)

중요

4 우리나라의 이웃 나라 중에서 다음과 같은 특징이 나타나는 나라는 어디입니까? ( )

> 세계에서 영토가 가장 넓으며, 영토 모양은 동서로 길쭉합니다. 우랄산맥을 기준으로 서쪽에는 넓은 평야, 동쪽에는 고원과 산지가 분포합니다. 대부분의 인구는 서남부 지역에 밀집해 있습니다. 석유, 천연가스 등 천연자원이 풍부하여 다양한 산업이 발달하였고, 우주 항공 기술이 세계적으로 우수한 수준입니다.

① 몽골 ② 일본 ③ 중국
④ 러시아 ⑤ 베트남

4-1 러시아의 우랄산맥은 아시아와 유럽을 구분하는 경계가 됩니다.

(○ , ×)

5 우리나라, 중국, 일본의 젓가락 특징을 알맞게 짝지은 것은 어느 것입니까? ( )

① 우리나라 – 섬나라 특성상 쉽게 녹슬지 않는 나무로 젓가락을 만든다.
② 우리나라 – 뜨겁고 기름진 음식이 미끄러지지 않도록 젓가락 끝이 뭉툭하다.
③ 중국 – 절인 음식이 많아서 국물이 스며들지 않는 금속 젓가락을 사용한다.
④ 일본 – 생선 요리가 많아 가시를 편하게 바를 수 있도록 젓가락의 끝이 뾰족하다.
⑤ 일본 – 둥글고 큰 식탁에 빙 둘러앉아 음식을 한가운데 두고 먹기 편하도록 젓가락이 길다.

5-1 우리나라, 중국, 일본은 영어 문화권에 속해 있습니다.

(○ , ×)

6 다음 자료를 보고 알 수 있는 내용으로 알맞지 <u>않은</u> 것은 어느 것입니까?
( )

우리나라와 이웃 나라의 에너지 협력 사업

우리나라의 전력망을 중국, 일본, 러시아와 연결하는 사업이 진행되고 있습니다. 이 사업이 진행되면 우리나라는 러시아의 천연가스, 중국의 풍력과 태양광을 활용하여 생산한 전력을 수입하고, 일본에 전력을 수출할 수 있습니다. 또한 전기 요금 인하, 온실가스 감축, 전력 수급 안정화 등의 효과를 기대할 수 있습니다.

– 연합뉴스, 2018. 12. 11.

---

① 러시아는 천연가스가 풍부하다.
② 우리나라와 이웃 나라의 경제 협력 사례이다.
③ 우리나라의 풍부한 자원을 활용한 협력 사업이다.
④ 우리나라와 지리적으로 가까운 이점을 활용한 사업이다.
⑤ 우리나라와 이웃 나라는 교류와 협력을 통해 함께 발전하고 있다.

6-1 우리나라와 무역을 가장 많이 하는 이웃 나라는 일본입니다.
(○ , ×)

---

7 다음 밑줄 친 ⊙~ⓒ의 사례를 알맞게 짝지은 것은 어느 것입니까?
( )

> 우리나라와 이웃 나라는 거리가 가까운 만큼 영향을 긴밀하게 주고받는 관계로, ⊙ 정치 교류, ⓛ 경제 교류, ⓒ 사회·문화 교류가 활발합니다.

① ⊙ – 우리나라, 중국, 일본이 함께 만화 영화를 만들었다.
② ⊙ – 우리나라는 중국, 일본, 러시아와 활발하게 무역을 한다.
③ ⓛ – 우리나라와 러시아가 정상 회담을 개최하였다.
④ ⓒ – 중국, 일본, 러시아에서 우리나라에 오는 유학생이 많다.
⑤ ⓒ – 우리나라, 중국, 일본, 러시아가 국경을 초월해 전력망을 서로 잇는 사업을 추진한다.

7-1 우리나라와 러시아의 정상 회담은 경제 교류 사례에 해당합니다.
(○ , ×)

---

8 오른쪽과 같은 도시가 있는 나라의 특징으로 알맞지 <u>않은</u> 것은 어느 것입니까?
( )

▲ 뉴욕

① 50개 주가 있는 나라이다.
② 서쪽에는 안데스산맥이 있다.
③ 다양한 인종 및 민족이 함께 살아간다.
④ 북쪽으로 캐나다와 국경을 접하고 있다.
⑤ 풍부한 자원, 첨단 기술 등을 바탕으로 다양한 산업이 발달하였다.

8-1 우리나라와 미국은 무역은 많이 하지 않지만, 각 나라 대표가 만나 국방 및 외교 문제 등 정치적 논의를 자주 합니다.
(○ , ×)

9 우리나라와 관계 깊은 나라의 특징을 잘못 이야기한 어린이는 누구입니까? ( )

① 인도의 북쪽에는 세계에서 가장 높은 히말라야산맥이 있어.

② 미국은 넓은 땅에서 옥수수, 밀 등의 곡물을 대규모로 생산해.

③ 사우디아라비아는 여름철 강수량이 풍부해서 벼농사가 발달했어.

④ 베트남은 노동력이 풍부하여 세계 여러 나라의 기업이 베트남에 공장을 운영해.

9-1 우리나라는 세계 여러 나라와 정치·경제·문화적으로 활발하게 교류하며 깊은 관계를 맺고 있습니다.

(○ , ×)

10 다음 검색 결과로 알맞지 않은 것을 골라 기호를 쓰시오.

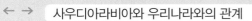

← → 사우디아라비아와 우리나라와의 관계 🔍 ≡

㉠ 사우디아라비아는 우리나라가 원유를 가장 많이 수입하는 나라이며, ㉡ 우리나라는 사우디아라비아에 전자 제품, 철강 제품, 자동차 등을 주로 수출합니다. ㉢ 우리나라 기업은 사우디아라비아에 건물이나 발전소를 건설하기도 합니다. 또한 ㉣ 사우디아라비아에는 할롱베이와 같은 독특한 자연환경과 휴양지가 많아 관광 산업이 발달하였습니다.

( )

10-1 사우디아라비아는 우리나라가 원유를 수출하는 대표적인 나라입니다.

(○ , ×)

11 다음 보기 에서 우리나라와 세계 여러 나라의 관계에 대한 설명으로 알맞은 것을 모두 골라 기호를 쓰시오.

보기
㉠ 우리나라는 지리적으로 먼 나라와는 정치·경제·문화적 교류를 하지 않는다.
㉡ 세계 여러 나라가 활발하게 교류하면서 서로에게 미치는 영향과 상호 의존 관계가 줄어들고 있다.
㉢ 우리나라의 음악, 영화, 드라마, 방송 등의 문화가 전 세계적으로 확산되는 '한류' 현상이 나타나고 있다.
㉣ 우리나라는 세계 여러 나라와 정상 회담을 통해 국방, 행정, 환경, 문화 등 다양한 분야에서 서로 협력하기로 합의하였다.

( )

11-1 우리나라와 세계 여러 나라들이 깊은 상호 의존 관계를 맺고 있는 까닭은 나라마다 환경이 서로 다르기 때문입니다.

(○ , ×)

❶ 지구, 대륙 그리고 국가들

개념 ❶ 세계 지도, 지구본, 디지털 영상 지도

세계 지도	• 둥근 지구를 평면으로 나타낸 것 • 세계 여러 나라를 한눈에 살펴볼 수 있음.
❶ ☐☐☐	• 둥근 지구를 작게 줄여서 만든 모형 • 세계 여러 나라의 위치, 넓이, 영토 모양 등을 비교적 정확하게 살펴볼 수 있음.
디지털 영상 지도	• 위성 사진이나 항공 사진을 활용하여 만든 지도 • 컴퓨터, 스마트폰 등에서 이용할 수 있음.

개념 ❷ 세계의 대륙과 대양

● 세계의 대륙

❷ ☐☐	• 우랄산맥의 서쪽에 있는 대륙 • 주요 나라는 영국, 프랑스, 이탈리아 등이 있음.
아프리카	• 아시아 다음으로 면적이 넓은 대륙 • 주요 나라는 이집트, 알제리, 케냐 등이 있음.
❸ ☐☐☐	• 세계에서 면적이 가장 넓은 대륙 • 주요 나라는 대한민국, 중국, 일본, 베트남 등이 있음.
오세아니아	주요 나라는 오스트레일리아, 뉴질랜드 등이 있음.
북아메리카	주요 나라는 미국, 캐나다 등이 있음.
남아메리카	주요 나라는 브라질, 칠레, 아르헨티나 등이 있음.

● 세계의 대양

북극해	북극 주변에 있는 바다
❹ ☐☐☐	세계에서 가장 넓은 바다로, 우리나라와 인접해 있음.
❺ ☐☐☐	세계에서 두 번째로 넓은 바다
인도양	아시아, 아프리카, 오세아니아 대륙에 둘러싸여 있음.
남극해	남극 대륙을 둘러싸고 있는 바다

❷ 세계의 다양한 삶의 모습

개념 ❸ 세계의 기후 분포

● ❻ ☐☐ : 여러 해 동안 한 지역에서 일정하게 나타나는 평균적인 대기 상태를 말합니다.

● 세계의 다양한 기후

① 햇볕을 수직으로 받는 ❼ ☐☐ 지방은 기온이 높고, 햇볕을 비스듬하게 받는 극지방은 기온이 낮습니다.

② 대체로 저위도 지역에서 ❽ ☐☐☐ 지역으로 갈수록 기온이 점차 낮아지며, 이는 기후 분포에 큰 영향을 미칩니다.

---

1 다음에서 설명하는 것은 무엇인지 쓰시오.

> 위성 사진이나 항공 사진에 디지털 정보를 결합하여 만든 지도입니다. 컴퓨터, 스마트폰 등 다양한 기기에서 이용할 수 있으며, 자유롭게 확대하거나 축소할 수 있습니다.

(   )

2 다음에서 설명하는 세계의 대륙이나 대양을 쓰시오.

(1) 세계에서 가장 넓은 바다로, 우리나라와 인접해 있습니다.

(   )

(2) 세계에서 면적이 가장 넓은 대륙으로, 우리나라가 속해 있습니다.

(   )

(3) 대부분 남반구에 속해 있는 대륙으로, 브라질, 칠레 등의 나라가 있습니다.

(   )

3 세계의 기후 분포 특징이 맞으면 ○표, 틀리면 ✕표 하시오.

(1) 세계의 기후는 지역과 상관없이 비슷하게 나타납니다. (   )

(2) 적도 지방은 햇볕을 수직으로 받아 일 년 내내 기온이 높습니다. (   )

(3) 대체로 저위도 지역에서 고위도 지역으로 갈수록 기온이 점차 높아집니다. (   )

개념 ④ 세계 주요 기후 지역의 특징과 사람들의 생활 모습

열대 기후	• 일 년 내내 더운 날씨가 계속됨. • 화전 농업, 열대작물 재배, 생태 관광 산업이 발달하였음.
건조 기후	• 강수량이 매우 적고, 강수량보다 증발량이 많음. • 사막에서는 ⑨ [ ][ ][ ][ ] 나 강 주변에서 밀, 대추야자 등을 재배함. • 초원 지역에서는 유목 생활을 함.
온대 기후	• ⑩ [ ][ ][ ] 이 비교적 뚜렷함. • 지역에 따라 다양한 농업이 발달하였음.
⑪ [ ][ ] 기후	• 사계절이 나타나지만 겨울이 몹시 춥고 긺. • 침엽수림 지대가 있고, 목재 및 펄프 공업이 발달하였음.
한대 기후	• 기온이 매우 낮아 얼음과 눈으로 덮인 곳이 많음. • 전통적으로 순록을 기르며 유목 생활을 하였음.
고산 기후	• 해발 고도가 높은 고산 지역에서 나타나는 기후임. • 저위도 지역의 고산 지대에는 도시가 발달하기도 함.

개념 ⑤ 세계 여러 나라 사람들의 의식주 문화

● **세계 여러 지역의 다양한 문화**: 사람들의 생활 모습은 각 지역의 자연환경과 인문환경의 영향을 받아 매우 다양하게 나타납니다. 예 이란의 차도르, 인도의 사리, 튀르키예의 케밥, 가나의 푸푸, 몽골의 게르 등

● **세계 여러 지역의 다양한 생활 모습을 대하는 태도**: 각 지역 환경의 영향을 받아 형성된 서로 다른 생활 모습을 이해하고 ⑫ [ ][ ]해야 합니다.

❸ 우리나라와 가까운 나라들

개념 ⑥ 우리나라와 관계 깊은 나라의 특징

중국	• 동부 지역과 해안가에 대도시와 항구가 발달하였음. • 우리나라의 최대 무역 상대국임.
일본	• 영토 대부분이 산지이고, 지진이 자주 일어남. • 태평양 연안을 따라 공업 지역이 발달하였음.
러시아	• 대부분의 인구가 서남부 평야 지역에 밀집해 있음. • 석유, 천연가스 등 천연자원이 풍부함.
미국	• 넓은 땅에서 옥수수, 밀 등 곡물을 대규모로 생산함. • 자원, 기술 수준 등을 바탕으로 다양한 산업이 발달하였음.
사우디 아라비아	• 비가 거의 내리지 않아 영토 대부분이 사막임. • 우리나라가 ⑬ [ ][ ]를 가장 많이 수입하는 나라임.
베트남	• 메콩강 하류에 평야가 넓게 발달해 있음. • ⑭ [ ][ ][ ]가 발달하여 세계적 쌀 수출국임.

4 다음과 같은 특징이 나타나는 지역의 기후를 쓰시오.

(1) 전통적으로는 화전 농업으로 카사바, 얌 등을 재배하였습니다.
( )

(2) 세계 여러 나라가 과학 기지를 세워 극지방의 자연환경을 연구합니다.
( )

(3) 풍부한 침엽수림을 활용하여 목재 및 펄프 공업이 발달하였고, 사람들은 통나무집을 짓고 살기도 합니다.
( )

5 다음 빈칸에 공통으로 들어갈 알맞은 말을 쓰시오.

> • 건조 기후 지역의 초원 지역에서는 물과 풀을 찾아 이동하며 가축을 기르는 ( ) 생활을 합니다.
> • 튀르키예의 케밥은 초원 지대에서 ( ) 생활을 하던 사람들이 쉽게 요리하려고 고기를 조각내어 구워 먹던 것에서 비롯된 음식입니다.

( )

6 다음 보기 에서 설명과 관련 있는 나라의 이름을 골라 각각 쓰시오.

> 보기
> • 미국   • 베트남
> • 중국   • 사우디아라비아

(1) 우리나라가 원유를 가장 많이 수입하는 나라입니다. ( )

(2) 메콩강 하류에 평야가 넓게 발달하여 벼농사가 발달하였습니다.
( )

(3) 우리나라에 살고 있는 외국인 중에서 가장 많은 사람들의 출신 국가입니다.
( )

< 1. 세계의 여러 나라들 >

단원 마무리

1 지구, 대륙 그리고 국가들

1 다음 자료에 대한 설명으로 알맞은 것을 두 가지 고르시오. (,   )

① 가지고 다니기 불편하다.
② 세계 여러 나라의 위치를 한눈에 볼 수 있다.
③ 실제 지구의 모습을 아주 작게 줄인 모형이다.
④ 인터넷을 연결해야 여러 기능을 사용할 수 있다.
⑤ 각 나라의 면적과 바다의 모양이 실제와 매우 다르게 표현된다.

2 유럽 대륙에 대한 설명으로 알맞은 것은 어느 것입니까? (   )

① 우리나라가 속해 있는 대륙이다.
② 세계 육지 면적의 약 30%를 차지한다.
③ 세계에서 가장 작은 대륙으로 남반구에 있다.
④ 다른 대륙보다 면적은 좁지만 많은 나라가 있다.
⑤ 대부분 남반구에 속해 있고, 남쪽은 남극해와 접해 있다.

3 세계의 대양에 대한 설명이 잘못 연결된 것은 어느 것입니까? (   )

① 남극해 – 남극 대륙을 둘러싸고 있다.
② 태평양 – 아시아, 유럽, 북아메리카에 둘러싸여 있다.
③ 인도양 – 아시아, 아프리카, 오세아니아 대륙에 인접해 있다.
④ 북극해 – 북극 주변에 있는 바다로 대부분 얼음으로 덮여 있다.
⑤ 대서양 – 아프리카, 유럽, 북아메리카, 남아메리카에 둘러싸여 있다.

4 아시아 대륙에 속한 나라를 두 곳 고르시오. (,   )

① 미국   ② 인도
③ 대한민국   ④ 아르헨티나
⑤ 오스트레일리아

5 다음 나라들이 위치한 대륙의 이름을 쓰시오.

• 칠레	• 브라질	• 우루과이
• 에콰도르	• 콜롬비아	• 아르헨티나

(   )

★중요★
6 세계에서 영토의 면적이 가장 넓은 나라와 좁은 나라를 알맞게 짝지은 것은 어느 것입니까? (   )

	가장 넓은 나라	가장 좁은 나라
①	인도	모나코
②	중국	나우루
③	브라질	모나코
④	러시아	바티칸 시국
⑤	캐나다	바티칸 시국

7 사우디아라비아의 영토 모양을 바르게 이야기한 어린이는 누구인지 쓰시오.

• 혜미: 둥근 모양이야.
• 우현: 해안선이 복잡해.
• 경진: 국경선이 단조로워.
• 지민: 동서로 길게 뻗은 모양이야.
• 철현: 남북으로 길게 뻗은 모양이야.

(   )

❷ 세계의 다양한 삶의 모습

8 다음에서 설명하는 것은 무엇인지 쓰시오.

> 여러 해 동안 한 지역에서 일정하게 나타나는 평균적인 대기 상태를 말합니다.

( )

9 다음 ㉠, ㉡에 들어갈 알맞은 말을 각각 쓰시오.

> 햇볕을 가장 많이 받는 적도 부근은 (㉠) 기후가 나타나고, 햇볕을 가장 적게 받는 극지방 부근은 (㉡) 기후가 나타납니다.

㉠: ( ), ㉡: ( )

10 세계의 여러 기후에 대한 설명이 잘못 연결된 것은 어느 것입니까? ( )

① 냉대 기후 – 사계절이 나타나지 않는다.
② 한대 기후 – 일 년 내내 평균 기온이 매우 낮다.
③ 열대 기후 – 건기와 우기가 나타나는 곳도 있다.
④ 온대 기후 – 여름에는 기온이 높고, 겨울에는 기온이 낮다.
⑤ 건조 기후 – 일 년 동안의 강수량을 모두 합쳐도 500mm가 채 안 될 정도로 비가 적게 내린다.

11 다음과 같은 생활 모습을 볼 수 있는 지역에서 나타나는 기후로 알맞은 것은 어느 것입니까? ( )

▲ 온몸을 감싸는 옷　　▲ 흙집

① 열대 기후 　　② 건조 기후
③ 온대 기후 　　④ 냉대 기후
⑤ 고산 기후

중요

12 다음 지도에 나타난 기후 지역에서 볼 수 있는 생활 모습으로 알맞지 <u>않은</u> 것은 어느 것입니까? ( )

① 아시아에서는 벼농사를 짓는다.
② 유럽에서는 주로 밀을 재배한다.
③ 옛날부터 사람이 많이 모여 살았다.
④ 지중해 주변 지역에서는 올리브나 포도를 많이 재배한다.
⑤ 이끼나 풀이 자라는 땅에서 순록을 기르는 유목 생활을 한다.

13 다음 보기 에서 몽골의 게르에 대한 설명으로 알맞은 것을 모두 골라 기호를 쓰시오.

> **보기**
> ㉠ 게르의 형태는 몽골 자연환경의 영향을 받았다.
> ㉡ 게르의 구조는 몽골 사람들의 생활 방식과 관련이 없다.
> ㉢ 몽골 사람들은 주위에서 구하기 쉬운 재료로 게르를 짓는다.
> ㉣ 게르는 유목 생활을 하고 있는 몽골 사람들에게 적합한 주거 형태이다.

( )

14 다음 검색 결과로 알맞은 것을 골라 기호를 쓰시오.

> 세계 여러 나라의 생활 모습을 대하는 바람직한 태도
>
> ㉠ 우리와 다른 생활 모습은 무시한다.
> ㉡ 서로 다른 생활 모습을 이해하고 존중한다.
> ㉢ 우리와 다른 생활 모습은 부정적으로 평가한다.
> ㉣ 우리나라보다 더 잘사는 나라의 생활 모습을 그대로 따른다.

( )

1
단원

15 다음 정리 노트의 빈칸에 들어갈 알맞은 이웃 나라를 쓰시오.

> 나라 이름: (   )
> • 온천이 발달한 아소산
> • 눈 축제가 열리는 삿포로
> • 지진이 발생한 후쿠시마현
> • 태평양 연안을 따라 발달한 게이힌 공업 지역

(   )

16 러시아에 대한 설명으로 알맞지 <u>않은</u> 것은 어느 것입니까? (   )

① 세계에서 영토가 가장 넓다.
② 세계 여러 나라에 천연가스를 수출한다.
③ 위도가 높아 냉대 기후가 널리 나타난다.
④ 대부분의 인구가 서남부 지역에 집중해 있다.
⑤ 동부는 평원이 넓게 분포하고, 서부는 주로 고원과 산지이다.

★중요★
17 우리나라와 중국, 일본의 생활 모습에서 다음과 같은 공통점이 나타나는 까닭으로 알맞은 것은 어느 것입니까? (   )

> • 문자에 한자를 활용합니다.
> • 식사를 할 때 젓가락을 사용합니다.

① 서로 민족이 같기 때문에
② 서로 인종이 같기 때문에
③ 우리나라가 이웃 나라를 지배했기 때문에
④ 지리적으로 멀지만 활발하게 교류했기 때문에
⑤ 지리적으로 가까이 있어 오래전부터 활발하게 교류했기 때문에

18 우리나라와 이웃 나라의 경제 교류 사례로 알맞은 것은 어느 것입니까? (   )

① 우리나라는 이웃 나라의 물품을 수입한다.
② 우리나라와 러시아가 정상 회담을 개최하였다.
③ 중국과 일본 사람들이 우리나라에 유학을 온다.
④ 우리나라와 중국, 일본이 함께 만화 영화를 만들었다.
⑤ 우리나라, 중국, 일본이 미세 먼지 해결 방안을 공동으로 논의하였다.

19 다음 보기 에서 미국의 특징으로 알맞은 것을 모두 골라 기호를 쓰시오.

> 보기
> ㉠ 땅의 모양이 동서로 넓으며, 50개의 주로 이루어져 있다.
> ㉡ 풍부한 자원과 높은 기술 수준을 바탕으로 다양한 산업이 발달하였다.
> ㉢ 남북 방향으로 산맥이 이어져 있고 북부와 남부에는 넓은 평야가 발달해 있다.
> ㉣ 벼농사가 발달하여 세계 여러 나라에 쌀을 수출하며, 커피와 후추도 많이 생산한다.

(   )

20 다음 ㉠, ㉡에 들어갈 나라를 알맞게 짝지은 것은 어느 것입니까? (   )

> • 우리나라는 (㉠)에서 원유를 가장 많이 수입합니다.
> • 우리나라는 (㉡)과/와 과학 기술 혁신 협력 협정을 맺고, 항공 우주, 생명 과학, 정보 통신 등의 연구를 함께 진행합니다.

	㉠	㉡
①	미국	칠레
②	미국	브라질
③	러시아	브라질
④	러시아	캐나다
⑤	사우디아라비아	캐나다

서술형 마무리

1 다음 세계 지도를 보고, 물음에 답하시오.

(1) 위 ㉠~㉣에 들어갈 알맞은 대륙과 대양의 이름을 쓰시오.

㉠: (　　　　　　), ㉡: (　　　　　　)
㉢: (　　　　　　), ㉣: (　　　　　　)

(2) 위 지도에 나타난 오세아니아 대륙의 특징을 쓰시오.

_____

_____

2 다음 정리 노트의 표를 보고, 물음에 답하시오.

분포	적도를 중심으로 한 저위도 지역에 널리 나타남.
특성	• 일 년 내내 비가 많이 내려 밀림을 이루는 곳이 있음. • 동아프리카 일대처럼 건기와 우기가 번갈아 나타나 초원이 넓게 나타나는 곳이 있음.
생활 모습	㉠

(1) 위 표와 관련 있는 기후는 무엇인지 쓰시오.

(　　　　　　)

(2) 위 표의 ㉠에 들어갈 알맞은 내용을 쓰시오.

_____

_____

3 다음과 같이 세계 여러 나라 사람들의 생활 모습이 다양하게 나타나는 까닭을 환경과 관련지어 쓰시오.

▲ 온몸을 감싸는 옷　　　▲ 가나의 푸푸

_____

_____

4 다음 우리나라와 이웃 나라의 식생활 모습을 보고, 물음에 답하시오.

(가)  　　　(나)

▲ 우리나라의 식생활　　　▲ 중국의 식생활

(다)  　　　(라)

▲ 일본의 식생활　　　▲ 러시아의 식생활

(1) 위 (가)~(다) 식생활 모습을 보고, 각 나라에서 사용하는 젓가락의 모양이나 재료가 어떻게 다른지 쓰시오.

_____

_____

(2) 위 (라)와 같이 러시아의 식생활 모습이 우리나라와 다르게 나타나는 까닭을 쓰시오.

_____

_____

2

통일 한국의 미래와 지구촌의 평화

01 우리 땅 독도

❶ 우리 땅 독도

⭐(1) 독도의 위치와 지리적 중요성 〔자료❶〕

위치	우리나라의 동쪽 끝에 있는 섬으로, 북위 37°, 동경 132° 가까이에 있습니다.
지리적 중요성	동해의 중심에 있어 선박의 ❶항로뿐만 아니라 군사적으로도 중요한 위치에 있습니다.

(2) 독도의 자연환경과 동식물

① 두 개의 큰 섬인 동도와 서도, 주변의 크고 작은 바위섬 89개로 이루어져 있습니다.
　→ 독도는 여러 번의 화산 활동으로 만들어졌기 때문에 독도에서는 해저 화산이 변해 가는 과정을 살펴보고 연구할 수 있습니다.

② 화산 활동으로 만들어진 화산섬으로, 독특한 지형이 많습니다.
　→ 독도는 오랜 기간 바람과 파도의 영향을 받아 독특하고 아름다운 지형이 만들어졌습니다.

탕건봉	봉우리가 옛날 선비가 착용한 탕건의 모습과 닮았습니다.
코끼리 바위	코를 물속에 넣고 물을 마시는 코끼리의 모습과 닮았습니다.
한반도 바위	북쪽에서 바라본 바위 모습이 한반도의 모습을 닮았습니다.
천장굴	절벽에 생긴, 천장이 뚫려 있는 동굴입니다.

③ 다양한 동식물이 서식하는 생태계의 ❷보고입니다.
　→ 괭이갈매기, 섬장대 등을 볼 수 있습니다.

④ 독도는 천연기념물 '독도 천연 보호 구역'으로 지정되어 보호받고 있습니다.

(3) 독도의 자원 → 독도 주변 바다에는 영양분이 많고 경제성이 높은 해양 심층수가 있습니다.

① 따뜻한 바닷물과 차가운 바닷물이 만나 다양한 해양 생물이 살기에 좋아 수산 자원이 풍부합니다.

② 바다의 밑바닥에는 미래 청정에너지 자원으로 주목받고 있는 가스 하이드레이트가 매장되어 있습니다. 〔자료❷〕

⭐(4) 독도가 우리나라의 영토임을 알 수 있는 역사적 자료

① 우리나라의 옛 기록과 지도 〔자료❸〕
　→ 우리나라의 옛 기록과 지도를 통해 우리 조상들이 독도를 우리나라 영토로 인식하였음을 알 수 있습니다.

『세종실록』「지리지」 (1454년)	대한 제국 ❸칙령 제41호(1900년)	『신증동국여지승람』 「팔도총도」(1531년)
독도가 조선의 영토라는 사실과 울릉도에서 독도를 직접 눈으로 볼 수 있다고 쓰여 있습니다. 〔자료❹〕	석도(독도의 옛 이름)를 울도군(울릉군)의 관할 구역에 포함한다는 대한 제국 황제의 칙령입니다.	현재 남아 있는 우리나라 옛 지도 중 우산도(지금의 독도)가 표기된 가장 오래된 지도입니다.

자료❶ 독도의 위치

(해양 교육 포털, 2021)

독도는 행정 구역상 경상북도 울릉군에 속합니다. 우리나라 울릉도에서 독도까지의 거리가 일본 오키섬에서 독도까지의 거리보다 약 70km 더 가깝습니다.

자료❷ 가스 하이드레이트

바닷속에 살던 미생물이 썩으면서 생긴 가스와 물이 결합하여 만들어진 천연가스로, 불을 붙이면 타는 성질이 있어 '불타는 얼음'이라고 불립니다.

자료❸ 독도의 여러 이름

우산도	가장 오랫동안 사용한 명칭임.
석도	한글 표현인 '돌섬'을 의미함.
독도	행정 구역 개편 이후 오늘날의 명칭임.

자료❹ 『세종실록』「지리지」 내용

"우산(독도)과 무릉(울릉도) 두 섬은 울진현의 정동쪽 바다 한가운데에 있다. 두 섬은 거리가 멀지 않아 날씨가 맑으면 바라볼 수 있다."라고 기록되어 있습니다.

✔용어 사전

❶ 항로
선박이 다니는 바다의 길

❷ 보고
귀중한 것이 많이 나거나 간직되어 있는 곳

❸ 칙령
임금이 내린 명령

② 일본의 옛 기록과 지도 `자료 5`

태정관 지령(1877년)	「삼국접양지도」(1785년)
	●일본의 지도 제작자가 만든 지도입니다. ●조선의 것
당시 일본의 최고 행정 기관인 태정관에서 울릉도와 독도가 일본의 영토와 관계없다고 선언한 지령입니다.	울릉도와 독도가 조선의 영토와 같은 색으로 표현되어 있으며, '조선의 것'이라고 쓰여 있습니다.

↳ 일본의 옛 기록과 지도에도 독도가 우리나라의 영토라는 사실이 명백히 나타나 있습니다.

② 독도를 지키기 위한 노력

(1) 독도를 지키기 위한 사람들의 노력

최종덕은 1981년에 주민 등록을 독도로 옮겨 독도의 1호● 주민이 되었으며, 독도에 살며 독도가 우리나라 사람이 사는 우리나라 영토임을 알리는 데 큰 역할을 하였습니다.

옛날	• 안용복: 일본으로부터 울릉도와 독도가 조선의 땅임을 확인받았습니다. • 심흥택: 일본이 독도를 일본 영토로 편입하려는 것을 알고 이를 나라에 보고하였습니다. • 홍순칠: ❹독도 의용 수비대를 조직하였습니다.
오늘날	• 주민, 경찰, 공무원 등 약 40명이 거주하고 있습니다. • 독도 경비대원이 독도를 지키고 있습니다.

★(2) 독도를 지키기 위한 정부와 민간단체의 노력

정부는 독도의 생태계를 보호하고● 독도를 지속적으로 이용할 수 있도록 여러 법령을 시행하고 있습니다.

정부	• 독도에 등대, 주민 숙소, 선착장 등의 시설을 만들고 있습니다. • 독도와 관련한 여러 법령을 만들어 시행하고 있습니다. • 세계에 독도를 홍보하는 활동을 하고 있습니다.
민간단체	• 반크: 독도를 잘못 소개한 정보와 자료를 찾아 바로잡는 노력을 하고 있습니다. `자료 6` • 독도 연구 모임: 독도를 전문적으로 연구하고 관련 정보를 주고받기도 합니다.

(3) 독도가 우리 영토임을 알릴 수 있는 다양한 활동 `자료 7`

독도 홍보 포스터 그리기	독도 홍보 영상 만들기	독도 사랑 ❺플래시 몹 참여하기
	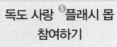	

`자료 5` 독도 관련 국제법상의 옛 기록

▲ 연합국 최고 사령관 각서 제677호 (1946년)

"일본은 일본의 4개 본도(홋카이도, 혼슈, 시코쿠, 규슈)와 약 1천 개의 더 작은 이웃 섬들을 포함한다. (이웃 섬들에서) 제외되는 것은 울릉도, 리앙쿠르암(지금의 독도) 등이다."라고 기록되어 있습니다. 독도 관련 국제법상의 옛 기록을 통해 독도가 우리나라 땅임을 국제적으로도 인정받았다는 사실을 알 수 있습니다.

`자료 6` 민간단체 '반크'

반크는 전 세계에 우리나라와 관련된 정보를 바르게 알리는 일을 하는 사이버 외교 사절단입니다.

`자료 7` 독도를 지키기 위한 개인의 노력

독도를 지키기 위해서 우리는 독도를 소중히 여겨야 하며, 독도를 지키는 일에 지속적인 관심을 두려고 노력해야 합니다.

✔용어 사전

❹ 독도 의용 수비대
독도에 몰래 들어오는 일본 어선에 맞서 독도를 지킨 민간 조직

❺ 플래시 몹
불특정 다수가 전자 우편이나 휴대 전화로 연락하여 정해진 시간과 장소에 모여 주어진 행동을 하고 흩어지는 일

핵심 체크

- **❶**⬚⬚ : 우리나라의 동쪽 끝에 있는 섬으로, 북위 37°, 동경 132° 가까이에 있습니다.
- **독도가 우리나라 영토임을 알 수 있는 역사적 자료**
  - 『세종실록』「지리지」: 독도가 조선의 영토라는 사실과 울릉도에서 독도를 직접 눈으로 볼 수 있다는 지리적 특징이 기록되어 있습니다.
  - 『신증동국여지승람』「**❷**⬚⬚⬚⬚」: 현재 남아 있는 우리나라 옛 지도 중 우산도(지금의 독도)가 표기된 가장 오래된 지도입니다.
  - **❸**⬚⬚⬚⬚ : 당시 일본의 최고 행정 기관인 태정관에서 울릉도와 독도가 일본의 영토와 관계없다고 선언한 지령입니다.
  - 「삼국접양지도」: 일본의 지도 제작자가 만든 지도로, 울릉도와 독도가 조선의 영토와 같은 색으로 표현되어 있습니다.
- **독도를 지키기 위한 노력**

옛날	• **❹**⬚⬚⬚ : 일본으로부터 울릉도와 독도가 조선의 땅임을 확인받았습니다.
	• 심흥택: 일본이 독도를 일본 영토로 편입하려는 것을 알고 이를 나라에 보고하였습니다.
오늘날	• 정부: 독도에 각종 시설물을 설치하고 여러 법령을 만들어 시행하고 있습니다.
	• 민간단체: 사이버 외교 사절단인 **❺**⬚⬚ 는 독도를 잘못 소개한 정보를 찾아 바로잡는 노력을 하고 있습니다.

개념 문제

1 독도에 대한 설명이 맞으면 ○표, 틀리면 X표 하시오.

(1) 우리나라 울릉도에서 독도까지의 거리가 일본 오키섬에서 독도까지의 거리보다 더 멉니다.

(　　　　)

(2) 독도는 두 개의 큰 섬인 동도와 서도, 주변의 크고 작은 바위섬 89개로 이루어져 있습니다.

(　　　　)

2 독도 바다의 밑바닥에는 미래 청정에너지 자원으로 주목받고 있는 (　　　　)이/가 매장되어 있습니다.

3 다음 괄호 안에 들어갈 알맞은 말에 ○표 하시오.

(「삼국접양지도」, 『세종실록』「지리지」)는 일본의 지도 제작자가 만든 지도로, 울릉도와 독도가 조선의 영토와 같은 색으로 표현되어 있습니다.

4 다음 ㉠, ㉡에 들어갈 알맞은 말에 각각 ○표 하시오.

독도를 지키기 위해 ㉠ (안용복 , 홍순칠)은 독도 의용 수비대를 조직하였고, ㉡ (정부 , 민간단체)는 독도를 지키는 데 필요한 여러 법령을 만들어 시행하고 있습니다.

확인 문제

1 다음 ㉠, ㉡에 들어갈 알맞은 말을 각각 쓰시오.

> 독도는 우리나라의 (㉠) 끝에 있는 섬으로, 북위 37°, 동경 132° 가까이에 있습니다. 또한 (㉡)의 중심에 있어 선박의 항로뿐만 아니라 군사적으로도 중요한 위치에 있습니다.

㉠: (   ), ㉡: (   )

중요

2 독도의 자연환경에 대한 설명으로 알맞지 않은 것은 어느 것입니까? (   )

① 화산 활동으로 만들어진 화산섬이다.
② 천연기념물로 지정되어 보호받고 있다.
③ 대부분 암석으로 이루어져 동식물이 서식하지 않는다.
④ 두 개의 큰 섬인 동도, 서도와 89개의 작은 섬으로 이루어져 있다.
⑤ 주변 바다는 따뜻한 바닷물과 차가운 바닷물이 만나는 곳으로 물고기의 먹이가 풍부하다.

3 다음에서 설명하는 독도에서 볼 수 있는 지형의 이름으로 알맞은 것은 어느 것입니까? (   )

 파도, 바람 등에 깎여서 절벽에 생긴 천장이 뚫려 있는 동굴입니다. 깊이가 100m 정도이며 아랫부분은 바다와 연결되어 있습니다.

① 탕건봉   ② 천장굴
③ 촛대 바위   ④ 코끼리 바위
⑤ 한반도 바위

4 다음 내용이 기록되어 있는 우리나라의 옛 기록으로 알맞은 것은 어느 것입니까? (   )

> "우산(독도)과 무릉(울릉도) 두 섬은 울진현의 정동쪽 바다 한가운데에 있다. 두 섬은 거리가 멀지 않아 날씨가 맑으면 바라볼 수 있다."

① 『삼국사기』   ② 태정관 지령
③ 『세종실록』「지리지」   ④ 대한 제국 칙령 제41호
⑤ 연합국 최고 사령관 각서 제677호

서술형

5 다음 밑줄 친 부분에 들어갈 알맞은 내용을 쓰시오.

> 독도가 우리나라 영토임을 알 수 있는 일본의 옛 기록과 지도를 통해 _____ 는 것을 알 수 있습니다.

_____

_____

6 다음 인물과 독도를 지키기 위해 한 일을 바르게 선으로 연결하시오.

(1) 심흥택 •   • ㉠ 독도 의용 수비대를 조직함.

(2) 안용복 •   • ㉡ 일본으로부터 울릉도와 독도가 우리나라 땅임을 확인받음.

(3) 홍순칠 •   • ㉢ 일본이 독도를 일본 영토로 편입하려는 것을 알고 이를 나라에 보고함.

7 독도를 지키려는 민간단체의 노력으로 알맞은 것을 보기 에서 골라 기호를 쓰시오.

> **보기**
> ㉠ 여러 법령을 만들어 시행한다.
> ㉡ 모든 사람의 출입을 통제한다.
> ㉢ 독도에 여러 시설물을 설치한다.
> ㉣ 독도를 잘못 소개하는 정보를 찾아 바로잡는다.

(   )

8 독도가 우리 영토임을 알릴 수 있는 다양한 활동으로 알맞지 않은 것은 어느 것입니까? (   )

① 독도 사랑 운동하기
② 독도 홍보 영상 만들기
③ 독도 홍보 포스터 그리기
④ 독도 의용 수비대 조직하기
⑤ 독도 사랑 플래시 몹 참여하기

02 남북통일과 통일 한국의 미래

① 남북통일이 필요한 까닭

(1) **남북 분단**: 광복 이후 대한민국 정부 수립과 북한의 정권 수립으로 우리나라는 남한과 북한으로 분단되었고, 6·25 전쟁을 겪으면서 분단이 굳어졌습니다.

(2) **남북 분단으로 나타나는 어려움** — 남북한의 자원을 효율적으로 이용하지 못해 경제적 손실을 입고 있습니다.

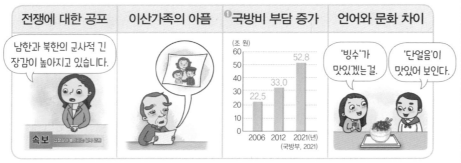

전쟁에 대한 공포	이산가족의 아픔	❶국방비 부담 증가	언어와 문화 차이
남한과 북한의 군사적 긴장감이 높아지고 있습니다.		(조 원) 60 50 40 30 20 10 0 — 22.5 (2006) 33.0 (2012) 52.8 (2021년) (국방부, 2021)	'빙수'가 맛있겠는걸. '단얼음'이 맛있어 보인다.

(3) **남북통일이 필요한 까닭**

① 전쟁의 불안감이 사라진 평화로운 나라를 만들 수 있습니다.

② 국방비를 줄여 다른 분야에 사용할 수 있습니다. 자료 ①

③ 남한의 발전된 기술력과 북한의 풍부한 자원을 활용하여 경제적으로 성장할 수 있습니다. 자료 ②

④ 남한과 북한의 문화적 차이로 나타나는 문제를 극복하고, 이산가족 문제를 해결할 수 있습니다.

⑤ 아시아와 유럽의 여러 나라까지 도로와 철도가 연결되어 세계 여러 나라와 더욱 활발하게 교류할 수 있습니다.

② 남북통일을 위한 다양한 노력 자료 ③

남북 교류의 움직임은 1970년대 들어 나타나기 시작하였습니다. 남북한은 정부와 민간단체를 중심으로 정치, 사회·문화, 경제 분야에서 교류하고 협력하고 있습니다.

(1) **정치적 노력**

7·4 남북 공동 성명 발표	남북 기본 합의서 채택	남북 정상 회담 개최

남한과 북한이 교류를 시작하면서 신뢰의 분위기를 만들고자 자주, 평화, 민족 대단결의 통일 3대 원칙을 세웠습니다.	남북 화해와 교류, 협력에 관한 내용이 담긴 남북 기본 합의서를 채택하고, 한반도에 핵무기를 두지 않기로 하였습니다.	남북 정상이 2000년, 2007년, 2018년에 만나 한반도의 평화와 발전을 이루고자 함께 노력하기로 하였습니다.

자료 ① 통일 한국의 국방비

남한의 국방비 + 북한의 국방비 = 통일 한국의 국방비 + 남는 비용

통일이 되면 국방비를 줄여 남는 비용으로 국민 생활의 질을 높일 수 있습니다.

자료 ② 남한의 기술력과 북한의 자원

남북통일을 이루면 남한의 발전된 기술력과 북한의 풍부한 자원을 활용하여 경쟁력 높은 제품을 만들어 경제적으로 성장할 수 있습니다.

자료 ③ 이산가족 상봉

남북한의 정부가 협력하고 여러 기관이 노력하여 1985년에 처음으로 이산가족이 상봉하였고, 이후 여러 차례 상봉이 이루어졌습니다.

✔용어 사전

❶ 국방비
국토를 지키는 데 쓰는 비용으로, 넓게는 전쟁 경비와 전쟁에 대비하는 경비를 포함함.

(2) 경제적 노력 자료 ④

1998년부터 금강산 관광 산업이 이루어졌으나 2008년 이후 중단하였고, 2018년에 남과 북의 조건이 갖춰지면 금강산 관광 사업을 정상화하기로 합의하였습니다.

개성 공단 가동 (2005~2016년)	남북 경제 협력 공동 위원회 개최(2007년)	경의선·동해선 연결 및 현대화 착공식(2018년)

남한의 자본과 기술에 북한의 노동력을 결합하여 상품을 생산하였습니다.	남북 경제 협력 공동 위원회를 구성하여 철도와 도로의 개발 등을 논의하였습니다.	남북 간 단절된 철도와 도로를 연결하여 교류와 협력을 확대하고자 하였습니다.

(3) 사회·문화적 노력 자료 ⑤

개성 ②만월대 남북 공동 발굴(2007~2018년)	평창 동계 올림픽 남북 선수단 공동 입장(2018년)	남북 예술단 합동 공연 (2018년)

개성의 만월대를 남북한의 전문가들이 함께 발굴하였습니다.	남북한 선수들이 한반도기를 들고 함께 입장하였습니다.	남북한의 예술가들이 함께 공연하여 문화적으로 교류하였습니다.

❸ 지구촌 평화에 기여하는 통일 한국의 모습 자료 ⑥

(1) 통일 한국의 미래 모습

남북통일이 되면 우리의 일상생활에 많은 변화가 나타날 것이며, 남북한의 장점을 활용하여 국가적으로도 발전할 것입니다.

① 전통문화가 계승되고, 문화가 더욱 풍부해질 것입니다.

② 기차와 자동차로 여러 나라를 여행할 수 있을 것입니다.

③ 경제가 성장하고, 여러 분야에 다양한 직업이 생길 것입니다.

④ 아름다운 자연과 문화유산을 보려는 관광객이 늘어날 것입니다.

⑤ 서로 볼 수 없었던 문화유산과 ③사료를 살피며 우리나라 역사를 더욱 활발하게 연구할 것입니다.

⑥ 지구촌 평화에 기여하며 국제적으로 우리나라의 위상이 높아질 것입니다.

(2) 통일 한국이 지구촌 평화에 기여하는 모습

① 평화로운 통일 과정을 전 세계에 보여 주어 사람들에게 평화의 중요성을 알릴 수 있습니다.

② 우리의 전통문화를 체계적으로 관리할 수 있게 되어 세계 문화 발전에 기여할 수 있습니다.

③ 한반도에 전쟁 위험이 사라져 세계 여러 나라 사람들이 더 안심하고 여행할 수 있습니다. 남북통일이 되면 전쟁의 위험에서 벗어나 주변 나라들 간의 긴장 상태가 누그러져 지구촌 평화와 발전에 기여할 수 있을 것입니다.

④ 도로와 철도를 이용해 세계 여러 나라로 갈 수 있어 세계적인 교통의 ④요충지가 될 수 있습니다.

경의선은 서울특별시와 북한의 신의주 사이를 연결하는 철도이며, 동해선은 부산광역시와 북한의 안변을 연결하는 노선으로, 강릉시에서 제진까지의 구간이 끊겨 있습니다.

자료 ④ 남북한이 함께 만든 만화 영화

• 남한과 북한은 만화 영화 산업에서도 교류하고 협력하였는데, 2001년에 남북한의 기업은 3차원(3D) 만화 영화를 함께 만들었습니다.

• 남한의 기업은 만화 영화를 전체적으로 기획하였고, 북한의 기업에서는 만화 영화를 제작하는 일을 하였습니다.

자료 ⑤ 겨레말큰사전 남북 공동 편찬

2005년부터 남북한의 학자들이 우리말 사전을 함께 만들어 나가고 있습니다.

자료 ⑥ 비무장 지대(DMZ)

• 군사적 충돌을 막고자 군대의 주둔과 군사 시설의 설치를 하지 않기로 정한 곳입니다.

• 사람의 발길이 닿지 않은 자연 그대로의 생태 환경을 지닌 지역이자 통일의 꿈을 품은 한반도의 역사 박물관 같은 곳입니다.

✅ 용어 사전

❷ 만월대
개성시 송악산 남쪽 기슭에 있는 고려의 왕궁 터로, 궁전은 고려 말기에 불타서 없어졌음.

❸ 사료
역사 연구에 필요한 문헌이나 유물, 문서, 기록, 건축, 조각 등을 이름.

❹ 요충지
지형과 형세가 군사적으로 아주 중요한 곳

핵심 체크

- ❶ ☐☐☐☐ : 광복 이후 대한민국 정부 수립과 북한의 정권 수립으로 우리나라는 남한과 북한으로 분단되었고, 6·25 전쟁을 겪으면서 분단이 굳어졌습니다.

- **남북통일이 필요한 까닭**: 남북 간의 언어와 문화 차이, ❷ ☐☐☐☐ 의 아픔, 전쟁에 대한 공포, 경제적 손실을 극복하기 위해서입니다.

- **남북통일을 위한 다양한 노력**

정치적 노력	7·4 남북 공동 성명 발표, 남북 기본 합의서 채택, 남북 ❸ ☐☐☐☐ 개최 등이 있습니다.
경제적 노력	❹ ☐☐☐☐ 가동, 남북 경제 협력 공동 위원회 개최, 경의선·동해선 연결 및 현대화 착공 등이 있습니다.
사회·문화적 노력	개성 만월대 남북 공동 발굴, 남북 ❺ ☐☐☐ 합동 공연, 평창 동계 올림픽 남북 선수단 공동 입장 등이 있습니다.

개념 문제

1 다음 빈칸에 들어갈 알맞은 말에 ○표 하시오.

> 남북 분단으로 전쟁에 대한 공포, 이산가족의 아픔, (교육비 , 국방비) 부담, 언어와 문화 차이 등의 어려움이 나타나고 있습니다.

2 남북통일이 필요한 까닭에 대한 설명이 맞으면 ○표, 틀리면 X표 하시오.
(1) 전쟁의 불안감이 사라진 평화로운 나라를 만들 수 있습니다. ( )
(2) 바닷길로만 아시아와 유럽의 여러 나라와 교류할 수 있습니다. ( )
(3) 남한의 발전된 기술력과 북한의 풍부한 자원을 활용하여 경제적으로 성장할 수 있습니다.
( )

3 남북통일을 위한 경제적 노력의 모습으로 알맞은 것을 찾아 ○표 하시오.

(가)  (나)  (다)

▲ 남북 정상 회담 개최   ▲ 개성 공단 가동   ▲ 남북 예술단 합동 공연
( )　　　　　( )　　　　　( )

4 남북통일이 되면 도로와 철도를 이용해 세계 여러 나라로 갈 수 있어 세계적인 ( )의 요충지가 될 수 있습니다.

확인 문제

1 남북 분단으로 나타나는 어려움으로 알맞은 것을 보기 에서 모두 골라 기호를 쓰시오.

> **보기**
> ㉠ 이산가족들이 슬픔을 겪고 있다.
> ㉡ 국방비 지출이 점점 줄어들고 있다.
> ㉢ 남한과 북한의 생활 모습이 서로 같아지고 있다.
> ㉣ 전쟁이 일어날지 모른다는 불안감이 계속되고 있다.

( )

중요

2 남북통일이 필요한 까닭으로 알맞지 <u>않은</u> 것은 어느 것입니까? ( )

① 이산가족 문제를 해결할 수 있다.
② 세계 여러 나라와 활발히 교류할 수 있다.
③ 남한과 북한이 각각 막대한 국방비를 지출할 수 있다.
④ 전쟁의 불안감이 사라진 평화로운 나라를 만들 수 있다.
⑤ 남한과 북한의 문화적 차이로 나타나는 문제를 극복할 수 있다.

서술형

3 다음 밑줄 친 부분에 들어갈 철도 연결로 인해 얻을 수 있는 좋은 점은 무엇인지 쓰시오.

> 남북통일이 되어 한반도에서 중국, 러시아, 유럽 등으로 갈 수 있는 철도가 연결되면, _____
> _____

4 다음은 남북통일이 되었을 때의 경제적 이익을 나타낸 글입니다. ㉠, ㉡에 들어갈 알맞은 말을 각각 쓰시오.

> (㉠)의 발전된 기술력과 (㉡)의 풍부한 자원을 활용하여 경쟁력 높은 제품을 만들 수 있습니다.

㉠: ( ), ㉡: ( )

5 남북통일을 위한 정치적 노력의 모습으로 알맞은 것은 어느 것입니까? ( )

①
▲ 남북 기본 합의서 채택

②
▲ 평창 동계 올림픽 남북 선수단 공동 입장

③
▲ 개성 만월대 남북 공동 발굴

④
▲ 경의선·동해선 연결 및 현대화 착공식

6 통일 한국의 미래 모습에 대해 잘못 이야기한 어린이는 누구입니까? ( )

① 문화를 활발하게 교류하면서 전통문화가 점점 사라지게 될 거야.

② 아름다운 자연을 감상하거나 문화유산을 찾는 관광객이 많이 늘어날 거야.

③ 지구촌의 평화에 기여하면서 국제적으로 우리나라의 위상이 높아질 거야.

④ 경제가 성장하고, 문화가 발전하면서 여러 분야에 다양한 직업이 생길 거야.

실력 문제로 다잡기

1 다음 지역에 대한 설명으로 알맞은 것은 어느 것입니까? ( )

▲ 독도

① 북위 132°, 동경 37° 가까이에 있다.
② 우리나라의 영토에서 가장 남쪽에 있다.
③ 행정 구역으로는 강원도 울릉군에 속한다.
④ 한 개의 큰 섬과 89개의 크고 작은 바위섬으로 이루어져 있다.
⑤ 동해의 중심에 있어 선박의 항로뿐만 아니라 군사적으로도 중요한 곳이다.

1-1 독도에서 울릉도까지의 거리가 독도에서 일본의 오키섬까지의 거리보다 약 70km 더 멉니다.

(◯ , ✕)

2 다음 조사 보고서의 내용 중 알맞지 <u>않은</u> 내용을 골라 기호를 쓰시오.

> **[독도의 자연환경]**
> ㉠ 화산 활동으로 만들어진 화산섬이다.
> ㉡ 대부분 암석으로 이루어져 동식물이 서식하지 않는다.
> ㉢ 독도는 천연기념물 '독도 천연 보호 구역'으로 지정되어 보호받고 있다.
> ㉣ 주변 바다는 따뜻한 바닷물과 차가운 바닷물이 만나 다양한 해양 생물이 살기에 좋다.

( )

2-1 독도 주변 바다의 밑바닥에는 미래 청정에너지 자원으로 주목받고 있는 가스 하이드레이트가 묻혀 있습니다.

(◯ , ✕)

3 다음에서 설명하는 지형으로 알맞은 것을 골라 기호를 쓰시오.

> 북쪽에서 바라보면 마치 한반도의 모습을 닮았습니다.

(가) (나) (다)

▲ 천장굴   ▲ 한반도 바위   ▲ 코끼리 바위

( )

3-1 독도의 코끼리 바위는 바위의 모양이 코를 물속에 넣고 물을 마시는 코끼리의 모습을 닮았습니다. (◯ , ✕)

[4~5] 다음 독도 관련 옛 기록을 보고, 물음에 답하시오.

(가)  (나) 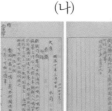 (다)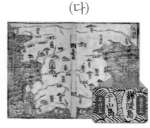

▲ 연합국 최고 사령관 각서 제677호   ▲ 태정관 지령   ▲ 『신증동국여지승람』「팔도총도」

4 위 자료 중 일본의 옛 기록으로 알맞은 것을 골라 기호를 쓰시오.

(   )

5 위 독도 관련 옛 기록을 통해 알 수 있는 사실로 알맞은 것을 <u>두 가지</u> 고르시오. (,   )

① 우리나라 사람들은 옛날부터 독도를 '독도'라고 불러왔다.
② 일본의 옛 기록에는 독도가 일본 영토라고 기록되어 있다.
③ 독도가 우리나라 영토라는 것이 국제적으로도 인정받았다.
④ 다른 나라 사람들은 독도가 주인 없는 섬이라고 생각하고 있다.
⑤ 우리나라와 세계 여러 나라 사람들 모두 독도가 우리나라 영토라고 인정하고 있다.

서술형

6 다음은 독도를 지키기 위해 옛날 사람들이 한 일을 정리한 표입니다. 물음에 답하시오.

독도를 지킨 사람	한 일
㉠	일본으로부터 울릉도와 독도가 조선의 땅임을 확인받았다.
홍순칠	독도에 몰래 들어오는 일본 어선에 맞서 독도를 지킨 민간 조직인 독도 의용 수비대를 조직하였다.
심흥택	㉡

(1) 위 ㉠에 들어갈 독도를 지킨 사람의 이름을 쓰시오.

(   )

(2) 위 ㉡에 들어갈 알맞은 내용을 쓰시오.

4-1 『신증동국여지승람』「팔도총도」는 일본의 지도 제작자가 그린 지도로, 울릉도와 독도가 조선의 영토와 같은 색으로 표현되어 있으며, 그 옆에 '조선의 것'이라고 적혀 있습니다.

(○ , ×)

5-1 우리나라와 일본의 옛 기록에 독도가 우리나라의 영토임이 명백히 나타나 있습니다.

(○ , ×)

6-1 최종덕은 1981년에 주민 등록을 독도로 옮겨 독도의 1호 주민이 되었으며, 독도가 우리나라 사람이 사는 우리나라 영토임을 알리는 데 큰 역할을 하였습니다.

(○ , ×)

7 독도를 지키기 위한 정부와 민간단체의 노력으로 알맞지 <u>않은</u> 것은 어느 것입니까? ( )

① 독도를 지키는 데 필요한 여러 법령을 시행하고 있다.
② 독도에 등대와 주민 숙소 등 각종 시설을 만들고 있다.
③ 독도가 우리나라의 고유 영토임을 알리는 활동을 하고 있다.
④ 독도를 잘못 소개한 정보와 자료를 찾아 수정을 요청하고 있다.
⑤ 독도의 생태계 보호를 위해 독도에 주민들이 살지 못하게 하였다.

● **7-1** 반크는 우리나라를 홍보하는 정부 기관으로, 독도를 세계에 알리고 있습니다.

(O , X)

8 다음 자료를 통해 알 수 있는 내용으로 알맞은 것은 어느 것입니까? ( )

'빙수'가 맛있겠는걸.
'단얼음'이 맛있어 보인다.

① 국방비가 늘어나고 있다.
② 이산가족의 문제가 심각하다.
③ 남한과 북한의 언어 차이가 크다.
④ 우리의 전통문화가 파괴되고 있다.
⑤ 남북통일에 대한 기대감이 커지고 있다.

● **8-1** 남북통일로 사람들의 교류가 활발해지면, 남한과 북한의 문화적 차이를 극복하고 우리나라 문화가 더욱 풍부해질 수 있습니다.

(O , X)

서술형
9 다음 자료를 보고, 물음에 답하시오.

남한의 국방비   북한의 국방비   통일 한국의 국방비   남는 비용

하진: 남북 분단으로 남한과 북한은 각각 막대한 (㉠)을/를 부담하고 있어.
지안: 남북통일이 되면 _____㉡_____

(1) 위 ㉠에 들어갈 알맞은 말을 쓰시오.

( )

(2) 위 ㉡에 들어갈 남북통일로 얻을 수 있는 이익을 쓰시오.

_____

_____

● **9-1** 남북통일을 이루면 북한의 발전된 기술력과 남한의 풍부한 자원을 활용하여 경쟁력 높은 제품을 만들 수 있습니다.

(O , X)

[10~11] 다음은 남북통일을 위한 다양한 노력을 나타낸 사진입니다. 물음에 답하시오.

(가)

▲ 7·4 남북 공동 성명 발표

(나)

▲ 남북 예술단 합동 공연

(다)

▲ 개성 공단 가동

10 위에서 남북통일을 위한 사회·문화적 노력으로 알맞은 것을 골라 기호를 쓰시오.

(   )

11 남북통일을 위한 (다)와 같은 분야의 노력으로 알맞은 것을 보기 에서 모두 골라 기호를 쓰시오.

보기
㉠ 남북한의 전문가들이 개성 만월대를 함께 발굴하였다.
㉡ 경의선·동해선을 연결하여 교류와 협력을 확대하고자 하였다.
㉢ 남북 경제 협력 공동 위원회를 구성하여 철도와 도로의 개발 등을 논의하였다.
㉣ 남한과 북한의 정상이 만나 한반도의 평화와 발전을 이루고자 함께 노력하기로 하였다.

(   )

12 남북통일이 되었을 때 한국의 변화된 모습에 대해 잘못 말한 어린이는 누구입니까? (   )

① 아름다운 자연을 감상하거나 문화유산을 찾는 관광객이 늘어날 거야.

② 도로와 철도 대신 비행기를 타야만 세계 여러 나라로 갈 수 있을 거야.

③ 서로 볼 수 없었던 문화유산을 더욱 활발하게 연구할 거야.

④ 전쟁의 위협에서 벗어나 지구촌 평화와 발전에 기여할 수 있을 거야.

10-1 남한과 북한은 남북통일을 위한 경제적 노력으로 평창 동계 올림픽에서 남북 선수단이 공동 입장을 하였습니다.

(○ , ×)

11-1 남한과 북한은 남북통일을 위해 남북 화해와 교류, 협력에 관한 내용이 담긴 남북 기본 합의서를 채택하고, 한반도에 핵무기를 두지 않기로 하였습니다.

(○ , ×)

12-1 남북통일이 되면 우리의 전통문화가 사라지고, 세계 여러 나라의 문화를 모두 받아들이게 될 것입니다.

(○ , ×)

01 지구촌 갈등의 원인과 문제점 그리고 해결 방안

❶ 지구촌 갈등의 원인과 문제점

지구촌 갈등 조사 방법에는 텔레비전 방송 보기, 인터넷 백과사전에서 관련 자료 찾아보기, 신문 기사 찾아보기, 주변 어른들께 여쭈어보기 등이 있습니다.

★ (1) 지구촌 갈등 사례 자료①

① 시리아 ❶내전 자료②

시리아는 유럽, 아프리카, 아시아를 연결하는 교통의 중심지로 일찍부터 경제와 문화가 발달하였으나 이러한 지리적 이점은 주변국들이 욕심을 내는 곳이 되어 오랜 세월 침략과 지배를 받았습니다.

원인	대통령의 독재에 시민들이 반대 시위를 벌이자, 정부가 계속해서 무력으로 시위를 진압하였습니다.
문제점	• 2012년 내전이 일어났고, 이후 종교 갈등으로 번졌습니다. • 미국과 러시아의 개입으로 상황이 더욱 복잡해졌습니다.

지구촌에서는 영토, 종교, 민족, 자원, 문화 등의 원인으로 갈등이 생기고, 그러한 갈등은 지구촌의 평화를 위협해.

이슬람교의 종파인 시아파와 수니파가 충돌하였습니다.

② 팔레스타인 분쟁 자료③

원인	• 유대교를 믿는 이스라엘의 유대인과 이슬람교를 믿는 팔레스타인의 아랍인이 팔레스타인 지역을 서로 차지하려고 1948년 이후 계속 다투고 있습니다. • 오랜 분쟁으로 서로 사이가 나빠져 대화할 가능성이 없습니다.
문제점	이스라엘과 아랍 국가 간의 갈등, 미국 등 여러 나라와의 충돌로 많은 사람이 죽거나 다쳤습니다.

③ 인도와 파키스탄의 갈등

원인	힌두교를 믿는 사람과 이슬람교를 믿는 사람이 함께 살고 있던 카슈미르 지역을 두고 대립하고 있습니다.
문제점	여러 차례 충돌이 일어나 많은 사람이 다치고 목숨을 잃었습니다.

④ 남중국해 분쟁

원인	남중국해는 중국, 베트남, 타이완, 필리핀, 말레이시아, 브루나이에 둘러싸인 바다입니다. 이곳에 있는 스프래틀리 ❷군도는 무역 항로로 중요한 가치를 지니며, 석유와 천연가스가 바다 밑에 묻혀 있습니다.
문제점	주변 나라들 모두가 스프래틀리 군도가 자국의 섬이라고 주장하며 갈등을 빚고 있습니다.

난사 군도·쯔엉사 군도·카라얀 군도라고도 불립니다.

⑤ 나이지리아 내전

원인	1960년 영국으로부터 독립하였지만, 이슬람교와 크리스트교, 토속 신앙이 뒤섞여 있어 종족 및 종교 분쟁을 겪고 있습니다.
문제점	• 언어, 민족, 종교가 서로 다른 250여 개의 종족들이 협력하지 못하였습니다. • 전쟁으로 불안정한 상태가 지속되고 있습니다.

자료① 크림반도 분쟁

• 원인: 크림반도는 일 년 내내 얼지 않는 항구가 있어서 지중해와 유럽으로 갈 수 있는 해상 통로이자 전략적 ❸요충지입니다.
• 문제점: 우크라이나와 러시아가 크림반도의 소유권을 둘러싸고 계속해서 갈등을 겪고 있습니다.

자료② 시리아 내전 진행 상황

시리아는 1946년에 프랑스로부터 독립하였고, 1971년부터 30년간 대통령 독재가 이어짐.

↓

2012년 내전이 일어났고, 이후 종교 갈등으로까지 번짐.

↓

미국과 러시아의 개입으로 상황이 더욱 복잡해짐.

자료③ 팔레스타인 지역

□ 팔레스타인 자치 구역
■ 팔레스타인과 이스라엘의 공동 관할 구역
· 유대인 정착촌

레바논
이스라엘
시리아
지중해
◦예루살렘
요르단
이집트

0 ─── 100km (유엔 인도 지원 조정실(OCHA), 2020)

✓ 용어 사전

❶ 내전
한 나라 안에서 일어나는 싸움

❷ 군도
무리를 이루고 있는 크고 작은 섬

❸ 요충지
군사적으로 중요한 땅

(2) 지구촌 갈등의 특징과 문제점

> 다른 민족, 문화, 종교를 가진 사람들은 자기 생각만 옳다고 생각하고, 역사적 사건이나 오래 다투었던 상황들 때문에 서로 이해하기가 어렵기도 합니다.

특징	• 영토, 자원, 종교, 언어, 인종, 민족, 역사, 정치 등의 **다양한 원인이 복합적으로 얽혀 있습니다.** • 갈등을 겪는 지역뿐만 아니라 다른 여러 나라와도 연결되어 있어 지구촌 전체의 평화와 발전을 위협합니다. • 짧은 시간에 해결하기 어렵습니다.
문제점	• 많은 사람이 죽거나 다치고, 집과 가족을 잃습니다. • 의료 시설이 파괴되어 질병과 상처를 제때 치료하지 못합니다. • 학교가 무너져 학생들이 제대로 공부하지 못합니다. • 살던 곳을 떠나 ^❹난민이 되는 사람들이 있습니다. 자료 ❹

↳ 지구촌 갈등으로 인한 문제를 해결하려면 우리 모두가 지구촌 갈등에 꾸준히 관심을 갖고 함께 노력해야 합니다.

> 세계 여러 나라가 서로 밀접하게 연결되어 있기 때문에 위험에 처한 사람들이 다른 나라에 도움을 청하기도 합니다.

❷ 지구촌 갈등의 해결 방안

★(1) 지구촌 갈등이 지속되는 까닭

① 인종, 언어, 종교가 다른 사람들이 함께 모여 사는데 다름을 존중하지 않고 자기 이익만 생각하기 때문입니다.

② 역사적으로 오랫동안 쌓인 미움과 갈등이 크기 때문입니다.

③ ^❺강대국들이 과거의 잘못을 책임지지 않고, 자국의 이익을 위해 어려운 나라를 이용하기 때문입니다.

④ 나라들이 지켜야 하는 강력한 법이 없어서 갈등을 막기 어렵습니다.

⑤ 자원을 함께 이용하려 하지 않고, 서로 더 많이 가지려고 욕심을 내기 때문입니다.

(2) 지구촌 갈등을 해결하는 방안

국제 사회	지구촌의 갈등은 어느 한 나라만의 문제가 아니기 때문에, 여러 나라가 모여 갈등의 해결 방법을 의논합니다. 자료 ❺
국가	• 다른 나라와 지나치게 경쟁하기보다 협력하여 갈등이 일어나지 않도록 합니다. • 어려움을 겪고 있는 지역을 지원하는 일을 합니다.
민간단체	• 지구촌의 문제 해결에 뜻이 같은 사람들이 모여 목소리를 냅니다. • 힘든 상황에 처한 사람들을 돕습니다.

(3) 지구촌 갈등 해결을 위해 개인이 할 수 있는 노력

① 지구촌 갈등으로 피해를 입은 사람들을 돕는 모금 활동을 합니다.

② 사람들이 지구촌 문제에 관심을 갖도록 관련 글이나 영상을 인터넷, ^❻누리 소통망 등에 올립니다.

③ 지구촌 문제에 관심을 갖고 지구촌 문제와 관련된 정보를 찾아봅니다.

④ 평화적으로 지구촌 갈등을 해결하는 홍보 동영상을 만듭니다.

자료 ❹ 세계 난민 수 변화

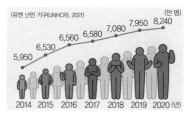

(유엔 난민 기구(UNHCR), 2021) (만 명)

5,950　6,530　6,560　6,580　7,080　7,950　8,240

2014　2015　2016　2017　2018　2019　2020 (년)

세계 난민의 수는 해마다 증가하고 있습니다.

자료 ❺ **주변 나라들의 노력으로 해결한 페루와 에콰도르의 국경 분쟁**

• **원인**: 페루와 에콰도르는 불명확한 국경선으로 갈등을 겪었습니다. 특히 아마존강 유역의 막대한 자원을 차지하려고 여러 번 충돌하였고, 국경 분쟁을 겪었습니다.

• **국경 분쟁 해결 과정**

> 1995년에 분쟁을 겪은 후 미국, 브라질, 아르헨티나, 칠레 등의 적극적인 노력으로 회담이 열림.

↓

> 1998년 브라질에서 페루와 에콰도르가 국경 지대 개발 사업을 함께 하기로 하는 평화 협정을 맺음.

↓

> 이후 두 나라의 대통령이 국경을 확정하는 협상을 하면서 170여 년간 지속된 국경 분쟁이 끝남.

> 지구촌 갈등은 갈등과 관련 있는 나라만의 문제가 아니라 지구촌 전체의 문제이기도 하며, 개인에게 영향을 주기 때문에 관심을 갖고 해결하려고 노력해야 합니다.

✅ 용어 사전

❹ **난민**

전쟁이나 재난 등을 겪어서 머물 곳을 찾기 위해 자기 나라를 떠나 다른 나라로 가는 사람

❺ **강대국**

군사력이 강하고 경제력이 뛰어나며 힘이 센 나라

❻ **누리 소통망**

소셜 네트워크를 형성하여 다른 사람들과 교류할 수 있도록 응용 프로그램이나 누리집 따위를 관리하는 서비스

핵심 체크

• ❶ ☐☐☐☐☐ 의 특징과 문제점

특징	영토, 자원, 종교, 언어, 인종, 민족, 역사, 정치 등의 다양한 원인이 복합적으로 얽혀 있습니다.
문제점	• 많은 사람이 죽거나 다치고, 집과 가족을 잃습니다. • 의료 시설이 파괴되어 질병과 상처를 제때 치료하지 못합니다. • 학교가 무너져 학생들이 제대로 공부하지 못합니다. • 살던 곳을 떠나 ❷☐☐ 이 되는 사람들이 있습니다.

● 지구촌 갈등의 해결 방안

지구촌 갈등이 지속되는 까닭	• 다름을 존중하지 않고 자기 이익만 생각하기 때문입니다. • ❸☐☐ 적으로 오랫동안 쌓인 미움과 갈등이 크기 때문입니다. • 강대국들이 ❹☐☐ 의 이익을 위해 어려운 나라를 이용하기 때문입니다. • 나라들이 지켜야 하는 강력한 ❺☐ 이 없어서 갈등을 막기 어렵습니다. • 자원을 서로 더 많이 가지려고 욕심을 내기 때문입니다.
지구촌 갈등을 해결하는 방안	• 여러 나라가 모여 갈등 해결 방법을 의논합니다. • 지구촌의 문제 해결에 뜻이 같은 사람들이 모여 목소리를 냅니다.

개념 문제

1 팔레스타인 지역에서는 유대교를 믿는 유대인과 (   )을/를 믿는 아랍인이 영토와 종교 등의 문제로 갈등하고 있습니다.

2 지구촌 갈등의 특징에 대한 설명이 맞으면 ○표, 틀리면 X표 하시오.

(1) 영토, 자원, 종교, 언어, 인종, 민족, 역사, 정치 중 하나의 원인에 의해서만 일어납니다.

(   )

(2) 갈등을 겪는 지역뿐만 아니라 다른 여러 나라와도 연결되어 있어 지구촌 전체의 평화와 발전을 위협합니다. (   )

3 다음 ㉠, ㉡에 들어갈 알맞은 말에 각각 ○표 하시오.

> 지구촌 갈등이 지속되는 까닭은 인종, 언어, 종교가 다른 사람들이 함께 모여 사는데 다름을 인정하고 않고 ㉠ (자기 , 다른 나라)의 이익만 생각하기 때문이며, ㉡ (약소국 , 강대국)이 과거의 잘못을 책임지지 않기 때문입니다.

4 지구촌의 문제 해결에 뜻이 같은 사람들이 모여 목소리를 내고 힘든 상황에 처한 사람들을 돕는 주체는 무엇입니까? (   )

확인 문제

1 다음 빈칸에 들어갈 말로 알맞지 <u>않은</u> 것은 어느 것입니까? ( )

> 지구촌에서는 ( ) 등의 원인으로 갈등이 생기고, 그러한 갈등은 지구촌의 평화를 위협하고 있습니다.

① 영토　　② 자원　　③ 종교
④ 민족　　⑤ 나라 이름

★중요★
2 시리아 내전에 대한 설명으로 알맞은 것을 보기 에서 모두 골라 기호를 쓰시오.

> **보기**
> ㉠ 이슬람교의 종파인 시아파와 수니파가 충돌하였다.
> ㉡ 2012년에 미국과 러시아의 개입으로 내전이 끝났다.
> ㉢ 프랑스로부터 독립 이후 대통령의 독재가 이어지면서 반대 시위가 벌어졌다.
> ㉣ 석유와 천연가스 등이 묻혀 있어서 주변 나라들이 이를 서로 차지하려고 전쟁을 벌였다.

( )

★서술형★
3 다음 대화의 밑줄 친 부분에 들어갈 지구촌 갈등의 특징을 두 가지 쓰시오.

다른 민족, 문화, 종교를 가진 사람들끼리 서로 왜 이해를 못하는 거지?

왜냐하면 _____

_____

_____

★중요★
4 지구촌 갈등으로 인한 문제점으로 알맞지 <u>않은</u> 것은 어느 것입니까? ( )

① 많은 사람이 죽거나 다친다.
② 사람들이 집과 가족을 잃고 있다.
③ 난민들이 살던 곳으로 돌아가고 있다.
④ 학교가 무너져 학생들이 제대로 공부하지 못한다.
⑤ 의료 시설이 파괴되어 제때 치료하지 못하고 있다.

5 지구촌 갈등이 지속되고 있는 까닭으로 알맞은 것을 두 가지 고르시오. (,)

① 나라들이 지켜야 하는 강력한 법이 없기 때문이다.
② 강대국들이 과거의 잘못을 책임지려고 하기 때문이다.
③ 역사적으로 오랫동안 쌓인 미움과 갈등이 사라졌기 때문이다.
④ 자원을 함께 이용하려 하지 않고 더 많이 가지려고 욕심을 내기 때문이다.
⑤ 인종, 언어, 종교가 다른 사람들이 함께 모여 살기 때문에 다름을 존중하기 때문이다.

6 다음 빈칸에 들어갈 지구촌 갈등을 해결하려고 노력하는 주체를 쓰시오.

> 지구촌 갈등을 해결하기 위해 ( )은/는 다른 나라와 지나치게 경쟁하기보다 협력하여 갈등이 일어나지 않도록 해야 하며, 어려움을 겪고 있는 지역을 지원해야 합니다.

( )

02 지구촌의 평화와 발전을 위한 노력

❶ 지구촌의 평화와 발전을 위한 노력

(1) 개인의 노력 〔자료 ①〕
┌ 개인들도 세계에서 일어나는 문제를 해결하고 평화로운
지구촌을 만들고자 노력하고 있습니다.

이태석	남수단에서 의료 봉사와 교육에 헌신하였으며, 국적과 종교를 넘은 희생과 봉사로 지구촌 평화를 위해 노력하여 '남수단의 슈바이처'라고 불립니다.
넬슨 만델라	남아프리카 공화국에서 일어난 흑인 차별과 종족 간의 갈등 해결을 위해 노력하였으며, 남아프리카 공화국의 대통령이 되어 흑인과 백인 사이의 격차를 줄이고자 하였습니다.
말랄라 유사프자이	누리 소통망(SNS)을 이용해 파키스탄 탈레반 점령 지역의 생활과 여학생 교육의 문제를 알렸습니다. ┘ 2014년 최연소(당시 17세)로 노벨 평화상을 수상하였습니다.
에글렌타인 제브	어린이를 위한 국제적인 모금 활동뿐만 아니라 난민들을 위한 모금 활동을 하였으며, 세계 최초로 아동에 초점을 맞춘 국제 구호 개발 단체인 '세이브 더 칠드런'을 만들었습니다.

⭐(2) 비정부 기구의 노력
┌ 인권, 환경, 빈곤 퇴치, 보건, 성평등 등 특정 분야에 관심 있는 사람들이
스스로 모여서 문제를 해결하며, 국경을 넘어 함께 활동합니다.

① 비정부 기구: 뜻이 같은 개인이 모여 공공의 이익을 추구하고 지구촌의 여러 문제를 해결하고자 활동하는 ❶민간 조직입니다.

② 세계에서 활동하는 다양한 비정부 기구 〔자료 ②〕

해비타트	열악한 주거 환경으로 고통받는 사람들에게 집을 지어 주고, 마을 시설을 고쳐 줍니다.
국경 없는 의사회	전쟁, 질병 등으로 고통받는 사람들에게 의료 ❷구호 활동을 펼칩니다.
핵무기 폐기 국제 운동	핵무기 관련 활동 반대 운동을 하며, 유엔 핵무기 금지 조약을 이끌어 냈습니다.
세이브 더 칠드런	아동의 안전을 보장하고 권리를 실현하려는 다양한 활동을 하며 시민 참여를 이끌어 냅니다.

(3) 국가의 노력 〔자료 ③〕
┌ 우리나라는 전쟁이나 충돌을 막고자 관련 조약에 가입
하거나 세계 여러 나라들과 사이좋은 관계를 유지할
수 있도록 다양한 외교 활동을 펼치고 있습니다.

❸ 국제기구 활동 참여	국제기구에 가입하여 지구촌의 문제 해결에 협력하고 도움이 필요한 지역의 사람들을 돕고 있습니다.
외교 활동	지구촌에서 일어나는 문제를 여러 나라와 함께 해결하고, 다른 나라와 좋은 관계를 유지하려고 노력합니다.
한국 국제 협력단 (KOICA) 지원 활동	어려움을 겪는 세계의 여러 지역을 지원하는 조직을 만들어 활동하고 있습니다.

┕ 외국과의 협력 사업을 실시하는 정부 기관입니다.

┌ 라이베리아의 정치인이자 경제학자로,
비폭력 투쟁으로 라이베리아의 내전
해결과 민주화에 기여하였습니다.

〔자료 ①〕 **지구촌 평화와 발전을 위한 개인의 노력**

• 엘런 존슨 설리프: 내전으로 갈등하는 라이베리아에서 비폭력 운동으로 갈등과 대립을 해결하려 하였고, 이러한 활동은 많은 사람의 지지를 받았습니다.
• 카일라시 사티아르티: 인도에서 아동 노동 문제를 해결하고자 노력하여 많은 아동이 노동에서 벗어나 가정으로 돌아갈 수 있었습니다.

〔자료 ②〕 **지구촌 평화와 발전을 위한 비정부 기구의 노력**

• 그린피스: 지구촌 환경과 평화를 지키고자 자연 보호 운동, 핵 실험 반대 운동 등을 합니다.
• 국제 앰네스티: 인종과 종교, 성별 등의 이유로 인권을 침해받은 사람들을 도우며 인권을 지키는 일을 합니다.

〔자료 ③〕 **세계에서 처음으로 군대를 폐지한 나라, 코스타리카**

코스타리카는 군대를 없애는 대신 이웃 나라와의 갈등을 외교적으로 해결하고자 노력하며, 이웃 나라에서 일어나는 내전과 분쟁을 조정하고 해결하는 데 힘쓰고 있습니다. 또한 국제 연합과 함께 인권과 환경, 평화와 분쟁 해결 분야의 전문가를 길러 내는 교육 기관인 유엔 평화 대학(UPeace)을 세웠습니다.

✅ 용어 사전

❶ 민간
관청이나 정부 기관에 속하지 않음.

❷ 구호
재해와 재난으로 어려움에 있는 사람을 도와 보호함.

❸ 국제기구
주권을 가진 두 개 이상의 국가가 합의하여 만든 국제 협력 단체

(4) 국제기구의 노력 예 국제 연합(UN)

① **국제 연합(UN):** 전쟁을 방지하고 지구촌의 평화를 유지하며 국제적 협력을 높이고자 1945년에 만든 국제기구입니다. 자료④ → 우리나라는 1991년에 회원국으로 가입하여 활동하고 있습니다.

② **국제 연합(UN)의 여러 기구**

유엔 교육 과학 문화 기구 →

국제 노동 기구(ILO)	유엔 난민 기구(UNHCR)	유네스코(UNESCO)

노동자의 노동 조건 등 전 세계의 노동 문제를 해결하고자 노력하고 있습니다.	전쟁 등으로 살 곳을 잃은 난민을 돕고 난민 문제를 해결하는 데 힘쓰고 있습니다.	교육, 과학, 문화 등 여러 분야에서 교류와 협력을 하고 있습니다.
국제 원자력 기구(IAEA)	유엔 아동 기금(UNICEF)	세계 식량 계획(WFP)

원자력 에너지를 안전하고 평화적으로 이용할 수 있도록 노력하고 있습니다.	위기 상황에 있는 아동을 돕고 보호하는 활동을 하며, 아동 권리 보장을 위해 노력합니다.	식량이 필요한 지역에 식량을 지원하고, 지역 농업 발전에 필요한 기술을 전하기도 합니다.

❷ 지구촌의 평화와 발전을 위한 실천

→ 개인도 지구촌 평화를 지키는 다양한 활동에 참여할 수 있으며, 우리는 지구촌에서 일어나는 문제들에 관심을 두고 문제를 해결하려는 실천적 태도를 지녀야 합니다.

(1) 관심 주제 ❹선정 및 참여 방안 토의하기

① **지구촌 갈등에 관한 주제 선정:** 빈곤, 전쟁, 난민, 물 부족 및 질병, 어린이 안전과 인권, 핵무기 및 지뢰 등이 있습니다.

② **지구촌 갈등 해결을 위한 참여 방안:** 어린이 비정부 기구를 만들어 활동하기, 비정부 기구 활동에 참여하기, 홍보 활동하기 등이 있습니다. 자료⑤

(2) 활동 계획하고 실천하기 → 누리 소통망(SNS), 학교 게시판 활용, 홍보 캠페인, ❺공익 광고 포스터 만들기 등의 다양한 방법으로 지구촌 문제를 알릴 수 있습니다.

① **어린이 비정부 기구를 만들어 활동하기:** 어린이 비정부 기구를 만들어 난민 문제를 알리기 위한 '평화 참여 잇기' 활동을 합니다.

② **비정부 기구 활동에 참여하기:** 전쟁이나 재난이 일어난 지역 어린이들의 안전을 보호하는 데 도움을 주고자 비정부 기구에서 운영하는 신생아 모자 뜨기 활동에 참여합니다. 자료⑥

③ **홍보 활동 하기:** 전쟁 없는 평화로운 세상을 주제로 등하교 시간에 교문에서 홍보 활동을 합니다.

자료④ **국제 연합(UN) 설립**

▲ 국제 연합(UN) 로고

제1차, 제2차 세계 대전으로 많은 사람들이 큰 피해를 입었습니다. 이를 계기로 세계는 전쟁을 미리 막고, 실질적인 힘을 지녀 지구촌 갈등을 해결할 국제기구가 필요하다는 것을 깨닫고 국제 연합을 만들었습니다.

자료⑤ **지구촌의 평화와 발전을 위한 활동**

- 어려움을 겪는 세계의 어린이들을 돕는 행사에 참여합니다.
- 부당한 이유로 차별받는 사람들이 인권을 침해받지 않도록 요구하는 편지를 씁니다.
- 힘든 사람을 돕는 모금 활동에 참여합니다.

자료⑥ **비정부 기구 활동에 참여하기** 예 신생아 모자 뜨기 활동

신생아 모자 뜨기 활동을 통해 신생아의 체온을 높여 주고 아이들의 생명을 보호할 수 있습니다.

✅ **용어 사전**

❹ **선정**
고르고 가려 정하는 것

❺ **공익 광고**
기업이나 단체가 공공의 이익을 목적으로 하는 광고

기본 문제로 익히기

● **지구촌 평화와 발전을 위한 노력**

❶ ☐☐	• 지구촌의 문제를 해결하고 평화로운 지구촌을 만들고자 노력합니다. • 이태석, 넬슨 만델라, 말랄라 유사프자이 등 많은 사람이 지구촌 평화와 발전을 위해 노력하였습니다.
비정부 기구	• 뜻이 같은 개인이 모여 공공의 이익을 추구하고 지구촌의 여러 문제를 해결하고자 활동하는 ❷ ☐☐ 조직입니다. • 해비타트, 국경 없는 의사회, 핵무기 폐기 국제 운동, 세이브 더 칠드런 등의 단체가 있습니다.
❸ ☐☐	국제기구 활동 참여, 외교 활동, 한국 국제 협력단(KOICA) 지원 활동 등을 합니다.
국제기구	• ❹ ☐☐☐☐(UN): 전쟁을 방지하고 지구촌의 평화를 유지하며 국제적 협력을 높이고자 1945년에 만든 국제기구입니다. • 국제 연합(UN)의 여러 기구: 국제 노동 기구, 유엔 난민 기구, 유네스코, 국제 원자력 기구, 유엔 아동 기금, 세계 식량 계획 등이 있습니다.

● **지구촌 평화와 발전을 위한 실천**: 어린이 비정부 기구 만들어 활동하기, 비정부 기구 활동에 참여하기, 홍보 활동 하기 등이 있습니다.

1 다음 ㉠, ㉡에 들어갈 알맞은 말에 각각 ○표 하시오.

> ㉠ (이태석 , 넬슨 만델라)은/는 남수단의 톤즈 지역에서 의료 봉사와 교육에 헌신하였으며, ㉡ (말랄라 유사프자이 , 엘런 존슨 설리프)는 내전으로 갈등하는 라이베리아에서 비폭력 운동으로 갈등과 대립을 해결하려 하였습니다.

2 열악한 주거 환경으로 고통받는 사람들에게 집을 지어 주고 마을 시설을 고쳐 주는 활동을 하는 비정부 기구는 무엇입니까? ( )

3 우리나라는 전쟁이나 충돌을 막고자 관련 조약에 가입하거나 세계 여러 나라들과 사이좋은 관계를 유지할 수 있도록 다양한 ( )을/를 펼치고 있습니다.

4 국제 연합(UN)의 여러 기구에 대한 설명이 맞으면 ○표, 틀리면 X표 하시오.

(1) 국제 노동 기구는 위기 상황에 있는 아동을 돕고 보호하는 활동을 합니다. ( )

(2) 유네스코는 교육, 과학, 문화 등 여러 분야에서 교류와 협력을 하고 있습니다. ( )

(3) 세계 식량 계획은 식량이 필요한 지역에 식량을 지원하고 지역 농업 발전에 필요한 기술을 전하는 일을 합니다. ( )

확인 문제

1 다음 밑줄 친 '이 사람'은 누구인지 쓰시오.

> 이 사람은 남아프리카 공화국의 흑인 차별과 종족 간 갈등 해결을 위해 노력하였으며, 남아프리카 공화국의 대통령이 되어 흑인과 백인 사이의 격차를 줄이고자 하였습니다.

( )

2 비정부 기구에 대한 설명으로 알맞은 것을 보기 에서 모두 골라 기호를 쓰시오.

> **보기**
> ㉠ 국경을 넘어 함께 활동을 한다.
> ㉡ 정부의 임명을 받은 사람들이 활동한다.
> ㉢ 인권, 환경, 빈곤 퇴치 등의 문제를 해결하는 활동을 한다.
> ㉣ 두 개 이상의 국가가 합의하여 만든 국제 협력 단체이다.

( )

3 비정부 기구와 하는 일을 바르게 선으로 연결하시오.

(1) 해비타트 • • ㉠ 아동의 안전 보장과 권리를 실현함.

(2) 국경 없는 의사회 • • ㉡ 주거 환경으로 고통받는 사람들에게 집을 지어 줌.

(3) 세이브 더 칠드런 • • ㉢ 전쟁, 질병 등으로 고통받는 사람들에게 의료 지원을 함.

4 한국 국제 협력단(KOICA)에 대한 설명으로 알맞지 않은 것은 어느 것입니까? ( )

① 우리나라 안에서만 지원 활동을 한다.
② 힘든 상황에 처한 사람들에게 물품을 지원한다.
③ 외국과의 협력 사업을 실시하는 정부 기관이다.
④ 우리나라가 지구촌 평화와 발전을 위해 조직하였다.
⑤ 어려움을 겪는 지역이 경제적으로 발전할 수 있도록 교류하고 협력하는 일을 한다.

[5~6] 다음 글을 읽고, 물음에 답하시오.

> 제1차, 제2차 세계 대전으로 많은 사람들이 큰 피해를 받았다. 이를 계기로 세계는 전쟁을 미리 막고, 실질적인 힘을 지녀 지구촌 갈등을 해결할 국제기구가 필요하다는 것을 깨닫고 ( )을/를 만들었습니다.

5 위 빈칸에 들어갈 기구를 쓰시오.

( )

6 위 5번 답의 활동은 무엇인지 쓰시오.

_____

_____

7 다음 설명에 알맞은 기구를 보기 에서 골라 기호를 쓰시오.

> **보기**
> ㉠ 유네스코   ㉡ 유엔 난민 기구
> ㉢ 국제 노동 기구   ㉣ 국제 원자력 기구

(1) 교육, 과학, 문화 등 여러 분야에서 교류와 협력을 하고 있다. ( )
(2) 노동자의 노동 조건 등 전 세계의 노동 문제를 해결하고자 노력하고 있다. ( )
(3) 전쟁 등으로 살 곳을 잃은 난민을 돕고 난민 문제를 해결하는 데 힘쓰고 있다. ( )

8 지구촌의 평화와 발전을 위해 실천한 활동을 잘못 말한 어린이는 누구입니까? ( )

① 동준: 세계 어린이들을 돕는 행사에 참여했어.
② 지안: 누리 소통망(SNS)에 지구촌 문제를 알렸어.
③ 한솔: 국제기구를 만들어 다른 나라를 돕는 활동을 했어.
④ 진설: 공익 광고 포스터를 만들어서 지구촌 문제를 알렸어.
⑤ 지호: 부당한 이유로 차별받는 사람들의 인권 보호를 위한 편지를 썼어.

실력 문제로 다잡기

1 다음 공통으로 밑줄 친 '이 지역'은 어디인지 쓰시오.

이 지역은 옛날에 유대인이 살던 곳으로, 유대교 성서에도 유대인의 땅이라는 기록이 있습니다.

우리는 오랫동안 이 지역에서 살았습니다. 이곳을 유대인의 땅이라고 할 수 없습니다.

(   )

1-1 카슈미르 지역에서는 유대교를 믿는 유대인과 이슬람교를 믿는 아랍인이 영토와 종교 등의 문제로 갈등하고 있습니다.

(○ , ×)

2 남중국해 분쟁이 일어난 까닭으로 알맞은 것을 **두 가지** 고르시오.
(,   )

① 서로의 종교가 달라 서로를 이해하기 어렵기 때문이다.
② 대통령이 독재를 하자 독재에 대한 반대 시위가 이어졌기 때문이다.
③ 바다 밑에 묻혀 있는 석유와 천연가스를 서로 차지하려고 하기 때문이다.
④ 이슬람교, 크리스트교, 토속 신앙이 뒤섞인 종교 및 종족 간의 갈등 때문이다.
⑤ 남중국해의 스프래틀리 군도가 무역 항로로 중요한 가치를 지니고 있기 때문이다.

2-1 나이지리아는 1960년 영국으로부터 독립하였지만, 이슬람교와 크리스트교, 토속 신앙이 뒤섞여 있어 오랫동안 종족 및 종교 분쟁을 겪고 있습니다.

(○ , ×)

3 다음 대화의 밑줄 친 부분에 들어갈 내용으로 알맞지 **않은** 것은 어느 것입니까? (   )

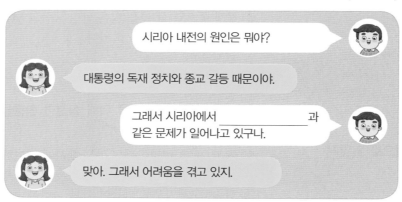

시리아 내전의 원인은 뭐야?

대통령의 독재 정치와 종교 갈등 때문이야.

그래서 시리아에서 _____ 과 같은 문제가 일어나고 있구나.

맞아. 그래서 어려움을 겪고 있지.

① 도시가 폐허가 되는 것
② 수많은 난민이 발생하는 것
③ 수많은 사람이 다치거나 죽는 것
④ 학생들이 주말에도 학교에 가야 하는 것
⑤ 의료 시설이 파괴되어 제때 치료받지 못하는 것

3-1 지구촌 갈등으로 사람들이 살던 곳을 떠나지 못하는 어려움을 겪고 있습니다.

(○ , ×)

4 지구촌 갈등의 특징을 알맞게 말한 어린이는 누구인지 쓰시오.

짧은 시간에 갈등을 해결하기 쉬워.
루나

다양한 원인이 복합적으로 얽혀 있어.
은우

갈등을 겪는 지역에서만 어려움을 겪어.
지아

(   )

4-1 지구촌 갈등으로 인한 문제를 해결하려면 우리 모두가 지구촌 갈등에 꾸준히 관심을 갖고 함께 노력해야 합니다.

(○ , ×)

서술형

5 다음은 지구촌 갈등에 대해 정리한 조사 보고서입니다. 밑줄 친 부분에 들어갈 알맞은 내용을 두 가지 쓰시오.

> [지구촌 갈등]
> 1. 사례: 시리아 내전, 팔레스타인 분쟁, 남중국해 분쟁, 나이지리아 내전 등
> 2. 원인: 영토, 자원, 종교, 언어, 인종, 민족, 역사, 정치 등의 다양한 원인이 복합적으로 얽혀서 일어납니다.
> 3. 지속되는 까닭: _____

_____

_____

5-1 지구촌 갈등은 강대국들이 자국의 이익보다 어려운 나라의 이익을 위해 노력하기 때문에 지속되고 있습니다.

(○ , ×)

6 지구촌 갈등을 해결하기 위해 개인이 할 수 있는 일로 알맞지 않은 것은 무엇입니까? (   )

① 평화적으로 지구촌 갈등을 해결하는 홍보 동영상을 만든다.
② 지구촌 갈등으로 피해를 입은 사람들을 돕는 모금 활동을 한다.
③ 갈등을 겪는 나라에 직접 가서 어려움을 겪는 사람들을 도와준다.
④ 지구촌 문제에 관심을 갖고 지구촌 문제와 관련된 정보를 찾아본다.
⑤ 사람들이 지구촌 문제에 관심을 갖도록 관련 글이나 영상을 인터넷, 누리 소통망(SNS) 등에 올린다.

6-1 지구촌 갈등은 지구촌 전체의 문제이며, 개인에게 영향을 주기 때문에 관심을 갖고 해결하려고 노력해야 합니다.

(○ , ×)

7 다음에서 밑줄 친 '나'는 누구입니까? ( )

> 나는 만 11세에 누리 소통망(SNS)을 이용해 파키스탄 탈레반 점령 지역의 생활과 여학생 교육의 문제점을 알리려고 노력하였습니다. 파키스탄 여성과 세계 모든 어린이의 교육권을 위해 활동한 나는 2014년 최연소(당시 만 17세)로 노벨 평화상을 수상하였습니다.

① 이태석
② 엘런 존슨 설리프
③ 에글렌타인 제브
④ 말랄라 유사프자이
⑤ 카일라시 사티아르티

7-1 넬슨 만델라는 내전으로 어려움에 처한 남수단에서 주민들을 도울 수 있는 학교와 병원을 세우는 등의 노력을 하였습니다.

(O , X)

서술형
8 다음은 비정부 기구의 활동을 정리한 표입니다. 물음에 답하시오.

㉠	열악한 주거 환경으로 고통받는 사람들에게 집을 지어 주고, 마을을 고쳐 줍니다.	국경 없는 의사회	전쟁, 질병 등으로 고통받는 사람들에게 의료적 구호 활동을 펼칩니다.
핵무기 폐기 국제 운동	핵무기 관련 활동 반대 운동을 하며, 유엔 핵무기 금지 조약을 이끌어 냈습니다.	세이브 더 칠드런	㉡

(1) ㉠에 들어갈 비정부 기구는 무엇인지 쓰시오.

( )

(2) ㉡에 들어갈 세이브 더 칠드런이 하는 활동은 무엇인지 쓰시오.

_____

_____

8-1 비정부 기구는 뜻이 같은 개인들이 모여 공공의 이익을 추구하고 지구촌의 여러 문제를 해결하고자 활동하는 민간 조직입니다.

(O , X)

9 지구촌 갈등을 해결하기 위한 우리나라의 노력으로 알맞지 <u>않은</u> 것은 어느 것입니까? ( )

① 전쟁이나 충돌을 막기 위해 관련 조약에 가입한다.
② 강력한 무기를 개발하여 전쟁을 하는 나라에 값싼 가격으로 판매한다.
③ 세계 여러 나라들과 사이좋은 관계를 유지할 수 있도록 외교 활동을 펼친다.
④ 한국 국제 협력단(KOICA)을 조직해 어려움을 겪는 지역에서 봉사 활동을 한다.
⑤ 한국군을 국제 연합 평화 유지군에 파견해서 전 세계 사람들의 안전을 지키고자 노력한다.

9-1 한국 국제 협력단(KOICA)은 어려움을 겪는 세계 여러 지역을 지원하기 위해 만든 민간단체입니다.

(O , X)

10 다음 검색 결과로 알맞지 <u>않은</u> 것은 어느 것입니까? ( )

> ← → 국제 연합(UN) 🔍 ≡
>
> ① 1945년에 설립된 국제기구이다.
> ② 지구촌의 평화 유지, 전쟁 방지, 국제 협력 활동을 하고 있다.
> ③ 지구촌에서 일어나는 문제들을 해결하고자 만든 분야별 기구들이 있다.
> ④ 실질적인 힘을 가지지 못해서 지구촌 갈등을 적극적으로 해결할 수는 없다.
> ⑤ 제1차, 제2차 세계 대전으로 많은 사람들이 큰 피해를 입은 것을 계기로 만들어졌다.

10-1 주권을 가진 두 개 이상의 국가가 합의하여 만든 국제 협력 단체는 비정부 기구입니다.

(O , X)

11 국제 연합(UN)의 여러 기구와 기구가 하는 활동이 바르게 연결된 것은 어느 것입니까? ( )

① 유네스코 – 교육, 과학, 문화 등 여러 분야에서 교류와 협력을 하고 있다.
② 유엔 난민 기구 – 노동자의 노동 조건 등 전 세계의 노동 문제를 해결하고자 노력하고 있다.
③ 유엔 아동 기금 – 전쟁 등으로 살 곳을 잃은 난민을 돕고 난민 문제를 해결하는 데 힘쓰고 있다.
④ 국제 노동 기구 – 식량이 필요한 지역에 식량을 지원하고, 지역 농업 발전에 필요한 기술을 전하기도 한다.
⑤ 세계 식량 계획 – 위기 상황에 있는 아동을 돕고 보호하는 활동을 하며, 아동 권리 보장을 위한 활동을 한다.

11-1 국제 원자력 기구(IAEA)는 원자력 에너지를 안전하고 평화적으로 이용할 수 있도록 노력하고 있습니다.

(O , X)

12 다음 그림과 관련 있는 지구촌 평화를 지키기 위한 활동으로 알맞은 것은 어느 것입니까? ( )

① 비정부 기구의 활동에 참여하기
② 어린이 비정부 기구를 만들어 활동하기
③ 누리 소통망(SNS)에 지구촌 문제 알리기
④ 지구촌 평화를 지키기 위한 홍보 활동하기
⑤ 부당한 이유로 차별받는 사람들의 인권 보호를 요구하는 편지 쓰기

▲ 신생아 모자 뜨기 활동

12-1 개인도 지구촌 평화를 지키는 다양한 활동에 참여할 수 있으며, 우리는 지구촌에서 일어나는 문제들에 관심을 두고 문제를 해결하려는 노력을 해야 합니다.

(O , X)

01 지구촌에서 나타나는 환경 문제

> 우리가 무심코 한 행동이 지구 온난화, ❶이상 기후, 해양 오염, 미세 먼지 등을 일으켜 지구촌 환경을 위협하고 있어.

❶ 지구촌 환경 문제

(1) 지구촌의 환경 문제
① 원인: 사람들이 환경을 생각하지 않고 행동하거나 무분별하게 개발하고 있습니다.
② 영향: 지구촌 환경은 점점 황폐해져 가고 있으며, 생태계가 파괴되고 사람들의 건강도 위협받고 있습니다.
③ 환경을 보전해야 하는 까닭: 현재 ❷세대와 미래 세대가 계속하여 발전하는 지속 가능한 미래를 만들기 위해서입니다.

★(2) 지구촌의 다양한 환경 문제
① 지구 온난화 [자료 ❶]
> ❸온실가스가 많아지면 온실 효과를 일으켜 지표면의 평균 기온이 올라갑니다.

의미	지표면의 평균 기온이 올라가는 현상입니다.
영향	• 극지방의 빙하가 녹고 북극곰이 살 곳을 잃고 있습니다. • 더위가 심한 날이 많아집니다. • 태풍이 자주 발생하고 폭설이 내리는 등 세계 곳곳에서 이상 기후 현상이 나타납니다.

② 대기 오염
> 석유와 석탄 등의 화석 연료의 사용은 많은 오염 물질을 배출합니다.

• 많은 오염 물질을 배출하는 화석 연료를 사용하여 공기가 오염되고 있습니다.
• 크기가 아주 작은 먼지인 미세 먼지는 사람과 동식물에게 나쁜 영향을 줍니다.

③ 열대 우림 파괴 [자료 ❷]
• 숲을 농지나 도시로 개발하거나 목재를 얻으려고 무분별하게 벌목을 하여 열대 우림이 파괴되고 있습니다.
• 지구 온난화의 속도가 빨라지고 기후 변화가 심해져 동식물이 살 곳을 잃는 등 지구촌 환경이 위협받을 것입니다.

④ 플라스틱 쓰레기 [자료 ❸]
• 플라스틱은 생산 과정에서 많은 자원을 사용하고, 잘 썩지 않아 오랫동안 쓰레기로 남아 있어 환경을 파괴합니다.
• 해양 생물들이 플라스틱 쓰레기를 먹이로 착각하여 먹고, 이것이 인간의 식량이 되어 우리의 건강에 해로운 영향을 미칩니다.

> 최근에는 아주 작게 만든 플라스틱이나 플라스틱이 분해되면서 생긴 미세 플라스틱도 환경을 오염하고 있어.

▲ 태평양 한가운데 만들어진 쓰레기 섬

[자료 ❶] 지구 온난화로 인한 문제
• **산호 백화 현상**: 지구가 더워지며 바닷물의 온도가 올라가 바닷속 산호의 색깔이 점점 하얗게 변하며 죽어가 바다 생물의 보금자리가 사라지고 있습니다.
• **사막화**: 이상 기후로 가뭄이 지속되고, 지나친 삼림 훼손으로 사막 주변의 초원 지대가 점점 사막으로 변하면서 농경지가 감소하고 식량이 부족해지고 있습니다.

[자료 ❷] 사라지는 아마존 열대 우림

'지구의 허파'라고 불리는 아마존 열대 우림이 파괴되고 있습니다. 열대 우림은 사람들이 농경과 목축을 위해 나무를 베고 숲을 불태우면서 점점 빠른 속도로 사라지고 있습니다.

[자료 ❸] 태평양 한가운데 만들어진 쓰레기 섬
바다에 버려진 쓰레기들이 파도와 바람에 밀려와 이룬 거대한 쓰레기 섬입니다. 섬의 90%가량이 썩지 않는 비닐과 플라스틱으로 이루어져 있습니다.

✅용어 사전
❶ 이상 기후
기온이나 강수량 등이 정상적인 상태를 벗어난 기후로 폭설, 홍수 등이 있음.

❷ 세대
같은 시대에 살면서 공통의 의식을 가지는 비슷한 연령층의 사람 전체

❸ 온실가스
지구를 오염하는 온실 효과를 일으키는 기체로 이산화 탄소, 메탄, 아산화 질소 등이 있음.

② 지구촌 환경 문제의 해결 노력 → 지구촌의 환경 문제는 주로 사람들의 활동으로 일어납니다.

(1) 지구촌 환경 문제를 해결하기 위한 노력

① 환경 문제는 문제가 발생하고 있는 지역이나 나라만의 문제가 아니라 지구촌 전체의 문제입니다.

② 지구촌 환경 문제를 해결하고자 개인, 기업, 국가, 세계가 함께 노력하고 있습니다.

★(2) 지구촌의 환경 문제를 해결하기 위한 각 주체별 노력

① 개인의 노력 → 개인들은 일상생활에서 실천할 수 있는 방법으로 지구촌의 환경 문제를 해결하고자 노력하고 있습니다.

쓰레기 ④분리배출하기	일회용품 사용 줄이기	에너지 절약하기

② 기업의 노력 자료 ④ → 기업은 상표지를 붙이지 않은 제품을 생산하여 재활용률을 높이고자 노력하고 있습니다.

- 환경 보호에 사회적 책임을 다하고자 다양하게 노력합니다.
- 일회용 플라스틱 제품 대신 친환경 제품을 생산하거나 재사용이 가능한 원료를 이용하여 새 제품을 생산하기도 합니다.
- 화석 연료의 사용을 줄이고, 온실가스를 적게 배출하는 생산 시설을 설치하는 등 제품 생산 과정에서 오염 물질의 배출을 줄입니다.

③ 지역의 노력

- 지역에서는 주민들에게 친환경 교통수단을 지원합니다.
- 환경을 보호하고 지키는 자연 친화적인 도시를 개발하고 있습니다.

④ 국가의 노력 자료 ⑤

- 태양광, 바람 등을 활용한 친환경 에너지 개발을 지원하고 있습니다.
- 환경 관련 정책과 법령 등을 만들고, 다른 나라와 환경 관련 협약을 맺습니다.
- 환경에 좋지 않은 영향을 주는 생산 방법이나 소비를 규제하기도 합니다.
- 많은 사람들이 환경 문제 해결에 참여할 수 있도록 다양한 교육과 활동을 벌입니다.

⑤ 세계의 노력 자료 ⑥
→ 세계에서는 여러 나라가 모여 환경 문제의 해결 방법을 의논하고, 함께 실천하고자 노력합니다.

- 국제기구, 여러 나라가 모여 환경 문제의 해결 방법을 의논하고, 실천하고자 노력합니다. → 2015년 12월 12일, 세계 195개 나라는 파리에서 지구 온난화의 원인인 온실가스 배출을 줄이기로 약속하는 '파리 협정'에 동의하였습니다.
- 파리 협정을 맺고, 온실가스 배출량을 줄이기로 하는 등 다양한 정책을 추진하고 있습니다.

(3) 지구촌 환경 문제 해결을 위해 필요한 자세

① 우리는 현재 세대뿐만 아니라 미래 세대를 위해서도 관심을 가져야 합니다.

② 환경 문제를 해결하는 일에 참여하여 적극적으로 실천하려고 노력해야 합니다.

자료 ④ 환경 보호에 사회적 책임을 다하는 기업

▲ 친환경 포장재로 포장한 제품   ▲ 상표지를 붙이지 않은 제품

자료 ⑤ 환경 정책 관련 ⑤공청회

국가에서는 환경 관련 공청회를 열어 전문가와 시민의 의견을 듣고, 환경 정책과 법안을 마련합니다.

자료 ⑥ '지구촌 전등 끄기' 운동

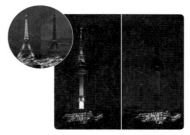

▲ 지구촌 전등 끄기 운동에 참여한 에펠 탑과 엔 서울 타워

세계 자연 기금(WWF)은 기후 변화 문제의 심각성을 알리고 이에 대응하고자 매년 3월 마지막 주 토요일에 세계인이 함께 참여하는 '지구촌 전등 끄기' 운동을 개최합니다.

✅ 용어 사전

❹ 분리배출
쓰레기 등을 종류별로 나누어서 버리는 것

❺ 공청회
행정 기관에서 일의 관련자에게 의견을 들어 보는 공개적인 모임

기본 문제로 익히기

● 지구촌의 환경 문제

❶ ☐☐☐ ☐☐☐	• 지표면의 평균 기온이 올라가는 현상을 말합니다. • 극지방의 빙하가 녹고 세계 곳곳에서 이상 기후 현상이 발생합니다.
대기 오염	❷ ☐☐☐ 를 사용하여 공기가 오염되고 있습니다.
열대 우림 파괴	무분별한 ❸ ☐☐ 으로 열대 우림이 파괴되고 있습니다.
플라스틱 쓰레기	플라스틱은 생산 과정에서 많은 자원을 사용하고, 잘 썩지 않아 오랫동안 쓰레기로 남아 있어 환경을 파괴합니다.

● 지구촌의 환경 문제를 해결하기 위한 각 주체별 노력

❹ ☐☐	쓰레기 분리배출하기, 일회용품 사용 줄이기, 에너지 절약하기 등 일상생활에서 다양한 노력을 합니다.
기업	환경 보호에 사회적 책임을 다하고, 생산 과정에서 오염 물질의 배출을 줄입니다.
지역	친환경 교통수단을 지원하고, 자연 친화적인 도시를 개발합니다.
❺ ☐☐	친환경 에너지 개발, 환경 정책과 법 제정, 환경에 좋지 않은 영향을 주는 생산 방법과 소비 규제 등 다양한 노력을 합니다.
세계	온실가스를 줄이기 위한 협정(❻ ☐☐☐☐) 체결, 국제기구 및 여러 나라의 정부와 기업이 만나는 회의 개최 등 다양한 노력을 합니다.

1 지표면의 평균 기온이 올라가는 ( )(으)로 극지방의 빙하가 녹고 세계 곳곳에서 이상 기후 현상이 나타나고 있습니다.

2 다음 설명이 맞으면 ○표, 틀리면 X표 하시오.

(1) 아마존 열대 우림이 늘어나면서 지구 온난화의 속도가 빨라지고 있습니다. ( )

(2) 해양 생물들은 각종 플라스틱 쓰레기를 먹이로 착각하여 먹고, 이는 고스란히 인간의 식량으로 돌아가는 현상이 되풀이되고 있습니다. ( )

3 다음 ㉠, ㉡에 들어갈 알맞은 말에 각각 ○표 하시오.

> 지구촌 환경 문제 해결을 위해서 ㉠ (개인 , 기업)은 친환경 포장재로 포장한 제품, 상표지를 붙이지 않는 제품 등을 만들며, ㉡ (지역 , 국가)은/는 환경 문제를 해결하고자 관련 정책과 법령 등을 만듭니다.

4 2015년, 세계 195개의 나라가 지구 온난화의 원인인 온실가스 배출을 줄이기로 약속하는 ( )에 동의하였습니다.

확인 문제

1 다음 빈칸에 들어갈 말로 알맞지 <u>않은</u> 것은 어느 것 입니까? ( )

> 현재와 미래 세대가 계속하여 발전하는 지속 가능한 미래를 만들려면 환경을 보전해야 하지만, 지구촌에는 ( ) 등과 같은 환경 문제가 일어나고 있습니다.

① 사막화 ② 대기 오염
③ 미세 먼지 감소 ④ 산호 백화 현상
⑤ 열대 우림 파괴

2 다음과 같은 현상이 일어나는 까닭은 무엇인지 쓰시오.

> • 극지방의 빙하가 녹고 북극곰이 살 곳을 잃고 있습니다.
> • 세계 곳곳에서 이상 기후 현상이 나타납니다.

( )

3 지구촌 환경 문제에 대해 <u>잘못</u> 말한 어린이는 누구 입니까? ( )

① 지민: 지구촌 환경이 점점 황폐해지고 있어.
② 민서: 미래 세대를 위해서 환경을 지키고 보존해야 해.
③ 유정: 지구촌 환경 문제로 사람들의 건강이 위협받고 있어.
④ 경호: 지속 가능한 미래를 위해서 무분별한 개발을 멈추면 안 돼.
⑤ 연우: 환경 오염이 계속된다면 결국 우리 모두에게 피해가 돌아올 거야.

서술형
4 오른쪽 사진과 같은 섬이 만들어진 까닭을 지구촌 환경 문제와 관련지어 쓰시오.

▶ 바다의 쓰레기 섬

_____

_____

중요
5 지구촌 환경 문제 해결을 위한 개인의 노력으로 알맞은 것을 보기 에서 모두 골라 기호를 쓰시오.

보기
ⓐ ▲ 에너지 절약하기
ⓑ ▲ 일회용품 사용 줄이기
ⓒ ▲ 쓰레기 분리배출하기
ⓓ ▲ 환경 정책 공청회 열기

( )

6 지구촌 환경 문제 해결을 위해 다음과 같은 일을 하는 주체는 무엇입니까? ( )

> 기후 변화 문제의 심각성을 알리고 이에 대응하고자 매년 3월 마지막 주 토요일에 세계인이 함께 참여하는 '지구촌 전등 끄기' 운동을 개최하고 있습니다.

① 개인 ② 기업 ③ 지역
④ 국가 ⑤ 세계

7 지구 온난화를 해결하기 위해 노력하는 주체와 하는 일을 바르게 선으로 연결하시오.

(1) 개인 •
(2) 기업 •
(3) 국가 •

• ㉠ 재사용이 가능한 원료를 이용하여 제품을 개발함.

• ㉡ 신재생에너지 관련 제품을 만드는 기업을 지원함.

• ㉢ 냉난방기를 적정 온도로 유지하여 에너지를 절약함.

2 단원

02 지속 가능한 미래

❶ 지속 가능한 미래

• 2015년 국제 연합(UN) 정기 총회에서 지구촌 전체가 힘을 모아 지구촌 문제를 해결하고 지속 가능한 미래를 만들 수 있도록 빈곤 종식, 기아 종식, 건강과 복지 등 17가지 실천 목표를 만들었습니다.

(1) 지속 가능한 미래: 지구촌 사람들이 책임감 있게 행동해 미래 세대의 환경과 발전 가능성을 해치지 않으면서 오늘날의 필요를 충족하는 발전으로 이루어집니다.

(2) 친환경적 생산과 소비 방법

① **친환경적 생산 방법**
- **자원 재활용:** 플라스틱병이나 버려진 천막 등으로 옷이나 가방을 만듭니다.
- **친환경 소재 개발:** 자연에서 분해가 잘되고 환경 오염이 덜한 소재를 개발하여 사용합니다.
  └→ 논에 오리를 풀어 잡초를 제거하고, 오리의 배설물을 비료로 활용하여 쌀을 생산합니다.
- **친환경 농법(오리 농법):** 화학 비료를 사용하지 않고 오리를 활용하여 해충을 잡는 농사 방법입니다.

② **친환경적 소비 방법**
- 환경을 생각하여 만든 물건을 구입합니다. (자료 ❶)
- 가까운 곳에서 생산한 식품을 구입합니다.
- 사용하지 않는 물건을 기부합니다.

③ **친환경 상품의 생산과 소비 (예 친환경 닭과 달걀)**

환경을 생각하는 생산	환경을 생각하는 소비
• 넓고 쾌적한 환경에서 닭을 키우고, 항생제가 들어 있지 않은 먹이를 먹여 닭이 건강하게 자랍니다. • 스트레스를 받지 않은 닭이 질 좋은 달걀을 낳습니다. • 닭의 배설물을 흙과 함께 처리해 ❶퇴비로 활용할 수 있습니다.	• 친환경 방식으로 키운 닭과 신선한 달걀을 먹을 수 있어서 사람들의 건강에도 좋습니다. • 소비자들이 환경을 생각하며 생산된 닭과 달걀을 많이 소비할수록 생산자들이 친환경적으로 닭과 달걀을 생산하려고 노력할 것입니다.

↳ 환경을 생각하는 생산과 소비 활동으로 우리는 건강과 환경을 지킬 수 있으며, 지속 가능한 미래를 이룰 수 있습니다. → 친환경적 소비를 위해 환경친화적인 방식으로 생산한 ❷공정 무역 제품을 구입할 수 있습니다.

❷ 빈곤과 기아 문제를 해결하기 위한 노력

(1) 빈곤과 기아: 빈곤은 생활필수품이 부족하여 생활하기가 어려운 상태, 기아는 먹을 것이 부족하여 굶주리는 것을 말합니다. (자료 ❷)

(2) 빈곤과 기아로 나타나는 문제

① 자연재해로 물과 식량이 부족해 빈곤한 지역의 어려움이 더 커지고 있습니다.

② 많은 어린이가 충분한 영양분을 공급받지 못하여 잘 자라지 못하고 있습니다.

③ 생계가 어려워 일을 하느라 학교에 가지 못하는 어린이가 있습니다.

자료 ❶ 환경 표지

친환경
환경부

▲ 환경 표지

환경 표지는 환경부가 시행하는 인증 제도로, 환경 오염을 적게 일으키거나 자원을 절약할 수 있는 제품에 부여합니다.

자료 ❷ 빈곤과 기아의 원인

전쟁으로 농사를 지을 수 있는 땅과 집이 파괴되었습니다.

홍수, 가뭄 등과 같은 이상 기후 현상이 세계 곳곳에서 나타나고 있습니다.

✓ 용어 사전

❶ 퇴비
풀, 짚 또는 가축의 배설물 등을 썩힌 거름

❷ 공정 무역
선진국과 개발 도상국 사이의 불공정한 무역을 개선하여 개발 도상국의 생산지에게 정당한 가격을 지급하는 무역 방식

(3) 빈곤과 기아 문제를 해결하려는 노력 `자료③`

① 옷, 음식 등 생활에 필요한 물품과 의약품을 지원합니다.

② 아동과 청소년이 교육을 받을 수 있는 환경을 제공합니다.

③ 농업과 공업의 발전에 필요한 기술을 알려 줍니다. ┐ 홍수나 가뭄 등의 자연 재해에도 잘 자랄 수 있는 농작물을 보급하고 농사 기술을 교육합니다.

④ 관심을 갖고 함께 참여할 수 있는 다양한 홍보 활동, 교육 활동을 합니다.

(세계 식량 계획(WFP), 2020)

북극해 / 태평양 / 대서양 / 인도양 / 남극해

전체 인구 중 영양 부족 상태인 인구 비율
2.5% 미만 / 5% 미만 / 5~14.9% / 15~24.9% / 25~34.9% / 35% 이상 / 자료 없음

(적도 기준) 0 2,000km

아프리카 대륙의 영양 결핍 비율이 높고 유럽, 북아메리카 대륙의 영양 결핍 비율이 낮구나.

▲ 세계 기아 지도

❸ 문화적 ❸편견과 차별을 해결하기 위한 노력

(1) 문화적 편견과 차별 사례
┌ 지속 가능한 미래는 사람들이 화합하고 협력하여 만들 수 있는데, 지구촌에는 자신과 다른 문화에 편견이 있는 사람들이 있습니다. 편견은 차별로 이어져 갈등의 원인이 됩니다.

① 특정 종교에 편견을 가지고 피하는 경우가 있습니다.

② 장례식 때 화려하게 축제를 여는 모습에 놀라기도 합니다.

③ 맨손으로 음식을 먹는 문화를 위생적이지 못하다고 말합니다.

④ 뺨을 맞대고 인사하는 모습을 이상하게 바라봅니다. ┐ 문화적 편견과 차별을 해결하려면 다른 문화를 이해하고 존중하는 태도를 길러야 합니다.

(2) 문화적 편견과 차별 문제를 해결하려는 노력 `자료④`

① 지구촌에 있는 다양한 문화를 배우고 체험할 수 있는 행사를 엽니다.

② 문화적 편견과 차별에 관한 상담을 지원하고 필요한 도움을 제공합니다.

③ 지구촌의 다양한 문화를 이해하고 존중하는 태도의 중요성을 알립니다.

④ 다른 나라 사람에게 우리나라의 문화를 소개하여 이해할 수 있도록 돕습니다.

❹ 세계 시민으로서 할 수 있는 일

(1) 세계 시민: 지구촌 문제에 관심을 갖고, 지구촌 문제가 우리 모두의 문제임을 알며 이를 해결하고자 협력하는 자세를 지닌 사람입니다.

(2) 세계 시민으로서 실천할 수 있는 일
┐ 환경 표지가 표시된 제품을 골라 사거나 지구촌 행사에 참여하여 세계의 다양한 문화를 체험할 수 있습니다.

가정에서 할 수 있는 일	지구촌의 문제에 관심 기울이기, 에너지 절약하기, 쓰레기 분리배출하기, 물 절약하기 등이 있습니다.
학교에서 할 수 있는 일	급식을 먹을 때 음식 남기지 않기, 지구촌의 문제를 알리는 활동 하기, 학용품 아끼기 등이 있습니다.
지역에서 할 수 있는 일	친환경 제품 구입하기, 일회용품 사용 줄이기, 사용하지 않는 물건 기부하기 등이 있습니다.

(3) 세계 시민으로서 지녀야 할 자세: 다양성을 존중하고, 지구촌 문제가 우리 모두의 문제임을 알며 문제를 해결하려고 노력해야 합니다.

`자료③` ❹적정 기술 개발

• **페트병 전구**: 페트병에 물과 표백제를 넣어 만든 전구입니다.

• **정화 빨대**: 물을 정화하여 질병의 위험을 막고, 물 부족 문제를 해결하는 데 도움을 주는 빨대입니다.

• **큐(Q) 드럼**: 사람들이 보다 적은 힘으로 더 많은 물을 옮길 수 있도록 만든 물통입니다.

`자료④` 세계 문화 다양성의 날

• 해마다 5월 21일로, 문화적 갈등을 극복하고 문화의 다양성을 알리고자 국제 연합(UN)이 정한 기념일입니다.

• 다른 나라의 문화를 체험할 수 있는 '다른 나라의 전통 의상 입어 보기', '여러 나라의 전통 춤 관람하기' 등의 행사가 열립니다.

✓ 용어 사전

❸ **편견**
공정하지 못하고 한쪽으로 치우친 생각

❹ **적정 기술**
지역의 필요와 조건에 맞게 개발한 기술

핵심 체크

● 친환경적 생산과 소비 방법

생산 방법	자원 재활용, ❶◻◻◻ 소재 개발, 친환경 농법(오리 농법) 등이 있습니다.
소비 방법	환경을 생각하여 만든 물건 구입하기, ❷◻◻◻ 곳에서 생산한 식품 구입하기, 사용하지 않는 물건 기부하기 등이 있습니다.

● 빈곤과 기아로 나타나는 문제와 해결 노력

문제	• 자연재해로 물과 식량이 부족해 빈곤한 지역의 어려움이 더 커지고 있습니다. • 많은 어린이가 충분한 영양분을 공급받지 못하여 잘 자라지 못합니다. • 생계가 어려워 일을 하느라 어린이들이 ❸◻◻에 가지 못합니다.
해결 노력	생활필수품과 ❹◻◻◻ 지원하기, 아동과 청소년에게 교육 환경 제공하기, 농업과 공업 발전에 필요한 기술 전하기, 다양한 홍보와 교육 활동하기 등의 노력을 합니다.

● **문화적 편견과 차별 해결 노력**: 다양한 문화에 관심 기울이기, 문화적 편견과 차별에 관한 상담 지원하기, 다양한 문화 이해하고 존중하는 태도 갖기 등이 있습니다.

● ❺◻◻◻◻으로서 실천할 수 있는 일: 지구촌 문제에 관심 기울이기, 자원 절약하기, 친환경 제품 구입하기, 일회용품 사용 줄이기 등이 있습니다.

개념 문제

1 친환경적 생산 방법에 대한 설명이 맞으면 ○표, 틀리면 ✕표 하시오.

(1) 플라스틱병이나 버려진 천막 등으로 옷이나 가방을 만듭니다. ( )

(2) 자연에서 분해가 잘되고 환경 오염이 덜한 소재를 개발하여 사용합니다. ( )

(3) 최대한 많은 농작물을 재배할 수 있도록 화학 비료를 사용합니다. ( )

2 다음 ㉠, ㉡에 들어갈 알맞은 말에 각각 ○표 하시오.

> ㉠ (빈곤 , 기아)은/는 생활필수품이 부족하여 최소한의 삶을 살아가기 어려운 상황을 말하고, ㉡ (빈곤 , 기아)은/는 먹을 것이 부족하여 굶주리는 것을 말합니다.

3 세계 곳곳에는 ( )이/가 다르다는 이유로 겪는 편견과 차별에 힘들어하는 사람들이 있으며, 지구촌 평화와 발전을 위해서는 이를 해결하려고 노력해야 합니다.

4 지구촌 문제에 관심을 갖고, 지구촌 문제가 우리 모두의 문제임을 알며 이를 해결하고자 협력하는 자세를 지닌 사람을 무엇이라고 합니까?

( )

확인 문제

1 친환경적 생산 방법으로 알맞지 <u>않은</u> 것은 어느 것입니까? ( )

① ▲ 플라스틱병으로 만든 옷

② ▲ 옥수수 녹말로 만든 수세미

③ ▲ 오리 농법

④ ▲ 열대 우림 개발

2 다음 빈칸에 공통으로 들어갈 알맞은 말을 쓰시오.

( )은/는 환경 오염을 적게 일으키거나 자원을 절약할 수 있는 제품에 부여하는 인증 제도로, 사람들은 ( )이/가 있는 물건을 사서 지구촌 환경을 지키려고 노력하고 있습니다.

( )

3 친환경 방식으로 기른 닭을 소비할 때 얻을 수 있는 좋은 점을 보기 에서 모두 골라 기호를 쓰시오.

> 보기
> ㉠ 닭을 저렴한 가격에 살 수 있다.
> ㉡ 우리의 건강에 좋은 닭과 달걀을 먹을 수 있다.
> ㉢ 항생제가 들어 있는 먹이를 먹은 닭을 먹을 수 있다.
> ㉣ 친환경적으로 생산된 닭과 달걀의 생산이 늘어날 것이다.

( )

[4~5] 다음 지도를 보고, 물음에 답하시오.

(세계 식량 계획(WFP), 2020)

전체 인구 중 영양 부족 상태인 인구 비율
2.5% 미만 / 5% 미만 / 5~14.9% / 15~24.9%
25~34.9% / 35% 이상 / 자료 없음

▲ 세계 기아 지도

4 위 지도에서 영양 결핍 비율이 높은 지역을 골라 기호를 쓰시오.

( )

서술형
5 위 지도에 나타난 세계의 빈곤과 기아 문제를 해결하기 위한 노력으로 알맞은 것을 두 가지 쓰시오.

_____

_____

중요
6 문화적 편견과 차별을 해결하기 위한 노력으로 알맞지 않은 것은 어느 것입니까? ( )

① 다양성을 존중하는 교육 활동을 한다.
② 문화적 편견과 차별에 관한 상담을 지원한다.
③ 모든 나라가 선진국의 문화를 따르도록 교육한다.
④ 서로의 문화를 존중하고 공감하는 사회를 만드는 캠페인을 한다.
⑤ 지구촌의 다양한 역사와 문화를 배우고 체험할 수 있는 행사를 연다.

7 세계 시민으로서 알맞게 행동을 한 어린이는 누구입니까? ( )

① 태영: 일회용품 사용을 늘리고 있어.
② 현식: 세수나 목욕을 할 때 물을 낭비하고 있어.
③ 경아: 사용하지 않는 꽂개(플러그)도 꼭 꽂아놓았어.
④ 은영: 지구촌에서 일어나는 일에 관심을 갖지 않고 있어.
⑤ 은경: 어려움을 겪는 지구촌의 사람들을 돕는 일에 참여했어.

실력 문제로 다잡기

1 다음과 같은 환경 문제가 나타나는 까닭으로 알맞은 것은 어느 것입니까?
(   )

▲ 폭설이 내림.

▲ 태풍이 자주 발생함.

▲ 극지방의 빙하가 녹고 있음.

① 토양 오염
② 대기 오염
③ 지구 온난화
④ 쓰레기 증가
⑤ 열대 우림 파괴

1-1 지표면의 평균 기온이 내려가면서 바닷물 온도도 점점 내려가 바닷속 산호가 색깔이 하얗게 변하며 죽어가고 있습니다.

(○ , ×)

2 다음 조사 보고서의 ㉠에 공통으로 들어갈 알맞은 말을 쓰시오.

더 빨리 사라지는 아마존 (㉠)

▲ 불타고 있는 (㉠)

'지구의 허파'라고 불리는 아마존 (㉠) 이/가 2019년 8월부터 2020년 7월 사이에 12년 만에 최대 규모로 파괴되었습니다. 농경과 목축을 위해 나무를 베고 숲을 불태움으로써 파괴되었으며, 점점 빠른 속도로 사라지고 있습니다.

(   )

2-1 숲을 농지나 도시로 개발하거나 목재를 얻으려 무분별하게 벌목을 하면서 지구 온난화가 더욱 심해지고 동물과 식물이 살 곳을 잃고 있습니다.

(○ , ×)

3 다음 사진과 같은 환경 문제가 일어나는 까닭으로 알맞은 것은 무엇입니까?
(   )

▲ 태평양 한가운데 만들어진 쓰레기 섬

▲ 플라스틱을 먹이로 착각하는 해양 생물

① 일회용품을 사용하지 않기 때문이다.
② 플라스틱의 사용이 늘어났기 때문이다.
③ 석유와 석탄 등의 화석 연료 사용이 늘어났기 때문이다.
④ 지속 가능한 미래를 만들기 위해 친환경 연료를 사용하기 때문이다.
⑤ 경제적 이익을 얻기 위한 개발을 위해 숲을 무분별하게 벌목하기 때문이다.

3-1 최근에는 아주 작게 만든 플라스틱이나 플라스틱이 분해되면서 생긴 미세 플라스틱을 환경 보호를 위해 사용하고 있습니다.

(○ , ×)

4 지구촌 환경 문제를 해결하기 위해 다음 사진과 같은 노력을 하는 주체는 무엇입니까? ( )

▲ 친환경 포장재로 제품 포장

▲ 상표지를 붙이지 않은 제품 생산

① 개인   ② 기업   ③ 지역
④ 국가   ⑤ 세계

4-1 지구촌 환경 문제를 해결하기 위해서 개인은 친환경 교통수단을 지원하거나 환경을 보호하고 지키는 자연 친화적인 도시를 개발하고 있습니다.

(○ , ×)

2 단원

서술형

5 다음 자료를 보고, 물음에 답하시오.

▲ 기후 변화 관련 회의

세계 여러 나라는 환경 문제 해결 방법을 의논하고, 함께 실천하고자 노력합니다. 2015년 12월 12일, 세계 195개 나라는 '((가))'에 동의하였습니다. 이를 바탕으로 세계에서는 여러 분야에서 배출되는 온실가스의 양을 규제하는 등 다양한 정책을 추진하고 있습니다.

(1) 위 (가)에 들어갈 협정은 무엇인지 쓰시오.

( )

(2) 위 (1)번 답이 체결된 목적은 무엇인지 쓰시오.

_____

_____

5-1 세계 자연 기금(WWF)은 기후 변화 문제의 심각성을 알리고 이에 대응하고자 매년 3월 마지막 주 토요일에 세계인이 함께 참여하는 '지구촌 전등 끄기' 운동을 개최합니다.

(○ , ×)

6 다음 보기 에서 지구 온난화 문제를 해결하기 위해 개인이 할 수 있는 일로 알맞은 것을 모두 골라 기호를 쓰시오.

보기
㉠ 냉난방기의 적정 온도를 유지한다.
㉡ 이산화 탄소 배출이 적은 제품을 개발한다.
㉢ 가까운 거리는 자동차를 타지 않고 걸어서 이동한다.
㉣ 오염 물질 배출이 적은 신재생 에너지 관련 제품을 만드는 기업을 지원한다.

( )

6-1 지구 온난화 문제를 해결하기 위해서 국가는 환경과 관련된 정책을 마련할 수 있습니다.

(○ , ×)

7 다음 밑줄 친 부분에 들어갈 내용으로 알맞은 것은 어느 것입니까?

(   )

▲ 코트디부아르는 초콜릿 원료인 카카오가 많이 생산되는 곳이다.

→

▲ 카카오 생산을 위해 산림 보호 구역 나무까지 베어 경작지로 만들었다.

→

▲ 열대 우림이 줄어들어
_____
_____

① 초미세 먼지가 줄어든다.　② 화석 연료 사용이 늘어난다.
③ 이상 기후 현상이 사라진다.　④ 극지방 빙하의 면적이 늘어난다.
⑤ 동물들이 살 곳을 잃어 살기 어려워진다.

7-1 지속 가능한 미래는 지구촌 사람들이 책임감 있게 행동해 미래 세대의 환경과 발전 가능성을 해치지 않으면서 오늘날의 필요를 충족하는 발전으로 이루어집니다.

(O , X)

---

8 환경을 생각하는 소비 방법에 대해 **잘못** 말한 어린이는 누구인지 쓰시오.

환경을 생각하여 만든 물건을 구입해야 해.

루나

먼 곳에서 생산된 식품을 구입해야 해.

은우

사용하지 않는 물건은 기부하는 게 좋아.

지아

(   )

8-1 환경을 생각하는 생산을 하기 위해서는 농사를 지을 때 화학 비료를 사용해서 생산량을 늘려야 합니다.

(O , X)

---

9 다음 사진과 같은 생산과 소비 활동의 좋은 점으로 알맞지 <u>않은</u> 것은 무엇입니까?

(   )

▲ 쾌적한 환경에서 닭 기르기

▲ 건강한 닭과 무항생제 인증 달걀 소비하기

① 동물이 안락하고 건강하게 살 수 있다.
② 사람들은 안전한 식품을 먹고 건강을 지킬 수 있다.
③ 생산자들이 친환경적으로 닭과 달걀을 생산하려고 노력할 것이다.
④ 자원을 최소한으로 사용하여 환경을 보호하고 지속 가능한 미래를 이룰 수 있다.
⑤ 항생제가 들어간 닭의 배설물을 퇴비로 활용할 수 있어서 환경 오염을 줄일 수 있다.

9-1 동물 복지 인증 표시는 동물에게 쾌적한 환경을 제공한 곳에서 식품을 생산하였다는 친환경 인증 표시입니다.

(O , X)

10 다음 검색 결과로 알맞지 <u>않은</u> 것은 어느 것입니까? (　　　)

> ← → 빈곤과 기아로 나타나는 문제　🔍　≡
>
> ① 생계가 어려워서 아이들도 일을 해야 한다.
> ② 학교에 가지 못하는 어린이가 지구촌 곳곳에 있다.
> ③ 생활필수품이 부족하여 기본적인 생활을 할 수 없다.
> ④ 어린이들이 영양 과잉으로 비만과 같은 건강상 어려움을 겪고 있다.
> ⑤ 자연재해로 물과 식량이 부족해 빈곤한 지역의 어려움이 더 커지고 있다.

10-1 기아는 생활필수품이 부족하여 최소한의 삶을 살아가기 어려운 상황, 빈곤은 먹을 것이 부족하여 굶주리는 것을 말합니다.

(○ , ×)

2 단원

서술형
11 다음 그림을 보고, 물음에 답하시오.

내가 믿는 종교가 무섭다고 생각하여 나를 피할 때도 있어요.

맨손으로 음식을 먹는 문화를 이해하지 못하는 사람도 있어요.

(1) 위 그림과 관련 있는 문제는 무엇인지 쓰시오.

(　　　　　　　　)

(2) 위와 같은 문제를 해결하기 위한 노력으로 알맞은 것을 두 가지 쓰시오.

_____

_____

11-1 문화적 편견과 차별을 해결하려면 우리나라와 다른 문화에는 관심을 가지지 않아야 합니다.

(○ , ×)

12 다음에서 밑줄 친 '세계 시민'으로서 실천할 수 있는 일을 보기 에서 모두 골라 기호를 쓰시오.

> <u>세계 시민</u>은 지구촌 문제에 관심을 갖고, 지구촌 문제가 우리 모두의 문제임을 알며 이를 해결하고자 협력하는 자세를 지닌 사람을 말합니다.

보기
> ㉠ 환경 표지가 표시된 제품을 골라서 산다.
> ㉡ 가까운 거리를 이동할 때에도 자동차를 이용한다.
> ㉢ 양치와 세수를 할 때 물을 필요한 만큼만 받아 쓴다.
> ㉣ 사용하지 않는 물건은 다른 사람이 사용할 수 없도록 분리배출한다.

(　　　　　　　　)

12-1 세계 시민으로서 다양성을 존중하고, 지구촌 문제가 우리 모두의 문제임을 알며 문제를 해결하려고 노력해야 합니다.

(○ , ×)

❶ 한반도의 미래와 통일

개념 ❶ 우리나라의 고유 영토, 독도

● 우리 땅 독도

위치	• 우리나라의 ❶ [ ][ ] 끝에 있으며, 북위 37°, 동경 132° 가까이에 있음. • 동해의 중심에 있어 선박의 항로뿐만 아니라 군사적으로도 중요한 위치에 있음.
자연환경	• 다양한 동식물이 서식하여 ❷ [ ][ ][ ][ ][ ]로 지정됨. • 풍부한 수산 자원이 있고 가스 하이드레이트가 매장되어 있음.
역사적 자료	• 우리나라: 『세종실록』 「지리지」, 대한 제국 칙령 제41호, 『신증동국여지승람』, 「❸ [ ][ ][ ][ ]」, 「조선전도」 등 • 다른 나라: 태정관 지령, 「삼국접양지도」, 연합국 최고 사령관 각서 제677호, 「조선왕국전도」 등

● 독도를 지키기 위한 노력

옛날	안용복, 심흥택, 홍순칠 등 많은 조상들이 독도를 지키려고 노력하였음.
오늘날	❹ [ ][ ]와 민간단체가 독도에 각종 시설과 법령을 만들고 독도 홍보 활동을 함.

개념 ❷ 남북통일의 필요성과 남북통일을 위한 노력

남북통일의 필요성	전쟁의 불안감 해소, 경제적 성장, 문화적 차이 극복, ❺ [ ][ ][ ][ ] 문제 해결 등
남북통일을 위한 노력	❻ [ ][ ]: 남북 기본 합의서 채택, 남북 정상 회담 개최 등 • 경제: 개성 공단 가동, 남북 경제 협력 공동 위원회 개최 등 • 사회·문화: 남북한 선수단 평창 동계 올림픽 대회 공동 입장, 남북 예술단 합동 공연 등

❷ 지구촌의 평화와 발전

개념 ❸ 지구촌 갈등

사례	시리아 내전, 팔레스타인 분쟁, 남중국해 분쟁, 나이지리아 내전, 인도와 파키스탄의 갈등 등
문제점	• 영토, 자원, 종교, 언어, 인종, 민족, 역사, 정치 등의 다양한 ❼ [ ][ ]이 복합적으로 얽혀 있음. • 갈등을 겪는 지역뿐만 아니라 다른 여러 나라와도 연결되어 있어 지구촌 전체의 평화와 발전을 위협함. • 짧은 시간에 해결하기 어려움.

---

1 독도에 대한 설명이 맞으면 ○표, 틀리면 X표 하시오.

(1) 두 개의 큰 섬인 동도와 서도, 주변의 크고 작은 바위섬으로 이루어져 있습니다. ( )

(2) 차가운 바닷물만 흘러서 다양한 해양 생물이 살기에 좋아 수산 자원이 풍부합니다. ( )

(3) 『신증동국여지승람』 「팔도총도」는 현재 남아 있는 우리나라 옛 지도 중 우산도(지금의 독도)가 표기된 가장 오래된 지도입니다. ( )

2 다음과 같은 남북통일을 위한 노력은 정치, 경제, 사회·문화 중 어떤 분야와 관련 있는지 쓰시오.

(1) 7·4 남북 공동 성명을 발표하였습니다. ( )

(2) 개성 만월대를 남북한의 전문가들이 함께 발굴하였습니다. ( )

(3) 경의선·동해선 연결 및 현대화를 위한 착공식을 하였습니다. ( )

3 다음 ㉠, ㉡에 들어갈 알맞은 말을 각각 쓰시오.

팔레스타인 분쟁은 (㉠)을/를 믿는 유대인과 (㉡)을/를 믿는 아랍인이 팔레스타인 지역을 차지하려고 다투면서 충돌이 시작되었습니다.

㉠: ( )
㉡: ( )

개념 ④ 지구촌 갈등 해결을 위한 노력

개인	이태석, 넬슨 만델라, 말랄라 유사프자이, 엘런 존슨 설리프 등
⑧ ☐☐☐☐	뜻이 같은 개인이 모여 공공의 이익을 추구하고 지구촌의 여러 문제를 해결하고자 활동하는 민간 조직 ㉠ 해비타트, 국경 없는 의사회, 핵무기 폐기 국제 운동
국가	국제기구 활동 참여, 외교 활동, 한국 국제 협력단(KOICA) 지원 활동
국제기구	• ⑨ ☐☐☐☐ (UN): 전쟁을 방지하고 지구촌의 평화를 유지하며 국제적 협력을 높이고자 1945년에 만든 국제기구임. • 국제 노동 기구, 유엔 난민 기구, 유네스코, 국제 원자력 기구, 유엔 아동 기구 등의 분야별 기구가 있음.

❸ 지속 가능한 지구촌

개념 ⑤ 지구촌의 환경 문제와 해결 노력

환경 문제	지구 온난화, 대기 오염, 열대 우림 파괴, 플라스틱 쓰레기 등
해결 노력	• ⑩ ☐☐ : 쓰레기 분리배출하기, 일회용품 사용 줄이기, 환경 운동 참여하기, 에너지 절약하기 등 • **기업**: 생산 과정에서 오염 물질의 배출 줄이기 등 • **국가**: 친환경 에너지 개발, 환경 정책과 법령 제정, 환경에 좋지 않은 영향을 주는 생산 방법과 소비 규제 등 • **세계**: ⑪ ☐☐☐☐☐ 를 줄이기 위한 협정 체결 등

개념 ⑥ 지속 가능한 미래를 위한 과제

● 친환경적 생산과 소비 방법

생산 방법	⑫ ☐☐ 재활용, 친환경 소재 개발, 친환경 농법 등
소비 방법	환경을 생각하여 만든 물건 구입하기, 가까운 곳에서 생산한 식품 구입하기, 사용하지 않는 물건 기부하기 등

● 빈곤과 기아로 나타나는 문제와 해결 노력

문제	• 생활필수품이 부족하여 기본적인 생활을 할 수 없음. • 아동들이 일을 하느라 학교에 가지 못함. • ⑬ ☐☐☐ 상태가 좋지 않고 쉽게 질병에 걸림.
해결 노력	생활필수품과 의약품 지원하기, 아동과 청소년에게 교육 환경 제공하기, 농업과 공업 발전에 필요한 기술 전하기, 다양한 홍보와 교육 활동하기 등

● **문화적 편견과 차별 해결 노력**: 다양한 문화에 관심 기울이기, 문화적 편견과 차별에 관한 상담 지원하기, 다양한 문화 이해하고 존중하는 태도 갖기, 우리나라 문화 알리는 활동 하기 등이 있습니다.

---

4 지구촌 갈등 해결을 위해 다음과 같은 노력을 한 사람이나 단체의 이름을 쓰시오.

(1) 남아프리카 공화국의 흑인 차별과 종족 간 갈등 해결을 위해 노력하였습니다.
( )

(2) 열악한 주거 환경으로 고통받는 사람들에게 집을 지어 주고 마을을 고쳐 줍니다.
( )

5 지구촌의 환경 문제 해결을 위해 노력하는 주체와 하는 일을 바르게 선으로 연결하시오.

(1) 기업 •	• ㉠ 환경 정책 관련 공청회를 엶.
(2) 국가 •	• ㉡ 친환경 포장재로 제품을 포장함.
(3) 세계 •	• ㉢ '지구촌 전등 끄기' 운동을 개최함.

6 다음 ㉠, ㉡에 들어갈 알맞은 말을 각각 쓰시오.

(㉠)은/는 생활필수품이 부족하여 생활하기가 어려운 상태를 말하며, (㉡)은/는 먹을 것이 부족하여 굶주리는 것을 말합니다.

㉠: ( )
㉡: ( )

❶ 한반도의 미래와 통일

중요

1 독도를 조사한 보고서의 내용으로 알맞지 <u>않은</u> 것을 골라 기호를 쓰시오.

> ㉠ 위치: 우리나라의 동쪽 끝에 있다.
> ㉡ 지형: 두 개의 큰 섬과 크고 작은 바위섬 89개로 이루어져 있다.
> ㉢ 동식물: 경사가 급하고 대부분 암석이어서 동식물이 거의 서식하지 않는다.
> ㉣ 자원: 따뜻한 바닷물과 차가운 바닷물이 만나 해양 생물이 살기에 좋아 수산 자원이 풍부하다.

(   )

2 다음 지도를 보고 알 수 있는 내용으로 알맞은 것을 두 가지 고르시오. (,   )

① 독도는 동해의 중심에 위치해 있다.
② 독도는 울릉도의 서쪽에 위치해 있다.
③ 독도는 울릉도에서 216.8km 떨어져 있다.
④ 일본 오키섬은 울릉도에서 157.5km 떨어져 있다.
⑤ 울릉도에서 독도까지의 거리가 일본 오키섬에서 독도까지의 거리보다 가깝다.

3 다음에서 설명하는 옛 기록은 무엇입니까? (   )

> 당시 일본의 최고 행정 기관에서 1877년 '울릉도와 독도는 일본과 관계가 없다는 것을 명심할 것'이라고 선언한 지령입니다.

① 태정관 지령   ② 「삼국접양지도」
③ 『세종실록』「지리지」   ④ 대한 제국 칙령 제41호
⑤ 연합국 최고 사령관 각서 제677호

4 다음에서 설명하는 민간단체는 무엇인지 쓰시오.

> 전 세계에 우리나라와 관련된 정보를 바르게 알리는 일을 하는 사이버 외교 사절단입니다. 독도에 관한 사실을 전 세계 사람들에게 알리고 일본의 역사 왜곡을 바로잡는 활동을 합니다.

(   )

중요

5 남북통일이 필요한 까닭으로 알맞은 것을 보기 에서 모두 골라 기호를 쓰시오.

> **보기**
> ㉠ 전쟁의 불안감이 사라질 수 있다.
> ㉡ 교육비를 줄여 더 많은 국방비를 지출할 수 있다.
> ㉢ 남한과 북한으로 헤어져 사는 이산가족이 늘어날 수 있다.
> ㉣ 남한과 북한의 문화적 차이로 나타나는 문제를 극복할 수 있다.

(   )

6 다음 중 남북통일을 위한 사회·문화적 노력으로 알맞은 것은 어느 것입니까? (   )

① 개성 공단 가동
② 남북 정상 회담 개최
③ 7·4 남북 공동 성명 발표
④ 개성 만월대 남북 공동 발굴
⑤ 남북 경제 협력 공동 위원회 개최

7 통일 한국의 미래 모습으로 알맞지 <u>않은</u> 것은 어느 것입니까? (   )

① 문화 교류가 더욱 활발해질 것이다.
② 아름다운 자연을 보려고 오는 관광객이 늘어날 것이다.
③ 기차와 자동차 대신 모두 비행기를 타고 다른 나라를 여행할 것이다.
④ 여러 분야에 새로운 일자리가 필요해져서 다양한 직업이 생길 것이다.
⑤ 그동안 볼 수 없었던 문화유산과 사료를 살피며 우리나라 역사를 더욱 활발하게 연구할 것이다.

❷ 지구촌의 평화와 발전

8 시리아 내전의 원인을 알맞게 말한 어린이를 모두 골라 쓰시오.

> • 민호: 대통령의 독재에 시민들이 반대 시위를 벌였어.
> • 지애: 이슬람의 종파인 시아파와 수니파가 충돌하였어.
> • 지은: 자원이 풍부한 지역을 둘러싸고 갈등을 겪고 있어.
> • 재현: 서로 다른 종족들이 협력하지 못하고 갈등을 벌였어.

( )

9 다음 공통으로 밑줄 친 '이 지역'은 어디인지 쓰시오.

> 일 년 내내 얼지 않는 항구가 있는 이 지역의 소유권을 둘러싼 분쟁이 계속되고 있습니다. 이 지역을 차지하려는 우크라이나와 러시아는 계속해서 갈등을 겪고 있습니다.

( )

10 지구촌 갈등에 대한 설명으로 알맞은 것을 두 가지 고르시오. (,)

① 짧은 시간에 해결할 수 있다.
② 언제나 한 가지 원인으로만 일어난다.
③ 갈등을 겪는 지역만 어려움을 겪는다.
④ 영토, 자원, 종교, 언어, 인종, 민족 등이 주요 원인이다.
⑤ 많은 사람이 죽거나 다치고, 집과 가족을 잃는 어려움을 겪는다.

중요
11 다음 밑줄 친 부분에 들어갈 내용으로 알맞지 <u>않은</u> 것은 무엇입니까? ( )

> 지구촌 갈등이 지속되는 까닭은 _____ 입니다.

① 화해하려는 의지가 없기 때문
② 나라들이 지켜야 하는 강력한 법이 많기 때문
③ 강대국들이 과거의 잘못을 책임지지 않기 때문
④ 다름을 존중하지 않고 자기 이익만 생각하기 때문
⑤ 자원을 함께 이용하지 않고 서로 더 많이 가지려고 욕심을 내기 때문

12 다음 대화 속의 ㉠은 누구입니까? ( )

태민
> 어떤 활동으로 노벨 평화상을 받게 되었는지 궁금합니다.

> 제가 살던 곳은 파키스탄 정부군과 탈레반이 싸움을 벌이던 곳이었습니다. 훗날 이곳을 차지한 탈레반이 여자아이들을 학교에 가지 못하도록 막자, 누리 소통망 서비스를 이용하여 이를 세상에 알렸습니다. ㉠

① 넬슨 만델라　　② 엘런 존슨 설리프
③ 에글렌타인 제브　　④ 말랄라 유사프자이
⑤ 카일라시 사티아르티

13 다음에서 설명하는 조직을 무엇이라고 하는지 쓰시오.

> 뜻이 같은 개인이 모여 공공의 이익을 추구하고 지구촌의 여러 문제를 해결하고자 활동하는 민간 조직입니다.

( )

14 국제 연합(UN)에 대한 설명으로 알맞지 <u>않은</u> 것은 어느 것입니까? ( )

① 1945년에 설립되었다.
② 우리나라는 1991년에 회원국으로 가입하였다.
③ 뜻을 함께하는 개인들이 모여 정기적으로 총회를 연다.
④ 지구촌의 평화 유지, 전쟁 방지, 국제 협력 활동을 한다.
⑤ 지구촌에서 일어나는 문제들을 해결하고자 만든 분야별 기구들이 있다.

15 다음에서 설명하는 단체는 무엇입니까? ( )

> 식량이 필요한 지역에 식량을 지원하고 있으며, 지속적으로 식량이 부족한 지역에는 농업 발전에 필요한 기술을 전하기도 합니다.

① 해비타트　　② 그린피스
③ 세계 식량 기구　　④ 유엔 난민 기구
⑤ 세이브 더 칠드런

❸ 지속 가능한 지구촌

★중요★
16 지구촌에서 나타나는 환경 문제로 알맞지 <u>않은</u> 것은 어느 것입니까? ( )

① 극지방의 빙하가 녹고 있다.
② 동물과 식물이 살 곳을 잃고 있다.
③ 지구 온난화로 열대 우림이 늘어나고 있다.
④ 세계 곳곳에서 폭염과 폭설 등 이상 기후 현상이 나타나고 있다.
⑤ 공장과 자동차에서 배출되는 오염 물질로 공기가 오염되고 있다.

17 다음 사진과 관련 있는 지구촌 환경 문제로 알맞은 것은 어느 것입니까? ( )

① 사막화
② 대기 오염
③ 지구 온난화
④ 플라스틱 쓰레기
⑤ 해양 쓰레기 문제

18 지구촌 환경 문제 해결을 위해 (가), (나)와 같은 노력을 하는 주체를 알맞게 짝 지은 것은 무엇입니까? ( )

(가)
▲ 쓰레기 분리배출하기

(나)
▲ 친환경 포장재로 제품 포장

	(가)	(나)		(가)	(나)
①	기업	국가	②	기업	개인
③	개인	기업	④	개인	국가
⑤	국가	개인			

19 환경을 생각하는 생산 활동의 사례로 알맞은 것을 **보기** 에서 모두 골라 기호를 쓰시오.

보기

㉠ 사용 후 버려진 천막으로 가방을 만든다.
㉡ 화학 비료를 사용하여 많은 양의 곡식을 생산한다.
㉢ 환경 오염의 원인인 플라스틱은 절대 재활용하지 않는다.
㉣ 옥수숫가루, 밀짚와 같은 친환경 소재를 사용해 용기를 만든다.

( )

20 다음 사진전에 전시될 사진으로 알맞지 <u>않은</u> 것은 무엇입니까? ( )

빈곤과 기아로 나타나는 문제

①
▲ 물과 식량이 부족함.

②
▲ 생활필수품과 의약품을 지원함.

③
▲ 어린이가 잘 자라지 못함.

④
▲ 학교에 가지 못하는 어린이들이 있음.

21 다음 검색 결과로 알맞지 <u>않은</u> 것은 어느 것입니까? ( )

 문화적 편견과 차별의 해결 노력 🔍 ☰

① 다양한 문화를 이해할 수 있는 체험 활동에 참여한다.
② 다른 나라 문화의 단점을 조사하여 사람들에게 알린다.
③ 문화적 편견과 차별에 관한 상담을 지원하고 필요한 도움을 제공한다.
④ 지구촌의 다양한 문화를 이해하고 존중하는 태도의 중요성을 알린다.
⑤ 다른 나라 사람에게 우리나라의 문화를 소개하여 이해할 수 있도록 돕는다.

서술형 마무리

1 다음 지도를 보고, 물음에 답하시오.

(1) 위 (가) 지역에 대한 설명에서 ㉠, ㉡에 들어갈 알맞은 말을 각각 쓰시오.

> 우리나라의 영토에서 가장 (㉠)에 있는 섬으로, 화산 폭발로 솟은 용암이 굳어져 만들어진 (㉡)입니다.

㉠: (   ), ㉡: (   )

(2) 위 (가) 지역을 지키기 위한 정부의 노력을 한 가지만 쓰시오.

_____

_____

2 다음 사진을 보고, 물음에 답하시오.

(가)	(나)

▲ 팔레스타인 분쟁	▲ 카탈루냐 지역 갈등

(1) 위 지구촌 갈등 사례 중 갈등의 원인이 종교인 것을 골라 기호를 쓰시오.

(   )

(2) 위와 같은 지구촌 갈등으로 인한 피해를 두 가지 쓰시오.

_____

_____

3 다음은 지구촌 평화와 발전을 위한 기구가 하는 일을 정리한 표입니다. 물음에 답하시오.

기구	하는 일
해비타트	㉠
그린피스	지구촌 환경과 평화를 지키고자 자연 보호 운동, 핵 실험 반대 운동 등을 함.
국제 앰네스티	인종, 종교, 성별 등의 이유로 인권을 침해받은 사람들을 도우며 인권을 지키는 일을 함.
세이브 더 칠드런	아동의 안전을 보장하고 권리를 실현하려는 다양한 활동을 하며 시민 참여를 이끌어 냄.

(1) 위와 같은 기구를 무엇이라고 하는지 쓰시오.

(   )

(2) 위 표의 ㉠에 들어갈 알맞은 내용을 쓰시오.

_____

_____

4 다음 세계 기아 지도를 보고, 물음에 답하시오.

(1) 위 지도에서 영양 결핍 비율이 가장 높은 대륙은 어디인지 쓰시오.

(   )

(2) 위 지도를 통해 알 수 있는 세계 기아로 나타나는 문제점을 한 가지만 쓰시오.

_____

_____

Memo

한끝

정답과 해설

초등
사회 | 6·2

정답과 해설

1. 세계의 여러 나라들

① 지구, 대륙, 그리고 국가들

01 세계 지도, 지구본, 디지털 영상 지도의 특징

기본 문제로 익히기   12쪽

핵심 체크

① 평면　　　② 지구본　　　③ 위성
④ 확대　　　⑤ 세계 지도　　⑥ 거리
⑦ 정보

개념 문제

1 세계 지도　　　　**2** (1) ○ (2) × (3) ×
3 위성 사진　　　　**4** 승민

1 세계 지도는 둥근 지구를 평면으로 나타낸 것입니다.

2 (2) 세계 지도에 그어져 있는 가로선을 위선, 세로선을 경선이라고 합니다. (3) 세계 지도는 각 나라의 면적, 바다의 모양, 두 지점 사이의 거리 등이 실제와 차이가 있습니다.

3 디지털 영상 지도는 위성 사진이나 항공 사진에 디지털 정보를 결합해 만든 지도입니다.

4 디지털 영상 지도는 자유롭게 확대하거나 축소할 수 있습니다.

기본 문제로 익히기   13쪽

확인 문제

1 ④　　　　**2** 위도　　　　**3** ⑤
4 예 우리나라는 북위 33°~43°, 동경 124°~132° 사이에 있다.
5 ㉢　　　　**6** ⑤

1 ④ 세계 지도는 둥근 지구를 평면으로 나타낸 것이므로, 그 과정에서 각 나라의 면적, 바다의 모양, 두 지점 사이의 거리 등이 실제와 차이가 있습니다.

2 세계 지도와 지구본에 그어진 가상의 가로선을 위선이라고 하고, 위선에 쓰여 있는 숫자를 보면 위도를 알 수 있습니다.

3 제시된 자료는 지구본으로, 이를 활용하면 세계 여러 나라의 위치, 넓이 등을 비교적 정확하게 살펴볼 수 있습니다. ① ㉠은 본초 자오선, ㉡은 적도입니다. ② 둥근 지구를 평면으로 나타낸 것은 세계 지도입니다. ③ 자유롭게 확대하거나 축소할 수 있는 것은 디지털 영상 지도의 특징입니다. ④ 세계 여러 나라의 위치를 한눈에 살펴볼 수 있는 것은 세계 지도의 특징입니다.

4

	채점 기준
상	'우리나라는 북위 33°~43°, 동경 124°~132° 사이에 있다.'라고 위도와 경도를 모두 바르게 쓴 경우
하	위도와 경도 중 한 가지만 바르게 쓴 경우

우리나라의 동서남북 끝 지점에 가까운 위선과 경선을 찾고, 그 위선과 경선에 표시된 숫자를 이용해 우리나라의 위치를 나타낼 수 있습니다.

5 ㉠은 지도에서 어떤 장소의 위치와 주요 정보를 찾을 수 있는 기능, ㉡은 이동 수단에 따른 경로를 알 수 있는 기능, ㉢은 지도의 종류를 바꾸어 볼 수 있는 기능, ㉣은 내 위치를 검색할 수 있는 기능에 해당합니다.

6 ⑤ 세계 지도, 지구본, 디지털 영상 지도는 각각의 특징이 다르므로, 상황에 알맞은 자료를 활용하면 원하는 정보를 얻을 수 있습니다.

02 세계의 대륙과 대양

기본 문제로 익히기   16쪽

핵심 체크

① 우랄　　　② 아프리카　　③ 아시아
④ 대서양　　⑤ 태평양　　　⑥ 대서양

개념 문제

1 아시아　　　　**2** (1) ○ (2) ○ (3) ×
3 태평양　　　　**4** 북아메리카

1 아시아는 대륙 중에서 면적이 가장 넓으며, 우리나라, 중국, 일본, 사우디아라비아, 인도 등의 나라가 속해 있습니다.

2 (3) 남아메리카 대륙은 파나마 지협을 경계로 남쪽에 있는 대륙입니다.

3 세계에서 가장 넓은 바다는 태평양이고, 두 번째로 넓은 바다는 대서양입니다. 태평양은 우리나라와 인접해 있습니다.

4 북아메리카는 북반구에 있는 대륙으로, 태평양, 대서양, 북극해에 맞닿아 있습니다. 북아메리카에는 캐나다, 미국, 멕시코 등의 나라가 속해 있습니다.

5

채점 기준
'남반구와 북반구에 걸쳐 있으며 아시아, 아프리카, 오세아니아 대륙에 둘러싸여 있다.'라고 모두 바르게 쓴 경우

인도양은 남반구와 북반구에 걸쳐 있으며, 아시아, 아프리카, 오세아니아 대륙에 인접해 있습니다.

6 세계에서 가장 넓은 바다는 태평양이며, 우리나라는 태평양과 인접해 있습니다.

7 ① 이집트는 아프리카, ② 미국은 북아메리카, ③ 브라질은 남아메리카, ④ 중국은 아시아에 속한 나라입니다.

8 ① 미국은 북아메리카, ③ 스웨덴과 ④ 프랑스는 유럽, ⑤ 뉴질랜드는 오세아니아에 속한 나라입니다.

기본 문제로 익히기   17쪽

확인 문제

1 대륙   **2** ④   **3** ㉢

4 ①

5 예 남반구와 북반구에 걸쳐 있으며 아시아, 아프리카, 오세아니아 대륙에 둘러싸여 있다.

6 ⑤   **7** ⑤   **8** ②

1 대륙은 바다로 둘러싸인 커다란 땅덩어리를 말합니다. 대륙은 유럽, 아프리카, 아시아, 오세아니아, 북아메리카, 남아메리카, 남극으로 구분할 수 있습니다.

2 아프리카는 아시아 다음으로 큰 대륙이며 북반구와 남반구에 걸쳐 있습니다. ① 오세아니아는 남반구에 있는 대륙입니다. ② 아시아 다음으로 큰 대륙은 아프리카입니다. ③ 아시아는 대륙 중에서 면적이 가장 넓습니다. ⑤ 우리나라가 속한 대륙은 아시아입니다.

3 ㉠은 유럽, ㉡은 아프리카, ㉢은 아시아, ㉣은 오세아니아, ㉤은 북아메리카입니다. 세계에서 가장 큰 대륙은 ㉢ 아시아이고, 그 다음으로 큰 대륙은 ㉡ 아프리카입니다.

4 ① 유럽은 대륙 중 면적이 좁은 편이지만 영국, 포르투갈, 에스파냐, 프랑스, 이탈리아, 노르웨이 등 많은 나라가 있습니다.

---

03 세계 여러 나라의 영토 특징

기본 문제로 익히기   20쪽

핵심 체크

❶ 러시아   **❷** 바티칸   **❸** 22

❹ 국경선   **❺** 길쭉한   **❻** 이탈리아

❼ 육지   **❽** 바다

개념 문제

1 ㉠ 러시아 ㉡ 캐나다   **2** (1) × (2) ○ (3) ○

3 ㉠ 단조로운 ㉡ 남북   **4** 육지

1 세계 여러 나라는 영토 면적이 서로 다릅니다. 세계에서 영토 면적이 가장 넓은 나라는 러시아이고, 그 다음으로 넓은 나라는 캐나다입니다. 영토 면적이 가장 좁은 나라는 바티칸 시국이며, 그 면적은 우리나라의 경복궁과 비슷합니다.

2 (1) 우리나라의 영토 면적은 약 22만 km^2이고, 남한만의 영토 면적은 약 10만 km^2입니다.

3 세계 여러 나라는 영토 모양이 다양합니다. 사우디아라비아는 국경선이 단조로운 편이고, 칠레의 영토는 남북으로 길쭉한 모양입니다.

4 세계 여러 나라는 육지와 바다의 분포가 다양하게 나타납니다. 육지에 둘러싸인 나라에는 몽골, 네팔, 레소토 등이 있습니다. 삼면이 바다이고 다른 면은 육지에 연결된 나라에는 대한민국, 이탈리아 등이 있습니다. 바다에 둘러싸인 섬나라에는 뉴질랜드, 일본 등이 있습니다.

기본 문제로 익히기
21쪽

확인 문제

1 캐나다　　**2** ①, ⑤　　**3** ③
4 ㉃, ㉤
5 예 이집트는 국경선이 단조롭고 영토 모양이 사각형에 가깝다. 노르웨이는 해안선이 복잡하고 영토 모양이 길쭉하다.
6 소윤, 정호　　**7** ⑤
8 ㉠ → ㉤ → ㉃ → ㉦

1 세계에서 영토 면적이 가장 넓은 나라는 러시아이고, 두 번째로 넓은 나라는 캐나다입니다.

2 ② 세계에서 면적이 가장 좁은 나라는 바티칸 시국입니다. ③ 세계에서 면적이 두 번째로 넓은 나라는 캐나다입니다. ④ 우리나라의 영토 면적은 약 22만 km² 로, 세계에서 85번째로 넓습니다.

3 ①, ② 유럽, 아시아 대륙에서는 러시아의 면적이 가장 넓고, ④ 북아메리카 대륙에서는 캐나다의 면적이 가장 넓습니다. ⑤ 남아메리카 대륙에서는 브라질의 면적이 가장 넓습니다.

4 영토 모양은 주로 국경선에 따라 결정되며, 국경선은 산맥, 강, 호수, 폭포, 계곡 등 오랜 세월 나라 간의 교류에 장애가 된 지형을 경계로 정해지는 경우가 많습니다. ㉠ 세계 여러 나라의 영토 모양은 서로 다릅니다. ㉤ 미국과 캐나다의 국경선은 나이아가라 폭포를 경계로 정해졌습니다.

5

채점 기준	
상	'이집트는 국경선이 단조롭고 영토 모양이 사각형에 가깝다.', '노르웨이는 해안선이 복잡하고 영토 모양이 길쭉하다.'라고 모두 바르게 쓴 경우
하	위의 내용 중 한 가지만 바르게 쓴 경우

세계 여러 나라는 영토 모양이 서로 다릅니다. 이집트는 국경선이 단조로운 나라이고, 노르웨이는 해안선이 복잡한 나라입니다. 또한 이집트는 영토 모양이 사각형이고, 노르웨이는 영토 모양이 길쭉한 편입니다.

6 탄자니아의 영토는 둥근 모양이고, 아르헨티나의 영토는 남북으로 길게 뻗은 모양입니다.

7 우리나라는 삼면이 바다로 둘러싸여 있고, 나머지 한 면은 육지에 연결된 반도국입니다. ① 네팔, ② 몽골은 육지로 둘러싸인 나라이고, ③ 일본, ④ 뉴질랜드는 바다로 둘러싸인 섬나라입니다.

8 세계 여러 나라의 영토 특징을 조사하는 과정은 '조사 주제 정하기 → 조사할 나라 정하기 → 조사하기 → 조사한 내용 정리하기 → 보고서 만들기 → 발표하기' 순서로 진행합니다.

실력 문제로 다잡기
22~25쪽

1 ㉠ 본초 자오선 ㉤ 적도　　**2** ㉦, ㉃
3 지구본　　**4** ㉠ 북위 ㉤ 동경
5 ④　　**6** ③　　**7** ②
8 ②　　**9** 캐나다　　**10** ㉃
11 예 아프리카에는 국경선 중 일부분이 직선으로 된 나라가 많다. 과거 유럽의 여러 나라들이 아프리카를 식민 지배할 때, 위도와 경도를 이용하여 국경선을 결정하였기 때문이다.
12 ③

1-1 ✕　　**2**-1 ○　　**3**-1 ○
4-1 ○　　**5**-1 ✕　　**6**-1 ✕
7-1 ✕　　**8**-1 ○　　**9**-1 ○
10-1 ○　　**11**-1 ○　　**12**-1 ✕

1 본초 자오선은 경도의 기준이 되는 선(경도 0°)이고, 적도는 지구의 자전축에서 직각으로 지구의 중심을 지나도록 자른 평면과 지표면이 만나는 선(위도 0°)입니다.

2 세계 지도를 활용하면 세계 여러 나라의 위치와 영역을 한눈에 살펴볼 수 있지만, 둥근 지구를 평면으로 나타낸 것이기 때문에 실제 모습과 다른 점이 있습니다. ㉠ 지구의 실제 모습과 비슷한 것은 지구본입니다. ㉡ 활용할 때 스마트폰이나 컴퓨터가 필요한 것은 디지털 영상 지도의 특징입니다.

3 지구본은 둥근 지구를 작게 줄여서 지구와 비슷하게 만든 모형이므로 지구상에서 특정 나라의 위치나 나라 간의 위치 관계를 파악하기에 좋습니다.

4 우리나라는 북반구에 위치하므로 북위 33°~43°, 본초 자오선을 기준으로 동쪽에 위치하므로 동경 124°~132°로 나타냅니다.

5 디지털 영상 지도에는 장소 검색, 경로 검색, 지도 확대 및 축소 등 다양한 기능이 있습니다. ④ ㉣은 내 위치를 검색할 수 있는 기능에 해당합니다.

6 ③ 세계에서 면적이 가장 좁은 대륙은 오세아니아입니다. 유럽은 세계에서 두 번째로 면적이 좁은 대륙입니다.

7 태평양은 세계에서 가장 넓은 바다로, 북반구와 남반구에 걸쳐 있습니다.

8 인도, 일본, 중국, 베트남, 우리나라는 모두 아시아에 속한 나라입니다.

9 캐나다는 북아메리카에 있는 나라로, 적도의 북쪽인 북반구에 있고 국경선이 단조로운 편입니다. 영토 면적은 세계에서 두 번째로 넓습니다.

10 세계에서 영토 면적이 가장 넓은 나라는 러시아이고, 두 번째로 넓은 나라는 캐나다이며, 세 번째로 넓은 나라는 미국입니다.

11

채점 기준	
상	'아프리카에는 국경선 중 일부분이 직선으로 된 나라가 많다.', '과거 유럽의 여러 나라들이 아프리카를 식민 지배할 때, 위도와 경도를 이용하여 국경선을 결정하였기 때문이다.'라고 모두 바르게 쓴 경우
하	위의 내용 중 한 가지만 바르게 쓴 경우

국경선은 대부분 지형을 경계로 정해지므로 곡선인 경우가 많지만, 아프리카는 과거에 인위적으로 국경선이 설정되었기 때문에 국경선이 직선인 나라가 많습니다.

12 ③ 노르웨이, 아이슬란드, 일본은 해안선이 복잡한 나라들입니다.

---

❷ 세계의 다양한 삶의 모습

01 세계의 기후 분포

기본 문제로 익히기   28쪽

핵심 체크

❶ 기후   ❷ 기온   ❸ 적도
❹ 고위도   ❺ 열대   ❻ 강수량
❼ 냉대   ❽ 해발 고도

개념 문제

1 기후   **2** (1) ○ (2) ×
3 온대   **4** 냉대 기후

1 기후는 여러 해 동안 한 지역에서 일정하게 나타나는 평균적인 대기 상태로, 기온, 강수량 등으로 나타낼 수 있습니다.

2 (2) 적도 지방은 햇볕을 수직으로 많이 받아 일 년 내내 기온이 높습니다. 극지방은 햇볕을 비스듬히 적게 받아 기온이 낮습니다.

3 온대 기후는 사계절이 비교적 뚜렷하며, 온화한 기후로 사람이 살기 좋아 인구가 많은 편입니다.

4 냉대 기후는 가장 추운 달의 평균 기온이 −3℃ 미만이고, 가장 따뜻한 달의 평균 기온이 10℃ 이상입니다.

기본 문제로 익히기   29쪽

확인 문제

1 ④   **2** ㉠ 열대 기후 ㉡ 건조 기후
3 ①, ③
4 예 열대 기후, 건조 기후, 온대 기후, 냉대 기후, 한대 기후
5 ④   **6** ③

1 적도 주변은 일 년 내내 햇볕을 많이 받아 덥고, 극지방으로 갈수록 햇볕을 적게 받아 추워집니다. 따라서 ④ 저위도 지역에서 고위도 지역으로 갈수록 기온은 점차 낮아집니다.

2 세계의 기후는 열대 기후, 건조 기후, 온대 기후, 냉대 기후, 한대 기후 등으로 구분할 수 있습니다. 적도 부근 지역에서 주로 나타나는 기후는 열대 기후이고, 건조 기후는 주로 중위도 지역의 내륙에 나타납니다.

3 세계의 기후는 기온과 강수량 등을 기준으로 구분합니다.

4

채점 기준
'열대 기후, 건조 기후, 온대 기후, 냉대 기후, 한대 기후'를 순서대로 모두 바르게 쓴 경우

대체로 저위도 지역에서 고위도 지역으로 갈수록 기온이 점차 낮아지며, 이는 기후 분포에 큰 영향을 미칩니다. 따라서 세계의 기후는 적도에서 극지방으로 갈수록 대체로 열대 기후, 건조 기후, 온대 기후, 냉대 기후, 한대 기후 순으로 나타납니다.

5 (가)는 온대 기후, (나)는 한대 기후의 특징입니다. 중위도 지방에서는 주로 온대 기후가 나타나고, 극지방에서는 한대 기후가 나타납니다.

6 건조 기후 지역에서는 사막이 나타나기도 하며, 사막 지역에서는 나무나 풀이 거의 자라지 않습니다. ①은 온대 기후 지역에서 볼 수 있는 넓은 초원이고, ②는 열대 기후 지역에서 볼 수 있는 열대 우림이며, ④는 냉대 기후 지역에서 볼 수 있는 침엽수림입니다.

02 열대, 건조, 온대 기후 지역 사람들의 생활 모습

기본 문제로 익히기

32쪽

핵심 체크

❶ 고상　　　　❷ 화전　　　　❸ 모래바람
❹ 오아시스　　❺ 유목　　　　❻ 벼농사
❼ 지중해

개념 문제

1 (1) ○ (2) ○ (3) ✕　　**2** 사막
3 온대　　　　　　　　**4** ㉠ 밀 ㉡ 벼농사

1 (3) 남·북위 20°~30° 일대와 중앙아시아처럼 바다와 멀리 떨어진 곳에 나타나는 기후는 건조 기후입니다. 열대 기후는 적도 부근 지역에서 주로 나타납니다.

2 건조 기후의 사막 지역에서는 주변에서 구하기 쉬운 재료인 흙으로 집을 짓습니다. 흙집은 강한 햇볕과 모래바람을 막으려고 벽이 두껍고 창문이 작은 것이 특징입니다.

3 온대 기후는 사계절이 비교적 뚜렷하며, 온화한 기후로 사람이 살기 좋아 인구가 많은 편입니다. 따라서 대도시가 발달하고 지역마다 다양한 산업이 발달합니다.

4 온대 기후 지역에서는 다양한 농업이 발달합니다. 유럽에서는 주로 밀을 대규모로 재배하며, 아시아에서는 벼농사가 발달합니다.

기본 문제로 익히기

33쪽

확인 문제

1 열대 우림(밀림)　　　　　**2** ④
3 ⓓ 땅의 열기와 습기, 해충을 막으려고 집 바닥을 땅에서 띄워 짓는다.
4 ②　　　　**5** ㉡, ㉢　　　　**6** ①
7 ③

1 열대 기후 지역 중 일 년 내내 비가 많이 내리는 곳에는 푸른 나무들이 빽빽한 열대 우림(밀림)이 발달합니다. 열대 우림을 벗어나 남북으로 이동하면 키가 큰 풀들과 우산 모양의 나무들이 드문드문 자라는 초원이 발달합니다.

2 ④ 열대 기후 지역 사람들은 얇고 통풍이 잘되는 옷을 입습니다.

3

채점 기준
'땅의 열기와 습기, 해충을 막으려고 집 바닥을 땅에서 띄워 지는다.'라고 모두 바르게 쓴 경우

열대 기후 지역에서는 땅에서 올라오는 열기와 습기, 해충의 피해를 막으려고 고상 가옥을 짓고 생활합니다.

4 건조 기후 지역 중에는 강수량이 매우 적어 사막이 나타나는 곳도 있고, 사막보다 강수량이 약간 더 많아 짧은 풀이 자라는 초원이 발달한 곳도 있습니다.

5 ㉠ 열대 기후 지역에서는 커피, 바나나 등의 열대작물을 대규모로 재배합니다. ㉢ 열대 초원 지역은 많은 동물들이 살기 적합하며, 자연 경관과 야생 동물을 보려고 많은 관광객이 찾는 관광지이기도 합니다.

6 온대 기후는 남·북위 30°~60° 중위도 지방에서 주로 나타나는 기후로, 사계절이 비교적 뚜렷합니다.

7 온대 기후 지역은 기후 특성에 따라 다양한 농업이 발달합니다. 아시아에서는 벼농사가 발달하고, 유럽에서는 밀 농사, 화훼 농업이 발달하며, 지중해 주변에서는 포도, 올리브, 오렌지 등을 많이 재배합니다. 북아메리카에서는 대규모로 밀, 목화를 재배하기도 합니다.

03 냉대, 한대, 고산 기후 지역 사람들의 생활 모습

기본 문제로 익히기

36쪽

핵심 체크

❶ 침엽수림   ❷ 펄프   ❸ 유목
❹ 가죽   ❺ 자원   ❻ 과학 기지
❼ 도시   ❽ 기온

개념 문제

1 냉대 기후   **2** 한대
3 (1) × (2) ○ (3) ○   **4** 봄철

1 냉대 기후 지역에는 대규모 침엽수림 지대가 분포하며, 이를 활용하여 목재 및 펄프 공업이 발달합니다.

2 한대 기후 지역은 기온이 매우 낮아 나무가 자라기 어렵습니다. 한대 기후 지역에는 일 년 내내 지표면이 눈과 얼음으로 덮여 있는 곳도 있고, 짧은 여름 동안 얼음이 녹아 이끼 등의 식물이 자라는 곳도 있습니다.

3 (1) 땅의 열기와 습기를 막으려고 고상 가옥을 짓는 곳은 열대 기후 지역입니다. 한대 기후 지역에서는 얼어 있던 땅이 녹아 집이나 건축물이 무너지는 것을 막으려고 땅에 기둥을 박아 집이나 건축물을 땅으로부터 띄워 짓기도 합니다.

4 적도 부근은 열대 기후가 나타나지만, 해발 고도가 높은 고산 지대에서는 일 년 내내 우리나라의 봄철과 같이 온화한 고산 기후가 나타납니다.

기본 문제로 익히기

37쪽

확인 문제

1 ②   **2** ㉡   **3** 타이가
4 한대 기후
5 예 얼어 있던 땅이 녹아 집이나 건축물이 무너지는 것을 막으려고 땅속 깊이 기둥을 박아 집이나 건축물을 땅으로부터 띄워 짓는다.
6 고산 기후   **7** ④, ⑤

1 러시아, 캐나다와 같이 북반구의 중위도 북부와 고위도 지역에 널리 분포하는 기후는 냉대 기후로, 침엽수림이 널리 분포해 목재와 펄프의 세계적인 생산지가 되기도 합니다. ①은 열대 기후 지역, ③, ⑤는 한대 기후 지역, ④는 온대 기후 지역의 특징입니다.

2 냉대 기후 지역에서는 침엽수림이 널리 분포해 목재 및 펄프 공업이 발달합니다. ㉠ 생태 관광 산업과 ㉢ 커피, 바나나 재배는 열대 기후 지역에서 이루어지는 생산 활동입니다. ㉣ 올리브, 포도 재배는 온대 기후 지역인 지중해 주변 지역에서 주로 이루어지는 생산 활동입니다.

3 냉대 기후 지역인 러시아와 캐나다 북부 지역에는 대규모 침엽수림 지대가 분포합니다.

4 한대 기후는 일 년 내내 평균 기온이 매우 낮은 기후로, 극지방의 자연환경을 연구하려고 여러 나라가 연구소나 기지를 세우고 있습니다.

5

채점 기준
'얼어 있던 땅이 녹아 집이나 건축물이 무너지는 것을 막으려고 땅속 깊이 기둥을 박아 집이나 건축물을 땅으로부터 띄워 짓는다.'라고 모두 바르게 쓴 경우

한대 기후 지역에서는 얼어 있던 땅이 녹아 집이나 건축물이 무너지는 것을 막으려고 땅속 깊이 기둥을 박아 집이나 건축물을 땅으로부터 띄워 짓습니다.

6 고산 기후는 위도의 영향으로 나타나는 기후가 아닌, 해발 고도가 높은 곳에서 나타나는 기후입니다.

7 고산 지역은 해발 고도가 높아질수록 기온이 점차 낮아지며, 적도 부근의 고산 지대는 일 년 내내 월평균 기온이 15℃ 내외입니다. 일교차가 크기 때문에 사람들은 입고 벗기 편리한 망토를 즐겨 입는 편입니다. ①, ②는 한대 기후 지역, ③은 냉대 기후 지역에 대한 설명입니다.

04 세계 여러 나라 사람들의 의식주 문화

기본 문제로 익히기
40쪽

핵심 체크
❶ 인문환경　　❷ 털　　❸ 이슬람교
❹ 유목　　❺ 게르　　❻ 존중

개념 문제

1 (1) ○ (2) × (3) ×　　**2** 이슬람교
3 ㉠ 힌두교 ㉡ 소고기　　**4** 유목

1 (2) 사람들의 생활 모습은 그 지역의 자연환경과 인문환경의 영향을 받아 서로 다르게 나타납니다. (3) 오늘날에는 교통과 통신의 발달로 교류가 활발해지면서 전 세계에서 비슷한 생활 모습이 나타나기도 합니다.

2 종교는 사람들의 생활 모습에 영향을 미치기도 합니다. 이슬람교를 믿는 사람들은 돼지고기를 먹지 않고, 여성들은 천으로 얼굴이나 몸을 가리는 옷을 입는 경우가 많습니다.

3 인도에는 힌두교를 믿는 사람들이 많으며, 이들은 소를 신성시하여 소고기를 먹지 않는 경우가 많습니다.

4 몽골은 건조 기후 지역으로 농사짓기가 어려우므로, 유목 생활을 하며 게르를 짓고 생활하기도 합니다. 게르는 나무로 뼈대를 세우고 천막을 덮어 만든 조립식 집으로, 가축과 함께 이동하는 유목 생활에 적합합니다.

기본 문제로 익히기
41쪽

확인 문제

1 힌두교　　**2** ③　　**3** ⑤
4 (가)　　**5** ①, ③
6 예 서로 다른 생활 모습을 이해하고 존중하는 태도

1 인도 여성의 전통 의복인 사리는 천의 한쪽은 허리에 감아 매고, 다른 한쪽은 어깨에 걸쳐 밑으로 늘어뜨려 입으며, 두르는 방법이 다양합니다.

2 세계 각 지역의 지형, 기후 등 자연환경과 풍습, 종교 등 인문환경은 그곳에 사는 사람들의 생활 모습에 영향을 미칩니다.

3 자연환경과 인문환경은 사람들의 음식 문화에도 영향을 미칩니다. 케밥은 얇게 썬 고기 조각을 꼬챙이에 끼워 구워 먹는 튀르키예의 대표적인 음식으로, 유목 생활을 하던 사람들이 쉽게 요리하려고 고기를 조각내어 구워 먹던 것에서 비롯되었다고 합니다.

4 (가)는 미얀마의 수상 가옥, (나)는 그린란드의 고상 가옥, (다)는 몽골의 게르, (라)는 그리스 산토리니섬의 하얀 가옥입니다. 미얀마에서는 기둥을 박아 물 위에 지은 집을 볼 수 있습니다.

5 (다)는 몽골의 게르입니다. 게르는 빠르게 조립하고 분해할 수 있기 때문에 가축과 함께 이동하는 유목 생활에 적합한 이동식 가옥입니다.

6

채점 기준
'서로 다른 생활 모습을 이해하고 존중하는 태도'라고 바르게 쓴 경우

세계 여러 지역의 다양한 생활 모습은 각 지역 환경의 영향을 받은 것이므로 이해하고 존중해야 합니다.

실력 문제로 다잡기
42~45쪽

1 ④　　**2** ④　　**3** ④
4 ㉠, ㉢　　**5** ㉣　　**6** 유목
7 고산 기후
8 예 적도 부근은 기온이 매우 높지만 해발 고도가 높은 산지는 일 년 내내 월평균 기온이 15℃ 내외로 우리나라의 봄철처럼 날씨가 온화하다.
9 ②　　**10** ③　　**11** ㉠, ㉣
12 ③

1-1 ×　　**2**-1 ○　　**3**-1 ○
4-1 ×　　**5**-1 ○　　**6**-1 ×
7-1 ×　　**8**-1 ×　　**9**-1 ○
10-1 ×　　**11**-1 ○　　**12**-1 ○

1 제시된 지도의 ㉠은 한대 기후, ㉡은 냉대 기후, ㉢은 온대 기후, ㉣은 건조 기후, ㉤은 열대 기후가 나타나는 지역입니다.

2 제시된 지도는 건조 기후의 분포를 나타낸 것입니다. 사막 지역에서는 오아시스나 강 주변에서 농사를 짓고, 초원 지역에서는 전통적으로 물과 풀을 찾아 이동하며 가축을 기르는 유목 생활을 합니다. ① 온대 기후 지역 중에서 지중해 주변에서는 올리브나 포도를 많이 재배합니다. ② 한대 기후 지역에서는 전통적으로 순록을 기르는 유목 생활을 하였습니다. ③ 열대 기후 지역에서는 바나나, 기름야자, 커피를 대규모로 재배합니다. ⑤ 열대 기후 지역에서는 전통적으로 화전 농업 방식을 활용해 얌, 카사바 등을 재배하였습니다.

3 제시된 사진에 나타난 집은 사막의 흙집과 몽골의 게르입니다. 건조 기후 지역에는 사막이 나타나는 곳이 있고 초원이 나타나는 곳도 있습니다.

4 온대 기후 지역은 기후에 따라 다양한 농업이 발달합니다. 아시아는 벼농사가 발달하고, 서유럽은 밀 농사, 화훼 농업, 목축업이 발달합니다. 지중해 주변에서는 포도, 오렌지, 올리브 등을 많이 재배하고, 북아메리카에서는 밀 농사, 목화 재배가 활발합니다.

5 ㉣ 냉대 기후 지역에는 잎이 뾰족하고 재질이 부드러운 침엽수림이 널리 분포합니다.

6 건조 기후 지역, 한대 기후 지역과 같이 기후의 영향으로 농사짓기 어려운 곳에서는 가축을 기르며 유목 생활을 하기도 합니다.

7 고산 기후는 해발 고도가 높은 지역에서 나타나는 기후입니다.

8

채점 기준	
상	'적도 부근은 기온이 매우 높지만 해발 고도가 높은 산지는 일 년 내내 월평균 기온이 15℃ 내외이다.', '우리나라의 봄철처럼 날씨가 온화하다.'라고 모두 바르게 쓴 경우
하	위의 내용 중 한 가지만 바르게 쓴 경우

열대 기후, 건조 기후, 온대 기후, 냉대 기후, 한대 기후는 위도의 영향을 받는 기후이고, 고산 기후는 해발 고도의 영향을 받는 기후입니다. 열대 고산 지대는 일 년 내내 우리나라의 봄철과 같은 기후가 나타나 사람이 살기 유리하며, 도시가 발달하기도 합니다.

9 ② 열대 기후 지역에서는 땅의 열기와 습기를 피하려고, 한대 기후 지역에서는 얼어 있던 땅이 녹아 집이 무너지는 것을 막으려고 땅에 기둥을 박아 땅으로부터 띄워서 집을 짓습니다.

10 지역 간 자연환경, 인문환경의 차이로 의복 문화도 지역에 따라 다양하게 나타납니다. ③ 교통과 통신의 발달은 전 세계 생활 모습이 비슷해지는 데 영향을 주는 요인입니다.

11 튀르키예의 케밥은 초원 지대에서 이동하며 생활하던 유목민들이 쉽게 요리하려고 고기를 조각내어 구워 먹던 것에서 비롯된 음식입니다. 튀르키예 사람들은 대부분 이슬람교를 믿기 때문에 돼지고기를 사용하지 않고 주로 양고기로 케밥을 만듭니다. ㉡ 뉴질랜드의 항이는 화산 지형이 많은 지역에서 땅의 열기를 이용해 고기를 익혀 먹는 전통 음식입니다. ㉢ 한대 기후 지역에서는 생선이나 고기를 말려서 만든 어포, 육포를 많이 먹습니다.

12 세계 여러 지역의 다양한 생활 모습은 그 지역의 자연환경과 인문환경의 영향을 받아 형성됩니다. ① 인도의 사리는 힌두교의 영향을 받은 생활 모습이고, ② 이란의 차도르는 이슬람교의 영향을 받은 생활 모습입니다. ④ 뉴질랜드의 항이는 화산의 영향을 받은 음식 문화입니다. ⑤ 러시아의 우샨카는 냉대 기후의 영향을 받은 의복 문화입니다.

③ 우리나라와 가까운 나라들

01 이웃 나라의 자연환경과 인문환경

기본 문제로 익히기

48쪽

핵심 체크

❶ 일본　　❷ 러시아　　❸ 고원
❹ 평야　　❺ 대도시　　❻ 지진
❼ 눈　　　❽ 태평양　　❾ 우랄

- -

개념 문제

1 중국　　　　　　　**2** 동부
3 (1) ○ (2) × (3) ×　　**4** 서남부

1 우리나라의 이웃 나라 중국, 일본, 러시아 중에서 우리나라의 서쪽에 있고 영토가 세계에서 네 번째로 넓은 나라는 중국입니다.

2 중국의 서쪽에는 주로 고원과 산지가 분포하고, 동쪽으로 갈수록 지형이 낮아져 넓은 평야가 발달하였습니다.

3 (2) 일본은 원료 수입과 제품 수출에 유리한 태평양 연안을 따라 공업 지역이 발달하였습니다. (3) 일본은 영토 대부분이 산지입니다.

4 러시아는 우랄산맥을 기준으로 서쪽에는 넓은 평야, 동쪽에는 고원과 산지가 분포합니다. 러시아 대부분의 인구는 서남부 지역에 밀집해 있습니다.

기본 문제로 익히기

49쪽

확인 문제

1 중국　　　**2** ③　　　**3** ④
4 예 원료의 수입과 제품의 수출에 유리하기 때문이다.
5 우랄산맥　　**6** ㉡, ㉣　　**7** ⑤

1 고비 사막은 중국과 몽골에 걸쳐 있는 사막이고, 황허강은 중국의 서쪽에서 동쪽으로 흐르는 큰 강입니다. 따라서 두 지형은 모두 중국에서 볼 수 있습니다.

2 중국은 평야가 넓게 분포하는 동부 지역과 해안가에 대도시와 항구가 발달하였습니다.

3 ④ 석유, 천연가스 등 천연자원이 풍부한 이웃 나라는 러시아입니다.

4

채점 기준
'원료의 수입과 제품의 수출에 유리하기 때문이다.'라고 바르게 쓴 경우

일본은 원료를 수입하고, 제품을 만들어 수출하는 산업이 발달하였습니다. 따라서 무역에 유리한 태평양 연안을 따라 공업 지역이 발달하였습니다.

5 러시아는 세계에서 영토가 가장 넓으며, 영토가 가로로 길쭉한 형태입니다. 우랄산맥을 기준으로 서쪽은 유럽, 동쪽은 아시아에 속합니다.

6 ㉡ 러시아 대부분의 인구는 평야가 발달한 서남부 지역에 밀집해 있습니다. ㉣ 러시아의 영토 모양은 동서 방향으로 길쭉합니다.

7 자금성과 시짱고원은 중국에서 볼 수 있고, 우랄산맥은 러시아에서 볼 수 있는 지형입니다. 게이힌 공업 지역은 일본의 태평양 연안에 발달한 공업 지역입니다.

02 우리나라와 이웃 나라의 교류 모습

기본 문제로 익히기

52쪽

핵심 체크

❶ 한자　　❷ 젓가락　　❸ 중국
❹ 교육　　❺ 환경　　　❻ 국방

- -

개념 문제

1 한자　　　　　　　**2** 러시아
3 (1) × (2) ○ (3) ○　　**4** 협력

1 우리나라와 중국, 일본은 지리적으로 가까워 오래전부터 활발하게 교류하였기 때문에 공통적으로 한자를 사용합니다.

2 우리나라, 중국, 일본은 쌀밥을 주식으로 하며 식사를 할 때 젓가락을 공통적으로 사용하지만, 러시아는 빵을 주식으로 하며 포크와 나이프를 사용해 식사를 합니다.

3 (1) 우리나라와 가장 무역을 많이 하는 이웃 나라는 중국입니다.

4 우리나라와 이웃 나라는 공동의 문제를 해결하기 위해 서로 이해하고 협력하며 함께 발전하고 있습니다.

기본 문제로 익히기

확인 문제

1 ② **2** ② **3** ④

4 ㉡ **5** 중국 **6** (나), (라)

7 예 우리나라와 이웃 나라가 서로 이해하고 협력하는 태도가 필요하다.

1 우리나라와 중국, 일본은 공통적으로 한자를 사용합니다. 우리말에는 한자어가 많고, 일본어에는 한자를 일부 변형한 '가나'라는 문자가 사용됩니다.

2 러시아는 대부분의 인구가 유럽과 가까운 서부 지역에 분포하기 때문에 유럽의 생활 모습과 비슷한 점이 많습니다.

3 러시아는 영토의 대부분이 아시아에 속하지만 대다수의 사람들이 유럽에 가까운 서부 지역에 살기 때문에 식생활 모습도 유럽과 비슷한 점이 많습니다.

4 중국은 둥글고 큰 식탁에 빙 둘러앉아 음식을 한가운데 두고 먹기 편하도록 젓가락이 길고, 뜨겁고 기름진 음식이 미끄러지지 않도록 젓가락 끝이 뭉툭합니다. ㉠ 끝이 뾰족한 나무젓가락은 일본에서 주로 사용하는 젓가락이고, ㉢ 국물이 스며들지 않는 금속 젓가락은 주로 우리나라에서 사용하는 젓가락입니다.

5 중국은 우리나라의 최대 수출 및 수입 상대국입니다.

6 (가)는 우리나라와 러시아의 문화 교류, (다)는 우리나라와 러시아의 경제 교류 사례입니다.

7

채점 기준
'우리나라와 이웃 나라가 서로 이해하고 협력하는 태도가 필요하다.'라고 바르게 쓴 경우

우리나라와 이웃 나라가 공동으로 노력해야 할 문제를 대할 때는 문제를 해결하려고 서로 교류하며 이해하고 협력하는 태도가 필요합니다.

03 우리나라와 관계 깊은 나라들

기본 문제로 익히기

핵심 체크

❶ 로키 ❷ 밀 ❸ 자원
❹ 아라비아 ❺ 사막 ❻ 원유
❼ 메콩강 ❽ 벼농사 ❾ 자유 무역 협정
❿ 자원

개념 문제

1 (1) × (2) × (3) ○ **2** 원유
3 수진

1 (1) 미국은 영토 면적이 넓어서 고원, 산지, 평원 등 다양한 지형이 나타나며, (2) 다양한 인종 및 민족이 함께 사는 나라입니다.

2 사우디아라비아는 서남아시아 지역에 있는 나라로, 우리나라가 원유를 가장 많이 수입하는 나라입니다. 우리나라는 미국, 오스트레일리아에서 소고기를 많이 수입합니다.

3 우리나라는 오스트레일리아에서 소고기, 석탄, 철광석 등을 수입합니다. 우리나라는 국제 연합(UN)에 가입하여 전 세계의 다양한 문제를 해결하고자 협력하고 있습니다.

기본 문제로 익히기

확인 문제

1 ③ **2** ⑤ **3** ㉡, ㉢

4 예 베트남은 할롱베이와 같은 독특한 자연환경과 휴양지가 많아 관광 산업이 발달하였다. / 베트남은 벼농사가 발달하여 세계 여러 나라에 쌀을 수출한다.

5 독일 **6** 우현

1 ③ 미국에는 다양한 인종과 민족이 살고 있습니다.

2 우리나라는 원유가 거의 생산되지 않기 때문에 산업 발달에 필요한 원유를 다른 나라로부터 수입해야 합니다. 사우디아라비아는 우리나라가 원유를 수입하는 대표적인 나라입니다.

3 ㉠ 베트남의 기후는 대체로 덥고 습한 편이며, ㉣ 베트남은 쌀을 많이 수출하는 나라입니다.

4

채점 기준
'베트남은 할롱베이와 같은 독특한 자연환경과 휴양지가 많아 관광 산업이 발달하였다.', '베트남은 벼농사가 발달하여 세계 여러 나라에 쌀을 수출한다.' 중 한 가지를 바르게 쓴 경우

베트남에는 독특한 자연 경관으로 전 세계에서 많은 관광객이 찾는 유명한 관광지가 많습니다. 또한, 메콩강 하류에 평야가 넓게 발달하고 여름철 강수량이 풍부하여 벼농사가 발달하였습니다.

5 독일은 유럽 대륙에 있는 내륙국입니다. 독일은 친환경 에너지 산업이 발달하여 세계 최고 수준의 풍력 발전 기술을 보유하고 있으며, 자동차 산업도 발달하였습니다.

6 우리나라와 세계 여러 나라가 활발하게 교류하면서 서로에게 미치는 영향은 더욱 커지고 있습니다.

실력 문제로 다잡기   58~61쪽

1 ④　　　　　　**2** ⑤
3 예 원료의 수입과 제품의 수출에 유리한 태평양 연안을 따라 공업 지역이 발달하였다.
4 ④　　　　**5** ④　　　　**6** ③
7 ④　　　　**8** ②　　　　**9** ③
10 ㉣　　　**11** ㉢, ㉣
- -
1-1 ○　　　**2**-1 ✕　　　**3**-1 ○
4-1 ○　　　**5**-1 ✕　　　**6**-1 ✕
7-1 ✕　　　**8**-1 ✕　　　**9**-1 ○
10-1 ✕　　**11**-1 ○

1 ④ 중국은 평야가 넓게 분포하는 동부 지역과 해안가에 대도시와 항구가 발달하였습니다.

2 일본은 영토 모양이 남북으로 길어 남부 지역과 북부 지역의 기후 차이가 큽니다. 삿포로는 눈이 많이 내리는 지역으로, 눈 축제가 열리기도 합니다. 반면, 남쪽 끝에 위치한 오키나와섬은 겨울에도 온화한 기후가 나타납니다.

3

채점 기준
'원료의 수입과 제품의 수출에 유리한 태평양 연안을 따라 공업 지역이 발달하였다.'라고 바르게 쓴 경우

일본은 원료를 수입한 뒤에 제품을 만들어 수출하는 공업이 발달하였습니다. 따라서 태평양 연안을 따라 공업 지역이 발달하였고, 이를 중심으로 인구가 밀집하여 대도시가 발달하였습니다.

4 러시아는 세계에서 영토가 가장 넓은 나라입니다. 대부분의 인구는 넓은 평야가 분포하는 서남부 지역에 밀집해 있습니다.

5 우리나라와 중국, 일본은 식사할 때 모두 젓가락을 사용하지만 각 나라 문화의 영향을 받아 모양이 조금씩 다릅니다.

6 제시된 자료는 우리나라와 이웃 나라의 경제 협력 사례로, 에너지 협력 사업에 관련된 내용입니다. ③ 러시아와 중국의 전력 자원을 활용한 협력 사업입니다.

7 ① 우리나라, 중국, 일본이 함께 만화 영화를 만든 것은 사회·문화 교류 사례입니다. ② 무역, ⑤ 전력망 연결 사업은 경제 교류 사례입니다. ③ 한국과 러시아가 정상 회담을 개최하는 것은 정치 교류 사례입니다.

8 뉴욕은 미국의 주요 도시 중 하나입니다. ② 미국의 서쪽에는 로키산맥이 있습니다.

9 ③ 사우디아라비아는 비가 거의 내리지 않아 영토 대부분이 사막이기 때문에 벼농사가 발달하지 않았습니다. 우리나라와 관계 깊은 나라 중에서 벼농사가 발달한 대표적인 나라는 베트남입니다.

10 사우디아라비아는 우리나라가 원유를 가장 많이 수입하는 나라이고, 우리나라는 사우디아라비아에 건물이나 발전소를 건설하기도 합니다. ㉣ 할롱베이는 베트남에서 볼 수 있는 자연 경관입니다.

11 ㉠ 우리나라는 지리적으로 가까운 이웃 나라뿐만 아니라, 지리적으로 먼 나라와도 활발하게 교류합니다. ㉡ 세계 여러 나라가 활발하게 교류하면서 서로에게 미치는 영향도 커져 상호 의존 관계를 맺고 있습니다.

단원 개념 점검하기
62~63쪽

① 지구본 　② 유럽 　③ 아시아
④ 태평양 　⑤ 대서양 　⑥ 기후
⑦ 적도 　⑧ 고위도 　⑨ 오아시스
⑩ 사계절 　⑪ 냉대 　⑫ 존중
⑬ 원유 　⑭ 벼농사

1 디지털 영상 지도
2 (1) 태평양 (2) 아시아 (3) 남아메리카
3 (1) × (2) ○ (3) ×
4 (1) 열대 기후 (2) 한대 기후 (3) 냉대 기후
5 유목
6 (1) 사우디아라비아 (2) 베트남 (3) 중국

단원 마무리
64~66쪽

1 ①, ③　　2 ④　　3 ②
4 ②, ③　　5 남아메리카　　6 ④
7 경진　　8 기후
9 ㉠ 열대 ㉡ 한대　　10 ①
11 ②　　12 ⑤　　13 ㉠, ㉢, ㉣
14 ㉡　　15 일본　　16 ⑤
17 ⑤　　18 ①　　19 ㉠, ㉡
20 ⑤

1 지구본은 실제 지구의 모습을 아주 작게 줄인 모형입니다. 실제 지구처럼 둥글게 생겼기 때문에 가지고 다니기 불편하지만, 세계 여러 나라의 위치, 넓이, 영토 모양 등을 비교적 정확하게 살펴볼 수 있습니다.

2 ①, ② 아시아는 우리나라가 속한 대륙으로, 세계 육지 면적의 약 30%를 차지합니다. ③ 오세아니아는 세계에서 면적이 가장 작은 대륙으로, 남반구에 있습니다. ⑤ 대부분 남반구에 속해 있고, 남쪽은 남극해와 접해 있는 대륙은 남아메리카입니다.

3 ② 아시아, 유럽, 북아메리카에 둘러싸인 바다는 북극해입니다. 태평양은 아시아, 오세아니아, 북아메리카, 남아메리카 대륙 사이에 있는 바다로, 우리나라와 인접해 있습니다.

4 ① 미국은 북아메리카, ④ 아르헨티나는 남아메리카, ⑤ 오스트레일리아는 오세아니아에 속한 나라입니다.

5 남아메리카에는 칠레, 브라질, 우루과이, 에콰도르, 콜롬비아, 아르헨티나 등의 나라가 있습니다.

6 세계에서 영토 면적이 가장 넓은 나라는 러시아이고, 가장 좁은 나라는 바티칸 시국입니다.

7 세계 여러 나라의 영토 모양은 매우 다양합니다. 사우디아라비아는 국경선이 단조로운 나라 중 하나입니다.

8 기후는 여러 해 동안 한 지역에서 일정하게 나타나는 평균적인 대기 상태로, 해당 지역의 기온과 강수량 등을 기준으로 구분합니다.

9 지구는 둥글기 때문에 햇볕을 수직으로 받는 적도 부근은 기온이 높고, 햇볕을 비스듬하게 받는 극지방은 기온이 낮습니다.

10 ① 냉대 기후는 온대 기후와 마찬가지로 사계절이 나타나지만 온대 기후보다 겨울이 더 춥고 깁니다.

11 건조 기후가 나타나는 사막 지역의 사람들은 오아시스나 강 주변에서 농사를 지으며 살아가고, 초원 지역의 사람들은 전통적으로 물과 풀을 찾아 이동하며 가축을 기르는 유목 생활을 하며 살아갑니다.

12 ⑤ 이끼나 풀이 자라는 땅에서 순록을 기르는 유목 생활을 하는 것은 한대 기후 지역에서 볼 수 있는 사람들의 생활 모습입니다.

13 ㉡ 게르의 구조는 유목 생활을 하는 몽골 사람들의 생활 방식과 관련이 있습니다.

14 세계 여러 나라의 생활 모습은 각 나라의 자연환경과 인문환경의 영향을 받아 형성된 것입니다. 따라서 각 나라의 생활 모습을 이해하고 존중하는 태도를 가져야 합니다.

15 일본은 화산 활동의 영향으로 온천이 발달하였고 지진이 자주 일어나며, 원료 수입과 제품 수출에 유리한 태평양 연안을 따라 공업 지역이 발달하였습니다.

16 ⑤ 러시아는 우랄산맥을 기준으로 서쪽에는 넓은 평야, 동쪽에는 고원과 산지가 분포합니다.

17 우리나라, 중국, 일본은 지리적으로 가까이 있어 오래전부터 활발하게 교류했기 때문에 한자, 젓가락 문화 등 생활 모습에서 공통점이 나타납니다.

정답과 해설

18 우리나라는 이웃 나라와 다양한 분야에서 활발하게 교류하고 있습니다. ② 우리나라와 러시아가 정상 회담을 개최한 것과 ⑤ 우리나라, 중국, 일본이 미세 먼지 해결 방안을 공동으로 논의한 것은 정치 교류의 사례입니다. ③ 중국과 일본 사람들이 우리나라에 유학을 오는 것과 ④ 우리나라와 중국, 일본이 함께 만화 영화를 만든 것은 사회·문화 교류의 사례입니다.

19 ⓒ 미국은 서쪽에 높은 산맥이 있고, 중부에는 평원이 펼쳐져 있으며, 동부에는 낮은 산지가 분포합니다. ⓔ 미국의 넓은 평원에서는 옥수수, 밀 등의 곡물을 대규모로 생산합니다.

20 우리나라는 세계 여러 나라와 정치·경제·문화적으로 활발하게 교류하며 깊은 관계를 맺고 있습니다. 우리나라가 원유를 가장 많이 수입하는 나라는 사우디아라비아입니다. 우리나라는 캐나다와 과학 기술 혁신 협력 협정을 맺고 항공 우주, 생명 과학, 정보 통신 관련 연구를 함께 진행하고 있습니다.

서술형 마무리
67쪽

1 (1) ㉠ 유럽 ㉡ 태평양 ㉢ 남아메리카 ㉣ 남극해
(2) **예** 대륙 중에서 면적이 가장 좁으며, 남반구에 있다.
2 (1) 열대 기후
(2) **예** 전통적으로 화전 농업 방식을 활용해 얌, 카사바 등을 재배하였음. / 바나나, 기름야자, 커피를 대규모로 재배함. / 생태 관광 산업이 발달하고 있음.
3 **예** 세계 각 지역의 지형, 기후 등 자연환경과 풍습, 종교 등 인문환경은 그곳에 사는 사람들의 생활 모습에 영향을 미치기 때문이다.
4 (1) **예** 우리나라는 금속 젓가락을 사용하고, 중국은 길고 끝이 뭉툭한 나무젓가락을 사용하며, 일본은 끝이 뾰족한 나무젓가락을 사용한다.
(2) **예** 러시아는 영토의 대부분이 아시아에 속하지만 대다수의 사람들이 유럽에 가까운 서부 지역에 살기 때문에 언어나 음식 문화 등 생활 모습이 유럽과 비슷하다.

1

	채점 기준
상	(1)의 답을 쓰고, (2) '대륙 중에서 면적이 가장 좁으며, 남반구에 있다.'라고 바르게 쓴 경우
중	(2)의 답만 쓴 경우
하	(1)의 답만 쓴 경우

세계의 주요 대륙에는 아시아, 유럽, 아프리카, 북아메리카, 남아메리카, 오세아니아, 남극이 있고, 세계의 주요 대양에는 태평양, 대서양, 인도양, 북극해, 남극해가 있습니다.

2

	채점 기준
상	(1)의 답을 쓰고, (2) '전통적으로 화전 농업 방식을 활용해 얌, 카사바 등을 재배하였다.', '바나나, 기름야자, 커피를 대규모로 재배한다.', '생태 관광 산업이 발달하고 있다.' 중에서 한 가지를 바르게 쓴 경우
중	(2)의 답만 쓴 경우
하	(1)의 답만 쓴 경우

주로 적도 부근에 분포하고 밀림과 초원이 발달하는 기후는 열대 기후입니다. 기후의 특성에 따라 생산 활동과 생활 방식이 달라집니다.

3

	채점 기준
상	'세계 각 지역의 지형, 기후 등 자연환경은 그곳에 사는 사람들의 생활 모습에 영향을 미치기 때문이다.', '세계 각 지역의 풍습, 종교 등 인문환경은 그곳에 사는 사람들의 생활 모습에 영향을 미치기 때문이다.'라고 모두 바르게 쓴 경우
하	위의 내용 중 한 가지만 쓴 경우

사람들이 살아가는 지역의 자연환경과 인문환경이 서로 다르기 때문에 세계 여러 나라 사람들의 생활 모습이 다양하게 나타납니다.

4

	채점 기준
상	(1) '우리나라는 금속 젓가락을 사용하고, 중국은 길고 끝이 뭉툭한 나무젓가락을 사용하며, 일본은 끝이 뾰족한 나무젓가락을 사용한다.', (2) '러시아는 영토의 대부분이 아시아에 속하지만 대다수의 사람들이 유럽에 가까운 서부 지역에 살기 때문에 언어나 음식 문화 등 생활 모습이 유럽과 비슷하다.'라고 두 가지 모두 바르게 쓴 경우
하	(1), (2)의 답 중 한 가지만 쓴 경우

우리나라, 중국, 일본의 젓가락 문화와 러시아의 상차림 문화는 오래전부터 주변 나라들과 교류하면서 영향을 받은 문화의 대표적인 사례입니다.

2. 통일 한국의 미래와 지구촌의 평화

❶ 한반도의 미래와 통일

01 우리 땅 독도

기본 문제로 익히기
72쪽

핵심 체크

❶ 독도　　❷ 팔도총도　　❸ 태정관 지령
❹ 안용복　　❺ 반크

개념 문제

1 (1) × (2) ○　　**2** 가스 하이드레이트
3 「삼국접양지도」　　**4** ㉠ 홍순칠 ㉡ 정부

1 (1) 우리나라 울릉도에서 독도까지의 거리가 일본 오키섬에서 독도까지의 거리보다 약 70km 더 가깝습니다.

2 가스 하이드레이트는 바닷속에 살던 미생물이 썩으면서 생긴 가스와 물이 결합하여 만들어진 천연가스로, 미래 청정에너지 자원으로 주목받고 있습니다.

3 「삼국접양지도」에는 울릉도와 독도가 조선의 영토와 같은 색으로 표현되어 있고, 그 주변에 '조선의 것'이라고 쓰여 있습니다. 『세종실록』「지리지」에는 독도가 조선의 영토라는 사실과 울릉도에서 독도를 직접 눈으로 볼 수 있다고 쓰여 있습니다.

4 안용복은 독도를 지키기 위해 일본으로부터 독도가 조선의 땅임을 확인받았고, 민간단체는 독도를 잘못 소개한 정보와 자료를 찾아 수정을 요청하는 등 다양한 활동을 하고 있습니다.

기본 문제로 익히기
73쪽

확인 문제

1 ㉠ 동쪽 ㉡ 동해　　　　**2** ③
3 ②　　　　**4** ③
5 예 독도가 우리나라의 영토라는 사실이 명백히
　　나타나 있다
6 (1) – ㉢ (2) – ㉡ (3) – ㉠　　**7** ㉣
8 ④

---

1 독도는 우리나라의 영토에서 가장 동쪽에 있는 섬이며 행정 구역으로는 경상북도 울릉군에 속합니다.

2 ③ 독도는 경사가 급하고 대부분 암석이지만 다양한 동식물이 서식하는 생태계의 보고이기도 합니다.

3 독도는 화산 활동으로 만들어진 화산섬으로, 독특한 지형이 많습니다.

4 『세종실록』「지리지」에는 독도가 조선의 영토라는 사실과 울릉도에서 독도를 직접 눈으로 볼 수 있다는 내용이 기록되어 있습니다.

5

채점 기준
'독도가 우리나라의 영토라는 사실이 명백히 나타나 있다'라고 바르게 쓴 경우

일본은 독도가 자기 나라의 땅이라는 억지 주장을 하고 있는데, 일본의 옛 지도와 기록에도 독도가 우리나라의 영토라는 사실이 명백히 나타나 있습니다.

6 (1) 심흥택은 울도군(울릉군)의 군수로 일본 관리들이 독도를 일본의 영토로 만들려 한다는 것을 알고 이를 빠르게 보고하여 정부와 언론이 대처할 수 있도록 하였습니다.
(2) 안용복은 일본으로 가서 일본인이 조선의 영토인 울릉도 주변에서 고기잡이하는 것에 항의하였으며 울릉도와 독도가 조선의 땅이라는 것을 일본으로부터 확인받았습니다.
(3) 홍순칠은 독도에 몰래 들어오는 일본 어선에 맞서 독도를 지킨 민간 조직인 독도 의용 수비대를 조직하였습니다.

7 민간단체에서는 독도를 잘못 소개하는 정보를 찾아 바로잡는 노력을 하고 있습니다. 독도를 전문적으로 연구하고 관련 정보를 주고받기도 합니다.

8 ④ 독도 의용 수비대는 홍순칠이 독도에 몰래 들어온 일본 어선에 맞서 독도를 지켰던 민간 조직입니다.

정답과 해설

02 남북통일과 통일 한국의 미래

기본 문제로 익히기
76쪽

핵심 체크

❶ 남북 분단 ❷ 이산가족 ❸ 정상 회담
❹ 개성 공단 ❺ 예술단

개념 문제

1 국방비 **2** (1) ○ (2) × (3) ○
3 (나) **4** 교통

1 남북 분단으로 전쟁에 대한 공포, 이산가족의 아픔, 국방비 부담, 언어와 문화 차이 등의 어려움이 나타나고 있습니다.

2 (2) 남북통일이 되면 도로와 철도가 연결되어 아시아와 유럽의 여러 나라와 교류할 수 있습니다.

3 평화롭게 남북통일을 하려면 남북한이 서로 교류하고 협력하고자 노력해야 하는데, 남한과 북한은 정치, 경제, 사회, 문화 등의 다양한 분야에서 교류하고 협력해 왔습니다.
(가) 남북 정상 회담 개최는 정치적 노력으로 2000년, 2007년, 2018년에 남한과 북한의 정상이 만나 한반도의 평화와 발전을 이루고자 함께 노력하기로 하였습니다.
(다) 남북 예술단 합동 공연은 사회·문화적 노력으로, 남한과 북한의 예술가들이 함께 공연하며 문화적으로 교류하였습니다.

4 남한과 북한이 통일되면 아시아와 유럽의 여러 나라까지 도로와 철도가 연결되어 이동이 쉬워지고, 세계 여러 나라와 더욱 활발하게 교류할 수 있습니다.

기본 문제로 익히기
77쪽

확인 문제

1 ㉠, ㉣ **2** ③
3 예 이동이 쉬워지고 세계 여러 나라와 더욱 활발하게 교류할 수 있다.
4 ㉠ 남한 ㉡ 북한
5 ① **6** ①

1 남북 분단으로 해마다 많은 국방비를 지출하고 있고, 남한과 북한에서 사용하는 언어, 문화와 생활 모습이 서로 달라지고 있습니다.

2 남북통일을 이룬다면, 전쟁의 불안감이 사라진 평화로운 나라를 만들 수 있고, 국방비를 줄여 다른 분야에 사용할 수 있습니다.

3

채점 기준
'이동이 쉬워지고 세계 여러 나라와 더욱 활발하게 교류할 수 있다.'라고 바르게 쓴 경우

남북통일이 되면 우리나라는 한반도의 지리적 장점을 활용하여 교통과 물류도 발전할 것입니다.

4 남한은 기술력이 높고, 북한은 자원이 풍부해서 통일이 되면 이를 효율적으로 이용하여 경쟁력 높은 제품을 만들 수 있을 것입니다.

5 남북통일을 위한 정치적 노력으로는 남북 기본 합의서 채택, 7·4 남북 공동 성명 발표, 남북 정상 회담 개최 등이 있습니다. ②, ③은 사회·문화적 노력, ④는 경제적 노력입니다.

6 남북통일이 되면 우리의 일상생활에 많은 변화가 나타날 것이며, 남북한의 장점을 활용하여 국가적으로도 발전할 것입니다.

실력 문제로 다잡기
78~81쪽

1 ⑤ **2** ㉡ **3** (나)
4 (나) **5** ③, ⑤ **6** (1) 안용복
(2) 예 일본이 독도를 일본 영토로 편입하려는 것을 알고 이를 나라에 보고하였다.
7 ⑤ **8** ③ **9** (1) 국방비
(2) 예 국방비를 줄여 남는 비용으로 국민 생활의 질을 높일 수 있다.
10 (나) **11** ㉡, ㉢ **12** ②

1-1 × **2**-1 ○ **3**-1 ○
4-1 × **5**-1 ○ **6**-1 ○
7-1 × **8**-1 ○ **9**-1 ×
10-1 × **11**-1 ○ **12**-1 ×

1 제시된 섬은 독도입니다. 독도는 ① 북위 37°, 동경 132° 가까이에 있고, ② 우리나라의 영토에서 가장 동쪽에 있습니다. ③ 행정 구역으로는 경상북도 울릉군에 속하고, ④ 두 개의 큰 섬인 동도, 서도와 89개의 크고 작은 바위섬으로 이루어져 있습니다.

2 ⓛ 화산섬으로 독특한 지형이 많은 독도는 경사가 급하고 대부분 암석이지만 다양한 동식물이 서식하는 생태계의 보고이기도 합니다. 독도 주변의 바다는 따뜻한 바닷물과 차가운 바닷물이 만나는 곳으로 물고기의 먹이가 풍부하여 많은 해양 생물이 살고 있습니다.

3 천장굴은 웅덩이처럼 움푹 들어간 곳으로, 깊이가 100m 정도이며 아랫부분은 바다와 연결되어 있습니다. 코끼리 바위는 바위의 모양이 코를 물속에 넣고 물을 마시는 코끼리의 모습과 닮았습니다.

4 태정관 지령은 독도 관련 일본의 옛 기록으로, 당시 일본의 최고 행정 기관인 태정관에서 울릉도와 독도가 일본의 영토와 관계없다고 선언한 지령입니다.

5 우리 조상들은 독도를 우리나라 영토로 인식하였으며, 독도가 우리나라 영토라는 것이 국제적으로도 인정받았습니다.

6

채점 기준	
상	(1)의 답을 쓰고, (2) '일본이 독도를 일본 영토로 편입하려는 것을 알고 이를 나라에 보고하였다.'라고 모두 바르게 쓴 경우
중	(2)의 답만 쓴 경우
하	(1)의 답만 쓴 경우

우리나라는 옛날부터 독도를 지키려고 많은 노력을 하였습니다. ㉠ 안용복은 일본이 울릉도와 독도를 조선의 땅으로 인정하는 데 중요한 역할을 하였습니다. ㉡ 심흥택은 대한 제국의 울도군(오늘날 울릉군) 군수로, 일본이 독도를 일본의 영토로 편입하려는 것을 알고 나라에 보고하였습니다.

7 정부는 독도에 등대, 주민 숙소, 선착장 등의 시설을 만들고, 독도를 지키는 데 필요한 여러 법령을 만들어 시행하고 있습니다. 또한 독도에는 주민들과 독도를 지키려는 독도 경비대원 등이 살고 있습니다.

8 오랜 시간 분단이 지속되면서 남한과 북한 사람들은 여러 어려움을 겪고 있습니다. 특히 제시된 삽화와 같이 남한과 북한에서 사용하는 언어, 문화, 생활 모습이 서로 달라지고 있습니다.

9

채점 기준	
상	(1)의 답을 쓰고, (2) '국방비를 줄여 남는 비용으로 국민 생활의 질을 높일 수 있다.'라고 모두 바르게 쓴 경우
중	(2)의 답만 쓴 경우
하	(1)의 답만 쓴 경우

남북 분단으로 막대한 국방비가 지출되고 있으며, 남북통일을 이루면 국방비를 줄여 남는 비용으로 국민 생활의 질을 높일 수 있습니다.

10 남북통일을 위한 사회·문화적 노력으로는 남북 예술단 합동 공연, 평창 동계 올림픽 남북 선수단 공동 입장, 개성 만월대 남북 공동 발굴 등이 있습니다. (가)는 정치적 노력, (다)는 경제적 노력을 나타낸 사진입니다.

11 개성 공단 가동은 남북통일을 위한 경제적 노력입니다. 이외에도 금강산 관광이 있는데, 금강산 관광은 1998년에 관광을 시작해 2008년 이후 중단하였으나 2018년 남과 북의 조건이 갖춰지면 금강산 관광 사업을 정상화하기로 합의하였습니다.

12 남북통일이 되면 우리의 일상생활에 많은 변화가 나타날 것이며, 남북한의 장점을 활용하여 국가적으로도 발전할 것입니다. 또한 전쟁의 위협에서 벗어나 주변 나라들 간의 긴장 상태가 누그러져 지구촌 평화와 발전에 기여할 수 있을 것입니다. ② 도로와 철도를 이용해서 중국, 러시아를 지나 세계 여러 나라로 갈 수 있을 것입니다.

② 지구촌의 평화와 발전

01 지구촌 갈등의 원인과 문제점 그리고 해결 방안

기본 문제로 익히기

84쪽

핵심 체크

❶ 지구촌 갈등　❷ 난민　❸ 역사
❹ 자국　❺ 법

개념 문제

1 이슬람교　　2 (1) × (2) ○
3 ㉠ 자기 ㉡ 강대국　4 민간단체

---

1 유대교를 믿는 이스라엘의 유대인과 이슬람교를 믿는 팔레스타인의 아랍인이 팔레스타인 지역을 차지하려고 1948년 이후 계속해서 다투고 있습니다.

2 (1) 지구촌 갈등에는 영토, 자원, 종교, 언어, 인종, 민족, 역사, 정치 등의 다양한 원인이 복합적으로 얽혀 있습니다.

3 지구촌 갈등이 지속되는 까닭은 이외에도 나라들이 지켜야 하는 강력한 법이 없어서 갈등을 막기 어렵고, 자원을 함께 이용하려 하지 않고 서로 더 많이 가지려고 욕심을 내기 때문입니다.

4 민간단체와 같이 갈등 해결에 같은 뜻을 가진 사람들이 모여 문제를 해결하는 활동을 할 수 있습니다.

기본 문제로 익히기

85쪽

확인 문제

1 ⑤　　2 ㉠, ㉢
3 예 자기 생각만 옳다고 생각하기 때문이야. / 역사적 사건이나 오래 다투었던 상황들 때문에 서로 이해하기가 어렵기 때문이야.
4 ③　　5 ①, ④　　6 국가

---

1 지구촌에서는 영토, 종교, 민족, 자원, 문화 등의 원인으로 갈등이 생기고, 그러한 갈등은 지구촌의 평화를 위협합니다.

2 시리아는 독재에 대한 반대 시위가 결국 내전으로 이어졌고, 이후 종교 갈등으로까지 번졌습니다. 시리아 내전은 지금까지 이어지고 있으며 이로 인해 많은 사람이 다치거나 죽고 난민이 발생하였습니다.

3

	채점 기준
상	'자기 생각만 옳다고 생각하기 때문이야.', '역사적 사건이나 오래 다투었던 상황 때문에 서로 이해하기가 어렵기 때문이야.'라고 두 가지 모두 바르게 쓴 경우
하	위의 내용 중 한 가지만 바르게 쓴 경우

지구촌 갈등은 갈등을 겪는 지역뿐만 아니라 다른 여러 나라와도 연결되어 있어 지구촌 전체의 평화와 발전을 위협하고, 짧은 시간에 해결하기 어렵습니다.

4 ③ 지구촌 갈등으로 인해 살던 곳을 떠나 난민이 되어 어려움을 겪는 사람들이 있습니다.

5 ② 강대국들이 과거의 잘못을 책임지려고 하지 않고, ③ 역사적으로 오랫동안 쌓인 미움과 갈등이 크기 때문이며, ⑤ 사람들이 서로 다름을 존중하지 않기 때문에 지구촌 갈등이 지속되고 있습니다.

6 지구촌 갈등은 갈등이 일어나는 지역만의 문제가 아니라 지구촌 전체의 문제이기 때문에 갈등을 해결하려면 주변 나라들의 적극적인 노력도 필요합니다.

02 지구촌의 평화와 발전을 위한 노력

기본 문제로 익히기

88쪽

핵심 체크

❶ 개인　❷ 민간　❸ 국가
❹ 국제 연합

개념 문제

1 ㉠ 이태석 ㉡ 엘런 존슨 설리프
2 해비타트　3 외교 활동　4 (1) × (2) ○ (3) ○

1 이태석은 남수단에서 의료 봉사와 교육에 헌신하였습니다. 엘런 존슨 설리프는 내전으로 갈등하는 라이베리아에서 비폭력 운동으로 갈등과 대립을 해결하려 하였습니다.

2 해비타트는 열악한 주거 환경으로 고통받는 사람들에게 집을 지어 주고 마을 시설을 고쳐 주는 비정부 기구입니다.

3 우리나라는 지구촌 평화와 발전을 위해 국제기구 활동 참여, 외교 활동, 한국 국제 협력단(KOICA) 지원 활동 등의 활동을 하고 있습니다.

4 (1) 국제 노동 기구(ILO)는 노동자의 노동 조건 등 전 세계의 노동 문제를 해결하고자 노력하고 있습니다.

6

채점 기준
'전쟁을 방지하고 지구촌의 평화를 유지하며 국제적 협력을 높이기 위한 활동을 한다.'라고 바르게 쓴 경우

국제 연합에는 지구촌에서 일어나는 문제들을 해결하고자 만든 분야별 기구들이 있습니다.

7 ㉣ 국제 원자력 기구는 원자력 에너지를 안전하고 평화적으로 이용하기 위해 설립된 기구입니다.

8 개인도 지구촌 평화를 지키는 다양한 활동에 참여할 수 있으며, 우리는 지구촌에서 일어나는 문제들에 관심을 두고 문제를 해결하려는 실천적 태도를 지녀야 합니다. ③ 국제기구는 개인이 만들 수 없습니다.

기본 문제로 익히기   89쪽

확인 문제

1 넬슨 만델라
2 ㉠, ㉢
3 (1) – ㉡ (2) – ㉢ (3) – ㉠
4 ①
5 국제 연합(UN)
6 예 전쟁을 방지하고 지구촌의 평화를 유지하며 국제적 협력을 높이기 위한 활동을 한다.
7 (1) ㉠ (2) ㉢ (3) ㉡
8 ③

1 넬슨 만델라를 비롯한 개인들도 세계에서 일어나는 문제를 해결하고 평화로운 지구촌을 만들고자 노력하고 있습니다.

2 비정부 기구는 뜻이 같은 개인들이 모여 공공의 이익을 추구하고 지구촌의 여러 문제를 해결하고자 활동하는 민간 조직입니다. ㉣ 국제기구에 대한 설명입니다.

3 해비타트, 국경 없는 의사회, 세이브 더 칠드런과 같은 비정부 기구는 지구촌의 평화와 발전을 위해 다양한 노력을 기울이고 있습니다.

4 한국 국제 협력단(KOICA)은 외국과의 협력 사업을 맡아 실시하는 정부 기관으로, 어려움을 겪는 세계의 여러 지역을 지원하는 활동을 하고 있습니다.

5 국제 연합에는 다양한 전문 기구들이 설립되어 있으며, 세계 여러 나라가 서로 협력하여 지구촌 갈등을 해결하려고 노력하고 있습니다.

실력 문제로 다잡기   90~93쪽

1 팔레스타인
2 ③, ⑤
3 ④
4 은우
5 예 인종, 언어, 종교가 다른 사람들이 함께 모여 사는데 다름을 존중하지 않고 자기 이익만 생각하기 때문이다. / 역사적으로 오랫동안 쌓인 미움과 갈등이 크기 때문이다.
6 ③
7 ④
8 (1) 해비타트 (2) 아동의 안전을 보장하고 권리를 실현하려는 다양한 활동을 하며 시민들의 참여를 이끌어 낸다.
9 ②
10 ④
11 ①
12 ①

1-1 ✕
2-1 ○
3-1 ✕
4-1 ○
5-1 ✕
6-1 ○
7-1 ✕
8-1 ○
9-1 ✕
10-1 ✕
11-1 ○
12-1 ○

1 제시된 그림은 팔레스타인 지역을 두고 유대인과 아랍인이 갈등하고 있는 모습입니다. 팔레스타인 지역에서 유대교를 믿는 유대인과 이슬람교를 믿는 아랍인이 영토와 종교 등의 문제로 갈등하고 있습니다.

2 남중국해는 중국, 베트남, 타이완, 필리핀, 말레이시아, 브루나이에 둘러싸인 바다입니다. 이곳에 있는 스프래틀리 군도가 무역 항로로 중요한 가치가 있고 바다 밑에 자원이 묻혀 있자 주변 나라들 사이에 분쟁이 일어났습니다.

3 시리아 내전과 같은 지구촌 갈등으로 인해 해당 지역 사람들은 다양한 어려움을 겪고 있습니다. ④ 학교가 무너져 학생들이 제대로 공부하지 못하는 어려움을 겪고 있습니다.

4 지구촌 갈등은 갈등을 겪는 지역뿐만 아니라 다른 여러 나라와도 연결되어 있어 지구촌 전체의 평화와 발전을 위협합니다.

5

채점 기준	
상	'인종, 언어, 종교가 다른 사람들이 함께 모여 사는데 다름을 존중하지 않고 자기 이익만 생각하기 때문이다.', '역사적으로 오랫동안 쌓인 미움과 갈등이 크기 때문이다.'라고 두 가지 모두 바르게 쓴 경우
하	위의 내용 중 한 가지만 쓴 경우

이외에도 '강대국들이 과거의 잘못을 책임지지 않고, 자국의 이익을 위해 어려운 나라를 이용하기 때문이다.', '나라들이 지켜야 하는 강력한 법이 없어서 갈등을 막기 어렵기 때문이다.', '사람들이 욕심과 이기심만 앞세우고 서로를 이해하려고 노력하지 않기 때문에 지구촌 갈등이 사라지지 않는다.' 등을 쓸 수 있습니다.

6 지구촌 갈등은 갈등과 관련 있는 나라만의 문제가 아니라 지구촌 전체의 문제이기도 하며, 개인에게 영향을 주기 때문에 관심을 갖고 해결하려고 노력해야 합니다. ③ 갈등을 겪는 나라에 직접 가는 것은 위험할 수 있기 때문에 개인이 할 수 있는 일이 아닙니다.

7 세계에서 일어나는 문제를 해결하고 평화로운 지구촌을 만들고자 노력하는 다양한 인물이 있습니다.

8

채점 기준	
상	(1)의 답을 쓰고, (2) '아동의 안전을 보장하고 권리를 실현하려는 다양한 활동을 하며 시민들의 참여를 이끌어 낸다.'라고 모두 바르게 쓴 경우
중	(2)의 답만 쓴 경우
하	(1)의 답만 쓴 경우

비정부 기구는 인권, 환경, 빈곤 퇴치, 보건, 성평등 등 특정 분야에 관심 있는 사람들이 스스로 모여서 문제를 해결하며, 국경을 넘어 함께 활동하고 있습니다.

9 우리나라는 전쟁이나 폭력으로부터 생명과 인권을 보호하고 지구촌 갈등을 해결하려고 다양한 활동을 하고 있습니다.

10 ④ 국제 연합(UN)은 실질적인 힘을 지녀 지구촌 갈등을 해결할 수 있는 국제기구입니다. 우리나라도 1991년에 회원국으로 가입하여 활동하고 있습니다.

11 ② 국제 노동 기구(ILO), ③ 유엔 난민 기구(UNHCR), ④ 세계 식량 계획(WFP), ⑤ 유엔 아동 기금(UNICEF)이 한 활동입니다.

12 지구촌 평화를 지키기 위해 전쟁이나 재난이 일어난 지역 어린이들의 안전을 보호하는 데 도움을 주고자 비정부 기구에서 운영하는 신생아 모자 뜨기 활동에 참여할 수 있습니다.

❸ 지속 가능한 지구촌

01 지구촌에서 나타나는 환경 문제

기본 문제로 익히기
96쪽

핵심 체크

❶ 지구 온난화　❷ 화석 연료　❸ 벌목
❹ 개인　❺ 국가　❻ 파리 협정

개념 문제

1 지구 온난화　　**2** (1) × (2) ○
3 ㉠ 기업 ㉡ 국가　　**4** 파리 협정

1 지구 온난화는 지구 표면의 평균 기온이 높아지는 현상을 말하는데, 이산화 탄소, 메탄 등과 같은 온실가스 때문에 나타납니다.

2 (1) '지구의 허파'라고 불리는 아마존 열대 우림은 농경과 목축을 위해 나무를 베고 숲을 불태움으로써 파괴되었으며, 점점 빠른 속도로 사라지고 있습니다. 그 결과지구 온난화가 더욱 심해지고 동물과 식물이 살 곳을잃고 있습니다.

3 지구촌 환경 문제 해결을 위해 개인은 쓰레기 분리배출하기, 일회용품 사용 줄이기, 에너지 절약하기 등을 하며, 세계는 온실가스를 줄이고자 협정 체결하기 등을하고 있습니다.

4 세계 여러 나라는 파리 협정을 맺고 온실가스 배출량을줄이기로 약속하였습니다.

기본 문제로 익히기
97쪽

확인 문제

1 ③　　　**2** 지구 온난화　**3** ④
4 예 바다에 버려진 쓰레기들이 파도와 바람에 밀려와 섬을 이루었는데, 섬의 90%가량이 썩지 않는 비닐과 플라스틱으로 이루어져 있다.
5 ㉠, ㉡, ㉢　**6** ⑤
7 (1) – ㉢ (2) – ㉠ (3) – ㉡

1 사람들이 환경을 생각하지 않고 행동하거나 무분별하게 개발함으로써 지구촌 환경은 점점 황폐해져 가고있으며, 이에 따라 생태계가 파괴될 뿐만 아니라 사람들의 건강도 위협받고 있습니다.

2 지표면의 평균 기온이 올라가는 지구 온난화로 극지방의 빙하가 녹고 세계 곳곳에서 이상 기후 현상이 나타나고 있습니다.

3 ④ 사람들이 환경을 생각하지 않고 행동하거나 무분별하게 개발함으로써 지구촌 환경이 점점 황폐해져 가고있기 때문에 지구촌 환경을 생각하며 개발해야 합니다.

4

채점 기준	
상	'바다에 버려진 쓰레기들이 파도와 바람에 밀려와 섬을 이루었는데, 섬의 90%가량이 썩지 않는 비닐과 플라스틱으로 이루어져 있다.'라고 바르게 쓴 경우
하	'바다에 버려진 쓰레기들이 파도와 바람에 밀려와 섬을 이루었다.'라는 내용만 쓴 경우

태평양 한가운데 만들어진 쓰레기 섬은 사람들이 버린플라스틱 쓰레기로 이루어진 섬으로, 해양 생물들은 각종 플라스틱 쓰레기를 먹이로 착각하여 먹고 있습니다.

5 개인들은 일상생활에서 실천할 수 있는 방법으로 지구촌의 환경 문제를 해결하고자 노력하고 있습니다. ㉣지구촌 환경 문제 해결을 위해 국가가 하는 일입니다.

6 '지구촌 전등 끄기'는 비정부 기구인 세계 자연 기금(WWF)이 지구촌 환경 문제 해결을 위해 하는 운동입니다. 세계에서는 여러 나라가 모여 환경 문제의 해결방법을 의논하고, 함께 실천하고자 노력하고 있습니다.

7 지구 온난화는 지구 표면의 평균 기온이 높아지는 현상으로 이산화 탄소, 메탄 등과 같은 온실가스 때문에 나타납니다. 지구 온난화 문제를 해결하기 위해서 세계는환경 문제 해결을 위한 국가들의 협력을 이끌어 내는 일을 합니다.

02 지속 가능한 미래

핵심 체크

❶ 친환경 ❷ 가까운 ❸ 학교
❹ 의약품 ❺ 세계 시민

개념 문제

1 (1) ○ (2) ○ (3) ×   **2** ㉠ 빈곤 ㉡ 기아
3 문화   **4** 세계 시민

1 (3) 환경을 위해서는 농사를 지을 때 토양을 오염하는 화학 비료를 사용하지 않고, 오리를 활용하여 해충을 잡는 농사 방법을 사용할 수 있습니다. 오리 농법으로 농약과 화학 비료 사용량을 줄여 생산한 쌀은 신선도가 높고 우리 몸을 이롭게 합니다.

2 전쟁으로 농사를 지을 수 있는 땅과 집이 파괴되고, 홍수, 가뭄 등과 같은 이상 기후 현상이 세계 곳곳에서 나타나면서 지구촌에서 빈곤과 기아 문제가 일어나고 있습니다.

3 지속 가능한 미래는 사람들이 화합하고 협력하여 만들 수 있습니다. 하지만 지구촌에는 자신과 다른 문화에 편견이 있는 사람들이 있으며, 이러한 문화적 편견은 차별로 이어져 갈등의 원인이 되기도 합니다.

4 세계 시민으로서 우리는 환경 표지가 표시된 제품을 골라 사고, 지구촌 행사에 참여하여 세계의 다양한 문화를 체험하며, 에너지를 절약하는 활동 등을 할 수 있습니다.

확인 문제

1 ④   **2** 환경 표지
3 ㉡, ㉢   **4** ㉡
5 📝 생활필수품과 의약품을 지원한다. / 아동과 청소년이 교육받을 환경을 제공한다. / 농업과 공업의 발전에 필요한 기술을 전한다. / 관심을 갖고 함께 참여할 수 있는 홍보 활동과 교육 활동을 한다.
6 ③   **7** ⑤

1 친환경적인 생산을 위해 자원 재활용, 친환경 소재 개발, 친환경 농법 등의 방법을 사용합니다. ④ 열대 우림을 개발하면 열대 우림이 줄어들어 동물들이 살기 어려워집니다.

2 환경 표지는 환경부가 시행하는 인증 제도로, 환경 오염을 적게 일으키거나 자원을 절약할 수 있는 제품에 부여합니다.

3 소비자들이 환경을 생각하며 생산된 닭과 달걀을 소비할수록 생산자들이 친환경적으로 닭과 달걀을 생산하려고 노력할 것입니다.

4 세계 기아 지도는 전체 인구 중 영양 부족 상태인 인구 비율을 나타내는 지도로, ㉡ 아프리카는 영양 결핍 비율이 높고, ㉠ 유럽, ㉢ 아시아, ㉣ 북아메리카는 영양 결핍 비율이 비교적 낮습니다.

5

	채점 기준
상	'생활필수품과 의약품을 지원한다.', '아동과 청소년이 교육받을 환경을 제공한다.', '농업과 공업의 발전에 필요한 기술을 전한다.', '관심을 갖고 함께 참여할 수 있는 홍보 활동과 교육 활동을 한다.' 중 두 가지 모두 바르게 쓴 경우
하	위의 내용 중 한 가지만 쓴 경우

빈곤과 기아로 인해 생활필수품이 부족하여 기본적인 생활을 할 수 없고, 영양을 제대로 공급받지 못하는 등 문제가 나타나고 있습니다.

6 문화적 편견과 차별을 해결하려면 다른 문화를 이해하고 존중하는 태도를 길러야 합니다.

7 세계 시민은 지구촌이라는 공동체를 이루는 한 사람으로서, 세계적인 시각으로 지구촌에서 일어나는 문제에 관심을 두고 이를 해결하고자 노력합니다.

1 ③   **2** 열대 우림   **3** ②

4 ②   **5** (1) 파리 협정 (2) **예** 지구 온난화의 원인인 온실가스 배출을 줄이기 위해서이다.

6 ㉠, ㉢   **7** ⑤   **8** 은우

9 ⑤   **10** ④

11 (1) 문화적 편견과 차별 (2) **예** 지구촌에 있는 다양한 문화를 배우고 체험할 수 있는 행사를 연다. / 문화적 편견과 차별에 관한 상담을 지원하고 필요한 도움을 제공한다. / 지구촌의 다양한 문화를 이해하고 존중하는 태도의 중요성을 알린다. / 다른 나라 사람에게 우리나라의 문화를 소개하여 이해할 수 있도록 돕는다.

12 ㉠, ㉢

1-1 ✕   **2**-1 ○   **3**-1 ✕

4-1 ✕   **5**-1 ○   **6**-1 ○

7-1 ○   **8**-1 ✕   **9**-1 ○

10-1 ✕   **11**-1 ✕   **12**-1 ○

1 지표면의 평균 기온이 올라가는 지구 온난화로 극지방의 빙하가 녹고 세계 곳곳에서 이상 기후 현상이 나타나고 있습니다.

2 열대 우림이 파괴되면 지구 온난화의 속도가 빨라지고 기후 변화가 나타나 지구촌의 환경이 위협받을 것입니다.

3 플라스틱 사용이 늘어나면서 섬의 90%가량이 썩지 않는 비닐과 플라스틱으로 이루어진 섬이 생기자, 해양 생물들은 각종 플라스틱 쓰레기를 먹이로 착각하여 먹는 등 다양한 환경 문제가 일어나고 있습니다.

4 기업들은 환경 보호에 대한 사회적 책임을 다하고자 다양한 노력을 하며, 일부 기업에서는 일회용 플라스틱 제품 대신 친환경 제품을 생산하거나 재사용이 가능한 원료를 이용하여 새 제품을 생산하기도 합니다.

5

	채점 기준
상	(1)의 답을 쓰고, (2) '지구 온난화의 원인인 온실가스 배출을 줄이기 위해서이다.'라고 모두 바르게 쓴 경우
중	(2)의 답만 쓴 경우
하	(1)의 답만 쓴 경우

2015년 12월 12일, 195개 나라는 파리에서 지구 온난화의 원인인 온실가스 배출을 줄이기로 약속하는 '파

리 협정'에 동의하였습니다. 세계에서는 여러 분야에서 배출되는 온실가스의 양을 규제하는 등 다양한 정책을 추진하고 있습니다.

6 지구 온난화 문제를 해결하기 위해 개인은 냉난방기 적정 온도 유지, 가까운 거리 걸어서 이동하기 등을 할 수 있습니다. ㉡은 기업, ㉣은 국가가 지구 온난화 문제를 해결할 수 있는 방안입니다.

7 열대 우림이 줄어들면 열대 우림에 사는 동물들이 살 곳을 잃어 멸종되는 동물이 생기고, 생태계가 균형을 잃게 될 것입니다.

8 먼 곳에서 생산된 식품은 운반할 때 자동차, 기차, 선박 등의 운송 수단에 화석 연료가 사용되고, 신선도를 유지하려고 화학 물질을 사용하기 때문에 환경이 오염됩니다. 따라서 가까운 곳에서 생산한 식품을 구입하는 것은 환경을 지키는 소비 방법입니다.

9 닭을 넓고 쾌적한 환경에서 키우고 항생제가 들어 있지 않은 먹이를 먹이면 닭이 건강하게 자라고 건강한 닭과 달걀을 먹은 사람들은 건강을 지킬 수 있습니다.

10 빈곤은 가난하여 생활하기가 어려운 상태, 기아는 먹을 것이 없어 굶주리는 것을 말합니다. ④ 많은 어린이가 충분한 영양을 공급받지 못하여 잘 자라지 못하고 있습니다.

11

	채점 기준
상	(1)의 답을 쓰고, (2) '지구촌에 있는 다양한 문화를 배우고 체험할 수 있는 행사를 연다.', '문화적 편견과 차별에 관한 상담을 지원하고 필요한 도움을 제공한다.', '지구촌의 다양한 문화를 이해하고 존중하는 태도의 중요성을 알린다.', '다른 나라 사람에게 우리나라의 문화를 소개하여 이해할 수 있도록 돕는다.' 중 두 가지 모두 바르게 쓴 경우
중	(2)의 답만 쓴 경우
하	(1)의 답만 쓴 경우

지속 가능한 미래는 사람들이 화합하고 협력하여 만들 수 있는데, 지구촌에는 자신과 다른 문화에 편견이 있는 사람들이 있습니다. 편견은 차별로 이어져 갈등의 원인이 됩니다.

12 세계 시민으로서 ㉡ 가까운 거리는 걸어서 이동하고, ㉣ 사용하지 않는 물건은 기부하고 다시 사용할 수 있는 물건은 재활용합니다.

❶ 동쪽　　❷ 천연기념물　　❸ 팔도총도
❹ 정부　　❺ 이산가족　　❻ 정치
❼ 원인　　❽ 비정부 기구　　❾ 국제 연합
❿ 개인　　⓫ 온실가스　　⓬ 자원
⓭ 영양

---

1 (1) ○ (2) × (3) ○
2 (1) 정치 (2) 사회·문화 (3) 경제
3 ㉠ 유대교 ㉡ 이슬람교
4 (1) 넬슨 만델라 (2) 해비타트
5 (1) – ㉡ (2) – ㉠ (3) – ㉢
6 ㉠ 빈곤 ㉡ 기아

단원 마무리　　108~110쪽

1 ㉢　　**2** ①, ⑤　　**3** ①
4 반크　　**5** ㉠, ㉢　　**6** ④
7 ③　　**8** 민호, 지애　　**9** 크림반도
10 ④, ⑤　　**11** ②　　**12** ④
13 비정부 기구　**14** ③　　**15** ③
16 ③　　**17** ②　　**18** ③
19 ㉠, ㉢　　**20** ②　　**21** ②

1 독도는 동해의 중심에 있어 선박의 항로뿐만 아니라 군사적으로도 중요한 위치에 있습니다. ㉢ 경사가 급하고 대부분 암석이지만 다양한 동식물이 서식하는 생태계의 보고이기도 합니다.

2 독도는 동해의 중심에 있으며, 우리나라 울릉도에서 독도까지의 거리가 일본 오키섬에서 독도까지의 거리보다 약 70km 더 가깝습니다.

3 ①, ②는 일본의 기록이고, ③, ④는 우리나라의 기록이며, ⑤는 연합국의 각서입니다. 이를 통해 독도가 우리나라의 영토임을 우리나라뿐만 아니라 국제적으로도 인정받았음을 알 수 있습니다.

4 반크는 우리나라를 홍보하는 민간단체로, 독도를 세계에 알리고 있습니다. 또한 독도를 잘못 소개하는 정보를 찾아 바르게 수정할 수 있도록 노력하고 있습니다.

5 남북통일을 이룬다면 ㉡ 국방비를 줄여 다른 분야에

사용할 수 있고, ㉢ 이산가족 문제를 해결할 수 있습니다. 또한 한반도의 지리적 장점을 활용하여 교통과 물류도 발전할 것입니다.

6 ①, ⑤는 경제적 노력, ②, ③은 정치적 노력입니다.

7 남북통일을 평화롭게 이룬다면 우리나라에는 많은 변화가 있을 것입니다. ③ 비행기를 타지 않고도 기차와 자동차로 여러 나라를 여행할 수 있을 것입니다.

8 시리아 내전은 대통령의 독재에 대한 시민들의 반대 시위를 정부가 무력으로 진압하여 내전이 일어났고 종교 갈등으로 번졌습니다.

9 일 년 내내 얼지 않는 항구가 있는 크림반도는 지중해와 유럽으로 갈 수 있는 해상 통로이자 전략적 요충지입니다.

10 지구촌 갈등은 ① 짧은 시간에 해결하기 어렵고, ② 다양한 원인이 복합적으로 얽혀서 일어나며, ③ 갈등을 겪는 지역뿐만 아니라 다른 여러 나라와도 연결되어 있습니다.

11 ② 지구촌 갈등은 나라들이 지켜야 하는 강력한 법이 없어서 갈등을 막기 어렵기 때문에 지속되고 있습니다.

12 말랄라 유사프자이는 여성 교육을 위해 활동한 파키스탄의 운동가입니다. 2014년 최연소(당시 만 17세)로 노벨 평화상을 수상하였습니다.

13 비정부 기구는 인권, 환경, 빈곤 퇴치, 보건, 성평등 등 특정 분야에 관심 있는 사람들이 스스로 모여서 문제를 해결하며, 국경을 넘어 활동하고 있습니다.

14 ③ 국제 연합(UN)은 전쟁을 방지하고 지구촌의 평화를 유지하며 국제적 협력을 높이고자 1945년에 만든 국제기구입니다.

15 ④ 유엔 난민 기구는 난민 문제를 해결하고자 국제 협력에 힘쓰고 있습니다. ① 해비타트, ② 그린피스, ⑤ 세이브 더 칠드런은 비정부 기구입니다.

16 현재와 미래 세대가 계속하여 발전하는 지속 가능한 미래를 만들려면 환경을 보전해야 하지만, 지구촌에는 여러 환경 문제가 일어나고 있습니다. ③ 무분별한 개발로 열대 우림이 파괴되고 있습니다.

17 화석 연료를 사용하여 공기가 오염되고 있으며, 미세 먼지는 사람과 동식물에게 나쁜 영향을 줍니다.

18 지구촌 환경 문제 해결을 위해 개인은 쓰레기 분리배출하기, 일회용품 사용 줄이기, 환경 운동 참여하기, 기업은 친환경 포장재로 제품 포장하기, 상표지를 붙이지 않은 제품 생산하기 등의 노력을 합니다.

19 환경을 생각하는 생산과 소비로 자원을 아끼고 지구의 환경을 지킬 수 있습니다. ⓒ 오리를 활용하여 친환경적으로 농사를 짓거나 ⓒ 플라스틱 등 자원을 재활용하여 제품을 생산할 수 있습니다.

20 빈곤은 생활필수품이 부족하여 최소한의 삶을 살아가기 어려운 상황을 말합니다. 기아는 먹을 것이 부족하여 굶주리는 것을 말합니다. ②는 빈곤과 기아 문제의 해결 노력입니다.

21 문화적 편견과 차별을 해결하려면 다른 문화를 이해하고 존중하는 태도를 길러야 합니다. ② 지구촌의 다양한 문화를 이해하고 존중하는 태도의 중요성을 알려야 합니다.

서술형 마무리
111쪽

1 (1) ㉠ 동쪽 ㉡ 화산섬
(2) **예** 독도에 등대, 주민 숙소, 선착장 등의 시설을 만들었다. / 독도를 지키는 데 필요한 여러 법령을 만들어 시행하고 있다. / 세계 여러 나라에 독도의 아름다움을 홍보하고 독도가 우리나라의 고유 영토임을 알리는 활동을 하고 있다.

2 (1) (가)
(2) **예** 많은 사람이 죽거나 다치고, 집과 가족을 잃고 있다. / 의료 시설이 파괴되어 질병과 상처를 제때 치료하지 못한다. / 학교가 무너져 학생들이 제대로 공부하지 못한다. / 살던 곳을 떠나 난민이 되는 사람들이 있다.

3 (1) 비정부 기구
(2) **예** 열악한 주거 환경으로 고통받는 사람들에게 집을 지어 주고 마을 시설을 고쳐 준다.

4 (1) 아프리카
(2) **예** 생활필수품이 부족하여 기본적인 생활을 할 수 없다. / 물과 식량이 부족해 빈곤한 지역의 어려움이 더 커지고 있다. / 충분한 영양분을 공급받지 못하여 질병에 걸린다. / 생계가 어려워 일을 하느라 학교에 가지 못하는 어린이가 있다.

1

채점 기준	
상	(1)의 답을 쓰고, (2) 독도를 지키기 위한 정부의 노력 중 한 가지를 모두 바르게 쓴 경우
중	(2)의 답만 쓴 경우
하	(1)의 답만 쓴 경우

(가)는 독도입니다. 독도는 우리나라의 동쪽 끝에 있으며, 북위 37°, 동경 132° 가까이에 있습니다. 독도는 동해의 중심에 있어 선박의 항로뿐만 아니라 군사적으로도 중요한 위치에 있습니다.

2

채점 기준	
상	(1)의 답을 쓰고, (2) 지구촌 갈등으로 인한 피해 중 두 가지를 모두 바르게 쓴 경우
중	(2)의 답만 쓴 경우
하	(1)의 답만 쓴 경우

지구촌에서는 영토, 종교, 민족, 자원, 문화 등의 원인으로 갈등이 생기고, 그러한 갈등은 지구촌의 평화를 위협합니다.

3

채점 기준	
상	(1)의 답을 쓰고, (2) '사람들에게 집을 지어 주고 마을 시설을 고쳐 준다.'라고 바르게 쓴 경우
중	(2)의 답만 쓴 경우
하	(1)의 답만 쓴 경우

비정부 기구는 뜻이 같은 개인이 모여 공공의 이익을 추구하고, 지구촌의 여러 문제를 해결하고자 활동하는 민간 조직입니다.

4

채점 기준	
상	(1)의 답을 쓰고, (2) 세계 기아로 나타나는 문제점 중 한 가지를 바르게 쓴 경우
중	(2)의 답만 쓴 경우
하	(1)의 답만 쓴 경우

세계 기아 지도는 전체 인구 중 영양 부족 상태인 인구 비율을 나타내는 지도입니다. 아프리카 지역 등의 영양 결핍 비율이 높고, 유럽, 북아메리카 지역 등이 낮습니다.

정답과 해설

1. 세계의 여러 나라들

쪽지 시험

❶ 지구, 대륙 그리고 국가들　3쪽

1 세계 지도　**2** 지구본　**3** 인터넷
4 ㉠ 대륙 ㉡ 대양　　　**5** 아프리카
6 북아메리카　**7** ㉠ 러시아 ㉡ 바티칸 시국
8 단조로운

❷ 세계의 다양한 삶의 모습　5쪽

1 ㉠ 적도 ㉡ 극지방　　**2** 온대 기후
3 한대　　**4** ㉠ 사막 ㉡ 초원
5 펄프　　**6** 힌두교
7 인문환경　　**8** 존중

❸ 우리나라와 가까운 나라들　7쪽

1 일본　**2** 러시아　**3** 한자
4 젓가락　**5** 경제 교류　**6** 베트남
7 자유 무역 협정(FTA)　**8** 커지고

실전 단원 평가 1회

8~10쪽

1 (가) 세계 지도 (나) 지구본　　**2** ④
3 예 전 세계의 모습을 한눈에 보기 어렵다. / 가지
　　고 다니기 불편하다.
4 ②　　　**5** ㉠ 아프리카 ㉡ 남극해
6 ①　　　**7** ㉠ 한대 기후 ㉡ 고산 기후
8 ⑤
9 예 햇볕을 수직으로 받는 적도 지방은 기온이 높
　　고, 햇볕을 비스듬하게 받는 극지방은 기온이 낮
　　기 때문이다.
10 ①, ④　　**11** ④　　**12** 고상 가옥
13 ㉡ → ㉢ → ㉣ → ㉢ → ㉠　**14** 중국
15 ③　　**16** ⑤　　**17** 협력
18 ③　　**19** 주하　　**20** ④

---

1 (가)는 둥근 지구를 평면으로 나타낸 세계 지도이고, (나)는 실제 지구의 모습을 아주 작게 줄여서 만든 지구본입니다.

2 ④ 둥근 지구를 평면으로 나타낸 것은 (가) 세계 지도에 대한 설명입니다.

3

채점 기준	
상	'전 세계의 모습을 한눈에 보기 어렵다.', '가지고 다니기 불편하다.' 중에 한 가지를 바르게 쓴 경우
하	'실제 지구처럼 둥글다.'라고만 쓴 경우

지구본은 실제 지구의 모습을 아주 작게 줄인 모형으로, 실제 지구처럼 둥근 형태입니다.

4 ② 육지의 면적은 약 30 %, 바다의 면적은 약 70 %입니다.

5 대륙은 바다로 둘러싸인 커다란 땅덩어리를 말하며, 아시아, 아프리카, 유럽, 오세아니아, 북아메리카, 남아메리카, 남극으로 나눌 수 있습니다. 대양은 큰 바다를 말하며, 태평양, 대서양, 인도양, 북극해, 남극해로 나눌 수 있습니다.

6 ② 노르웨이와 칠레는 영토가 남북으로 길게 뻗은 모양이고, ③ 사우디아라비아는 국경선이 단조로운 편이며, ④ 아르헨티나의 영토는 남북으로 길게 뻗은 모양입니다.

7 햇볕을 가장 적게 받는 극지방에는 한대 기후가 나타나고, 해발 고도가 높은 산지에서는 고산 기후가 나타납니다.

8 건조 기후는 일 년 동안의 강수량을 모두 합쳐도 500 mm가 채 안 될 정도로 비가 적게 내립니다. ① 건기와 우기가 나타나는 것과 ④ 일 년 내내 기온이 높고 강수량이 많은 것은 열대 기후의 특징입니다. ② 사계절이 뚜렷한 것은 온대 기후의 특징입니다. ③ 일 년 내내 평균 기온이 낮은 것은 한대 기후의 특징입니다.

9

채점 기준	
상	'햇볕을 수직으로 받는 적도 지방은 기온이 높다.', '햇볕을 비스듬하게 받는 극지방은 기온이 낮다.'라고 모두 바르게 쓴 경우
하	위의 내용 중 한 가지만 쓴 경우

대체로 저위도 지역에서 고위도 지역으로 갈수록 기온이 점차 낮아지며, 이는 기후 분포에 큰 영향을 미칩니다.

10 열대 기후는 적도를 중심으로 한 저위도 지역에 널리 나타납니다. ② 인구가 많고 여러 산업이 발달한 것은 온대 기후 지역에서 볼 수 있는 생활 모습입니다. ③ 순록을 기르는 유목 생활, ⑤ 석유와 천연가스 등의 자원 개발은 한대 기후 지역에서 볼 수 있는 생활 모습입니다.

11 온대 기후 지역은 지역에 따라 다양한 농업이 발달합니다. ① 지중해 주변에서는 올리브를 많이 재배하고, ② 아시아 지역에서는 벼농사가 발달하며, ③ 서유럽에서는 화훼 농업이 발달하기도 합니다. ④ 흙집은 건조 기후 지역에서 볼 수 있는 모습입니다.

12 열대 기후가 나타나는 파푸아 뉴기니에서는 땅에서 올라오는 열기와 습기를 피하고 바람이 잘 통하게 하려고 나무 기둥을 세워 바닥이 땅에서 떨어지게 집을 짓습니다.

13 가장 먼저 주제를 정한 다음 조사할 내용과 방법을 정합니다. 그리고 조사 계획에 따라 자료를 수집하고 분석해 결과를 정리하여 발표합니다.

14 중국은 평야가 넓게 분포하는 동부 지역과 해안가에 대도시와 항구가 발달하였으며, 베이징, 톈진, 상하이 등의 대도시가 분포합니다.

15 일본은 우리나라의 동쪽에 위치하고 위도가 비슷하며, 우리나라보다 면적이 조금 큽니다. ③ 위도가 높아 냉대 기후가 널리 나타나는 것은 이웃 나라 중 러시아에 대한 설명입니다.

16 일본에서는 섬나라 특성상 쉽게 녹슬지 않는 나무로 젓가락을 만듭니다.

17 우리나라와 이웃 나라는 공동의 문제를 해결하기 위해 교류하며 협력합니다.

18 ③ 미국은 영토 면적이 넓은 만큼 각종 지하자원이나 에너지 자원이 풍부합니다.

19 베트남은 우리나라와 활발하게 교류하는 대표적인 동남아시아의 국가로, 전 세계에 쌀을 많이 수출하는 나라입니다.

20 ④ 세계 여러 나라의 문화가 그 나라의 자연환경과 인문환경의 영향을 받아 다양하게 나타나는 것은 상호 의존 관계의 사례로 알맞지 않습니다.

실전 단원 평가 2회

1 ⑤ **2** ④, ⑤
3 아시아, 예 대륙 중에서 면적이 가장 넓다. / 세계 육지 면적의 약 30 %를 차지한다.
4 ⑤ **5** 대서양 **6** ⑤
7 ④ **8** ③ **9** ④
10 ② **11** ④ **12** ③, ⑤
13 예 사람들은 주위에서 구하기 쉬운 재료로 집을 짓는다. / 집의 모양은 지형과 기후의 영향을 받으며, 생활 방식과 관련이 있다.
14 ⑤ **15** ㉠ 러시아 ㉡ 중국
16 ② **17** ④, ⑤ **18** ③
19 베트남 **20** ⑤

1 ⑤ 지구본이 세계 여러 나라의 위치와 영토 등의 지리 정보를 세계 지도보다 더 정확하게 담고 있습니다.

2 디지털 영상 지도를 이용하면 세계 여러 나라의 모습을 더 자세하게 살펴볼 수 있고, 다양한 기능을 활용해 알고 싶은 지역의 정보를 쉽게 얻을 수 있습니다.

3

채점 기준	
상	'아시아'를 쓰고, '대륙 중에서 면적이 가장 넓다.', '세계 육지 면적의 약 30 %를 차지한다.' 중에 한 가지를 바르게 쓴 경우
하	'아시아'만 쓴 경우

우리나라가 속해 있는 대륙은 아시아로, 대륙 중에서 면적이 가장 넓으며 세계 육지 면적의 약 30 %를 차지합니다.

4 ①, ③ 우리나라가 속해 있고 대륙 중에서 면적이 가장 넓은 대륙은 아시아입니다. ② 북반구와 남반구에 걸쳐 있는 대륙은 아프리카입니다. ④ 대륙 중에서 면적이 가장 좁으며 남반구에 있는 대륙은 오세아니아입니다.

5 세계에서 가장 넓은 바다는 태평양이고, 두 번째로 넓은 바다는 대서양입니다.

6 ① 케냐, 앙골라는 아프리카 대륙, ② 필리핀, 베트남은 아시아 대륙, ③ 캐나다, 미국은 북아메리카 대륙, ④ 에스파냐, 세르비아는 유럽 대륙에 속한 나라들입니다.

7 ④ 칠레는 남북의 길이가 세계에서 가장 긴 나라로 남한의 길이보다 10배가량 깁니다.

8 ③ 적도 지방에서 극지방으로 갈수록 기온이 점차 낮아지는데, 이는 기후 분포에 큰 영향을 미칩니다.

9 제시된 지도는 열대 기후의 분포를 나타낸 것입니다. 열대 기후는 일 년 내내 기온이 높고 강수량이 많으며, 건기와 우기가 번갈아 나타나는 곳도 있습니다.

10 온대 기후는 사계절이 비교적 뚜렷한 기후로, 이 지역에서는 일찍부터 다양한 농업이 발달하였습니다. ② 북아메리카에서는 대규모 농장에서 목화를 재배하기도 합니다.

11 냉대 기후는 온대 기후와 마찬가지로 사계절이 나타나지만 온대 기후보다 겨울이 더 춥고 깁니다. ④ 일 년 내내 우리나라의 봄철처럼 온화한 날씨가 나타나는 것은 적도 부근의 고산 기후의 특성입니다.

12 이누이트족의 복장은 한대 기후 지역에 살면서 동물을 사냥하며 생활하는 사람들에게 적합합니다.

13

	채점 기준
상	'사람들은 주위에서 구하기 쉬운 재료로 집을 짓는다.', '집의 모양은 지형과 기후의 영향을 받으며, 생활 방식과 관련이 있다.' 중에 한 가지를 바르게 쓴 경우
하	'환경의 영향을 받는다.'라고만 쓴 경우

게르는 나무로 뼈대를 세우고 천막을 덮어 만든 조립식 집으로, 몽골의 지형과 기후에 따라 유목 생활을 하고 있는 사람들에게 적합한 주거 형태입니다.

14 세계 여러 나라의 다양한 생활 모습을 대할 때는 각 지역 환경의 영향을 받아 형성된 서로 다른 생활 모습을 이해하고 존중하는 태도가 필요합니다.

15 우리나라의 서쪽에는 중국, 동쪽에는 일본, 북쪽에는 러시아가 있습니다.

16 ⓒ은 일본입니다. 일본은 섬나라이기 때문에 습하고 비와 눈이 많이 내립니다.

17 우리나라와 중국, 일본은 식사할 때 모두 젓가락을 사용합니다. 세 나라의 젓가락은 각 나라 문화의 영향을 받아 그 모양이 조금씩 다릅니다.

18 우리 주변을 살펴보면 우리나라와 이웃 나라가 다양한 분야에서 교류하고 있는 사례를 쉽게 찾아볼 수 있습니다. ① 한·중·일 환경 장관 회의와 ⑤ 한·러 정상 회담에서 자유 무역 협정 협상을 위한 절차를 의논한 것은 정치 교류 사례로 볼 수 있습니다. ② 우리나라 상점에서 러시아산 수산물이 판매되는 것과 ④ 우리나라, 중국, 일본, 러시아가 전력망을 서로 잇는 사업을 추진하는 것은 경제 교류 사례로 볼 수 있습니다.

19 베트남은 우리나라와 교류가 활발한 나라 중 하나입니다. 쌀 생산량이 많아 세계적으로 쌀을 많이 수출할 뿐만 아니라, 전자, 전기, 기계 등의 공업과 섬유, 의류, 신발 등의 경공업이 발달하였습니다.

20 나라마다 지형, 기후, 인구, 주요 산업 등 환경이 달라 서로 필요한 도움을 주고받을 수 있기 때문에 나라 간의 교류가 활발하게 이루어집니다.

수행 평가

주제 ①   14쪽

1-① ㉠ 세계 지도 ㉡ 지구본

1-② 예 세계 지도는 둥근 지구를 평면으로 나타낸 것이기 때문이다.

1-③ 예 지도를 자유롭게 확대하거나 축소할 수 있다. / 세계 여러 나라나 장소와 관련된 정보를 편리하게 찾을 수 있다. / 세계 지도나 지구본에서 찾기 어려운 다양한 정보를 얻을 수 있다. / 스마트 기기를 활용해 가고 싶은 장소를 쉽게 찾아갈 수 있다.

주제 ②   15쪽

2-① (다)

2-② 예 각 나라의 자연환경과 인문환경이 다르기 때문이다.

2-③ 예 세계 여러 나라의 서로 다른 생활 모습을 이해하고 존중하려는 태도가 필요하다.

1-①

	채점 기준
상	㉠ '세계 지도', ㉡ '지구본'을 모두 바르게 쓴 경우
하	위의 내용 중 한 가지만 쓴 경우

세계 지도는 둥근 지구를 평면으로 나타낸 것이고, 지구본은 실제 지구의 모습을 아주 작게 줄인 모형입니다.

1-❷	채점 기준
상	'세계 지도는 둥근 지구를 평면으로 나타낸 것이기 때문이다.'라고 바르게 쓴 경우
하	'지도로 표현했기 때문이다.'라고만 쓴 경우

지도를 그리는 방법에 따라 땅의 크기나 바다의 크기 등이 다르게 표현될 수 있고, 쓰임새에 따라 다르게 만들어져서 한 가지 지도만으로는 세계의 모습을 정확하게 알 수 없습니다.

1-❸	채점 기준
상	'지도를 자유롭게 확대하거나 축소할 수 있다.', '세계 여러 나라나 장소와 관련된 정보를 편리하게 찾을 수 있다.', '세계 지도나 지구본에서 찾기 어려운 다양한 정보를 얻을 수 있다.', '스마트 기기를 활용해 가고 싶은 장소를 쉽게 찾아갈 수 있다.' 중에서 한 가지를 바르게 쓴 경우
하	'검색이 편리하다.'라고만 쓴 경우

디지털 영상 지도는 위성 사진이나 항공 사진 등을 바탕으로 스마트폰, 컴퓨터 등 다양한 기기에서 이용할 수 있도록 디지털 정보로 표현된 지도입니다. 가장 쉽게 많은 정보를 얻을 수 있고 자신만의 지도를 미리 만들면 여행할 때 활용할 수도 있습니다.

2-❶	채점 기준
'(다)'라고 바르게 쓴 경우	

(가)는 이란, (나)는 튀르키예, (다)는 그린란드에서 볼 수 있는 생활 모습입니다.

2-❷	채점 기준
상	'각 나라의 자연환경과 인문환경이 다르기 때문이다.'라고 바르게 쓴 경우
하	'환경이 다르기 때문이다.'라고만 쓴 경우

세계 여러 나라의 생활 모습은 사람들이 살아가는 지역의 기후, 지형 등 자연환경과 풍습, 종교 등 인문환경의 영향을 받습니다.

2-❸	채점 기준
'세계 여러 나라의 서로 다른 생활 모습을 이해하고 존중하려는 태도가 필요하다.'라고 바르게 쓴 경우	

자연환경과 인문환경의 영향을 받아 세계 여러 나라의 생활 모습이 매우 다양하게 나타나며, 이는 고유한 가치를 지니고 있습니다.

2. 통일 한국의 미래와 지구촌의 평화

쪽지 시험

❶ 한반도의 미래와 통일   17쪽

1 동쪽   2 『신증동국여지승람』「팔도총도」
3 심흥택   4 정부   5 국방비
6 ㉠ 남한 ㉡ 북한   7 경제
8 비무장 지대(DMZ)

❷ 지구촌의 평화와 발전   19쪽

1 ㉠ 유대교 ㉡ 이슬람교   2 남중국해
3 난민   4 이태석   5 비정부 기구
6 국경 없는 의사회   7 외교
8 국제 연합(UN)

❸ 지속 가능한 지구촌   21쪽

1 올라가는   2 대기 오염
3 ㉠ 개인 ㉡ 국가   4 파리 협정
5 환경   6 ㉠ 빈곤 ㉡ 기아
7 존중   8 세계 시민

실전 단원 평가 1회   22~24쪽

1 ㉠, ㉡   2 가스 하이드레이트
3 ⑤   4 ①   5 ①, ④
6 예 남한의 발전된 기술력과 북한의 풍부한 자원을 활용하여 경쟁력 높은 제품을 만들 수 있다.
7 ②   8 ②
9 예 많은 사람이 죽거나 다치고 있다. / 의료 시설이 파괴되어 질병과 상처를 제때 치료하지 못하고 있다.
10 ③   11 ②   12 ④
13 민지, 현서   14 지구 온난화   15 ⑤
16 ④   17 ㉠, ㉡   18 ②
19 ㉠ 편견 ㉡ 차별   20 ②, ④

1 ㉢ 두 개의 큰 섬과 89개의 작은 섬으로 이루어져 있으며, ㉣ 우리나라 동해의 중심에 위치해 있습니다.

2 가스 하이드레이트는 바닷속에 살던 미생물이 썩으면서 생긴 가스와 물이 결합하여 만들어진 천연가스로, 불을 붙이면 타는 성질이 있어 '불타는 얼음'이라고 불립니다.

3 우리나라와 다른 나라의 옛 기록에 독도가 우리나라의 영토임이 명백히 나타나 있습니다.

4 오늘날에도 독도를 지키려는 노력은 계속되고 있습니다. ① 독도에는 주민들과 독도를 지키는 독도 경비대원 등이 살고 있습니다.

5 ② 남북한의 언어가 달라지고 있고, ③ 국방비 지출이 늘어나고 있으며, ⑤ 전쟁이 일어날지 모른다는 불안감이 계속되고 있습니다.

6

채점 기준	
상	'남한의 발전된 기술력과 북한의 풍부한 자원을 활용하여 경쟁력 높은 제품을 만들 수 있다.'라고 바르게 쓴 경우
하	'경쟁력 높은 제품을 만들 수 있다.'라고만 쓴 경우

남북통일이 되면 남한의 발전한 기술력과 북한의 풍부한 자원을 활용하여 경제적으로 성장할 수 있다는 좋은 점이 있습니다.

7 남한과 북한은 남북통일을 위해 정치, 경제, 사회·문화적 노력을 하고 있습니다. ①과 ④는 경제적 노력, ③은 사회·문화적 노력입니다.

8 인도와 파키스탄은 카슈미르 지역을 두고 갈등을 벌이고 있으며, 여러 차례 무력 충돌이 일어나 많은 사람이 어려움을 겪고 있습니다.

9

채점 기준	
상	'많은 사람이 죽거나 다치고 있다.', '의료 시설이 파괴되어 질병과 상처를 제때 치료하지 못하고 있다.'라고 두 가지 모두 바르게 쓴 경우
하	위의 내용 중 한 가지만 쓴 경우

이외에도 '학교가 무너져 학생들이 제대로 공부하지 못한다.', '살던 곳을 떠나 난민이 되는 사람들이 있다.' 등이 있습니다. 지구촌 갈등으로 인한 문제를 해결하려면 우리 모두가 지구촌 갈등에 관심을 갖고 함께 노력해야 합니다.

10 ㉡ 다름을 존중하지 않고 자기 이익만 생각하고, ㉢ 강대국들이 과거 잘못을 책임지지 않기 때문에 지구촌 갈등이 지속되고 있습니다.

11 개인들도 세계에서 일어나는 문제를 해결하고 평화로운 지구촌을 만들고자 노력하고 있습니다.

12 비정부 기구는 뜻이 같은 개인이 모여 공공의 이익을 추구하고 지구촌의 여러 문제를 해결하고자 활동하는 민간 조직입니다.

13 연재 – 여러 나라들이 만든 국제기구입니다. 도아 – 우리나라는 1991년에 회원국으로 가입하여 활동하고 있습니다.

14 지구 온난화는 이산화 탄소, 메탄 등과 같은 온실가스 때문에 나타납니다. 온실가스는 석유나 석탄 같은 화석 연료의 사용과 산림 파괴 등으로 증가하는데, 사람들의 무분별한 개발 때문에 지구 온난화가 심각해지고 있습니다.

15 플라스틱이 바다에 버려져 쓰레기 섬을 이루고, 해양 생물들은 플라스틱 쓰레기를 먹이로 착각하여 먹고 이것이 인간의 식량이 되어 우리의 건강에 해로운 영향을 미칩니다.

16 개인은 일상생활에서 실천할 수 있는 방법으로 지구촌의 환경 문제를 해결하고자 노력하고 있습니다. ④는 정부가 하는 노력입니다.

17 ㉢ 먼 곳에서 생산된 식품을 운송하는 과정에서 화석 연료가 사용되고 신선도 유지를 위해 화학 물질을 사용하기 때문에 환경이 오염됩니다.

18 ② 생계가 어려워 일을 하느라 학교에 가지 못하는 어린이가 있는 곳에 아동과 청소년이 교육을 받을 수 있는 환경을 제공합니다.

19 문화적 편견과 차별을 해결하려면 다른 문화를 이해하고 존중하는 태도를 길러야 합니다.

20 세계 시민은 지구촌이라는 공동체를 이루는 한 사람으로서, 지구촌에서 일어나는 문제에 관심을 두고 이를 해결하고자 노력합니다.

1 ㄹ   **2** 예 선박의 항로뿐만 아니라 군사적으로도 중요한 위치에 있다.

3 『세종실록』「지리지」   **4** 반크

5 ③   **6** 정윤, 시영   **7** ⑤

8 ①, ②   **9** ㄷ, ㄹ   **10** ⑤

11 이태석   **12** ②   **13** ③

14 ①   **15** ⑤   **16** ㄱ, ㄹ

17 ②, ⑤   **18** ④

19 예 생활에 필요한 물품과 의약품을 지원한다. / 아동과 청소년이 교육받을 환경을 제공한다.

20 ②

1 ㄹ 독도는 경사가 급하고 대부분 암석이지만 다양한 동식물이 서식하는 생태계의 보고입니다.

2

	채점 기준
상	'선박의 항로뿐만 아니라 군사적으로도 중요한 위치에 있다.'라고 바르게 쓴 경우
하	'선박의 항로로서 중요한 위치에 있다.' 또는 '군사적으로 중요한 위치에 있다.'라고만 쓴 경우

독도는 우리나라의 영토에서 가장 동쪽에 있는 섬이며 행정 구역으로는 경상북도 울릉군에 속합니다. 동해의 중심에 있는 독도는 군사 분야와 선박의 항로에서 중요한 곳입니다.

3 『세종실록』「지리지」에는 독도가 조선의 영토라는 사실과 울릉도에서 독도를 직접 눈으로 볼 수 있다는 내용이 기록되어 있습니다. 우리나라의 옛 기록과 지도를 통해 우리 조상들이 독도를 우리나라 영토로 인식하였음을 알 수 있습니다.

4 반크를 비롯한 민간단체는 독도를 지키기 위해서 독도를 잘못 소개한 정보와 자료를 찾아 수정을 요청하거나 독도가 우리나라의 영토임을 전 세계에 알리고자 다양한 활동을 하고 있습니다.

5 ①은 홍순칠, ②와 ⑤는 심흥택, ④는 최종덕이 독도를 지키려고 노력한 일입니다.

6 지원─국방비를 줄여 다른 분야에 사용할 수 있습니다. 기현─남한과 북한의 문화적 차이로 나타나는 문제를 극복할 수 있습니다.

7 ①과 ④는 경제적 노력, ②와 ③은 정치적 노력입니다. 사회·문화적 노력에는 개성 만월대 남북 공동 발굴, 남북 예술단 합동 공연 등이 있습니다.

8 시리아는 독재에 대한 반대 시위가 결국 내전으로 이어졌고, 이후 종교 갈등으로까지 번졌습니다. 시리아 내전은 지금까지 이어지고 있으며 이로 인해 많은 사람이 다치거나 죽고 난민이 발생하였습니다.

9 지구촌 갈등은 ㉠ 짧은 시간에 해결하기 어려우며, ㉡ 갈등을 겪는 지역뿐만 아니라 다른 여러 나라와도 연결되어 있습니다.

10 지구촌 갈등 해결을 위해 개인은 모금 활동하기, 글이나 영상을 누리 소통망에 올리기, 지구촌 문제에 관심 갖기, 홍보 동영상 만들기 등의 활동을 할 수 있습니다.

11 이태석은 내전으로 어려움에 처한 남수단 톤즈 지역에서 주민들을 도울 수 있는 학교와 병원을 세우는 등의 노력을 하였습니다.

12 ② 비정부 기구는 뜻이 같은 개인들이 모여 공공의 이익을 추구하고 지구촌의 여러 문제를 해결하고자 활동하는 민간 조직을 말합니다.

13 ① 전 세계의 노동 문제를 해결하고자 노력합니다. ② 난민 문제 해결에 힘쓰고 있습니다. ④ 비정부 기구로 의료적 구호 활동을 펼치고 있습니다.

14 우리나라는 전쟁이나 충돌을 막고자 관련 조약에 가입하거나 세계 여러 나라들과 사이좋은 관계를 유지할 수 있도록 다양한 외교 활동을 펼치고 있습니다.

15 열대 우림은 농경과 목축을 위해 나무를 베고 숲을 불태움으로써 파괴되었으며, 점점 빠른 속도로 사라지고 있습니다.

16 지구 온난화로 인해 빙하가 녹고, 더위가 심한 날이 많아지며, 태풍이 자주 발생하고 폭설이 내리는 등 이상 기후 현상이 나타나고 있습니다.

17 환경 문제는 문제가 발생하고 있는 지역이나 나라만의 문제가 아니라 지구촌 전체의 문제입니다. ①은 개인, ③은 국가, ④는 세계에서 환경 문제를 해결하기 위한 노력입니다.

18 ④ 닭을 넓고 쾌적한 환경에서 키우고, 항생제가 들어 있지 않은 먹이를 먹이기 때문에 닭이 건강하게 자랍니다.

19

채점 기준	
상	'생활에 필요한 물품과 의약품을 지원한다.', '아동과 청소년이 교육받을 환경을 제공한다.'라고 두 가지 모두 바르게 쓴 경우
하	위의 내용 중 한 가지만 쓴 경우

이외에도 '농업과 공업의 발전에 필요한 기술을 알려 주어 자립할 수 있도록 돕는다.', '관심을 갖고 함께 참여할 수 있는 다양한 홍보 활동, 교육 활동을 한다.' 등이 있습니다.

20 지구촌에는 자신과 다른 문화에 편견이 있는 사람들이 있습니다. 편견은 차별로 이어져 갈등의 원인이 됩니다.

수행평가

주제 ❶　28쪽

1-❶ (1) (가), (다) (2) (나), (라)

1-❷ 예 우산도(지금의 독도)가 표기된 가장 오래된 지도이다.

1-❸ 예 우리나라와 세계 여러 나라 사람들 모두 독도가 우리나라 영토라고 인정하고 있었으며, 독도가 우리나라 땅임을 국제적으로도 인정받았다는 사실을 알 수 있다.

주제 ❷　29쪽

2-❶ 예 영토, 자원, 종교, 언어, 인종, 민족, 역사, 정치 등

2-❷ 예 다름을 존중하지 않고 자기 이익만 생각하기 때문이다. / 역사적으로 오랫동안 쌓인 미움과 갈등이 크기 때문이다.

2-❸ (1) 예 다른 나라와 지나치게 경쟁하기보다는 협력하여 갈등이 일어나지 않도록 한다.

(2) 예 지구촌의 문제 해결에 뜻이 같은 사람들이 모여 목소리를 낸다.

(3) 예 지구촌 갈등으로 피해를 입은 사람들을 돕는 모금 활동을 한다.

1-❶

채점 기준	
상	'(1) (가), (다)', '(2) (나), (라)'라고 두 가지 모두 바르게 쓴 경우
하	(1)과 (2) 중 한 가지만 바르게 쓴 경우

독도가 우리나라 땅이라는 사실이 기록된 역사적 자료는 우리나라뿐만 아니라 일본을 비롯하여 다른 나라에서도 제작되었습니다.

1-❷

채점 기준	
상	'우산도(지금의 독도)가 표기된 가장 오래된 지도이다.'라고 바르게 쓴 경우
하	'가장 오래된 지도이다.'라고만 쓴 경우

『신증동국여지승람』「팔도총도」에는 우산도(독도)가 울릉도의 서쪽에 그려져 있습니다. 또한 '우산도(독도)와 울릉도가 본래 하나의 섬이라는 주장이 있다.'라는 내용이 수록되어 있습니다.

1-❸

채점 기준	
상	'우리나라와 세계 여러 나라 사람들 모두 독도가 우리나라 영토라고 인정하고 있었으며, 독도가 우리나라 땅임을 국제적으로도 인정받았다는 사실을 알 수 있다.'라고 바르게 쓴 경우
하	'우리나라와 세계 여러 나라 사람들 모두 독도가 우리나라 영토라고 인정하고 있다.' 또는 '독도가 우리나라 땅임을 국제적으로도 인정받았다는 사실을 알 수 있다.'라고만 쓴 경우

일본은 독도가 자기 나라의 땅이라는 억지 주장을 지속해서 하고 있는데, 일본의 옛 지도와 기록에도 독도가 우리나라의 영토라는 사실이 명백히 나타나 있습니다.

2-❶

채점 기준	
상	'영토, 자원, 종교, 언어, 인종, 민족, 역사, 정치' 중 세 가지 모두 바르게 쓴 경우
중	위의 내용 중 두 가지만 쓴 경우
하	위의 내용 중 한 가지만 쓴 경우

지구촌 갈등에는 영토, 자원, 종교, 언어, 인종, 민족, 역사, 정치 등의 다양한 원인이 복합적으로 얽혀 있습니다. 지구촌 갈등은 갈등을 겪는 지역뿐만 아니라 다른 여러 나라와도 연결되어 있어 지구촌 전체의 평화와 발전을 위협하고, 짧은 시간에 해결하기 어렵습니다.

2-❷

채점 기준	
상	'다름을 존중하지 않고 자기 이익만 생각하기 때문이다.', '역사적으로 오랫동안 쌓인 미움과 갈등이 크기 때문이다.'라고 두 가지 모두 바르게 쓴 경우
하	위의 내용 중 한 가지만 쓴 경우

이외에도 '강대국들이 과거의 잘못을 책임지지 않고, 자국의 이익을 위해 어려운 나라를 이용하기 때

문이다.', '나라들이 지켜야 할 강력한 법이 없어 갈등을 막기 어렵기 때문이다.' 등이 있습니다. 지구촌 갈등은 갈등이 일어나는 지역만의 문제가 아니라 지구촌 전체의 문제이기 때문에 갈등을 해결하려면 주변 나라들의 적극적인 노력도 필요합니다.

2-❸

	채점 기준
상	'(1) 국가의 노력', '(2) 민간단체의 노력', '(3) 개인의 노력'을 각각 한 가지씩 바르게 쓴 경우
중	세 주체별 노력 중 두 주체별 노력만 바르게 쓴 경우
하	세 주체별 노력 중 한 주체별 노력만 바르게 쓴 경우

지구촌 갈등은 갈등과 관련 있는 나라만의 문제가 아니라 지구촌 전체의 문제이기도 하며, 개인에게 영향을 주기도 하기 때문에 관심을 갖고 해결하려고 노력해야 합니다.

학업성취도 평가 대비 문제 **1회**
30~32쪽

1 ③　　　　　**2** 남아메리카
3 예 세계에서 가장 넓은 바다로, 우리나라와 인접해 있다. / 아시아, 오세아니아, 북아메리카, 남아메리카 대륙에 둘러싸여 있다.
4 디지털 영상 지도　　　**5** 지수
6 ㉠ 사막 ㉡ 초원　　　**7** ②
8 ④　　　**9** ③　　　**10** ⑤
11 독도　　**12** ④　　**13** ㉠, ㉡, ㉣
14 ②　　**15** 지안, 도윤　　**16** ④
17 (1) ㉠ (2) ㉢　　　　**18** ①
19 예 생활에 필요한 물품과 의약품을 지원하는 / 아동과 청소년이 교육받을 수 있는 환경을 제공하는 / 농업과 공업의 발전에 필요한 기술을 알려 주어 자립할 수 있도록 돕는
20 ㉠, ㉢

---

1 ③ 지구본은 둥근 지구를 작게 줄여서 만든 모형이므로 둥근 형태입니다. 따라서 세계 지도보다 가지고 다니기 불편합니다.

2 남아메리카 대륙은 태평양, 대서양, 남극해에 맞닿아 있습니다.

3

	채점 기준
상	'세계에서 가장 넓은 바다로, 우리나라와 인접해 있다.', '아시아, 오세아니아, 북아메리카, 남아메리카 대륙에 둘러싸여 있다.'라고 바르게 쓴 경우
하	'세계에서 가장 넓은 바다이다.'라고만 쓴 경우

태평양은 아시아, 오세아니아, 북아메리카, 남아메리카 대륙에 둘러싸여 있고, 북쪽은 북극해, 남쪽은 남극해와 닿아 있습니다.

4 디지털 영상 지도를 활용하면 세계 여러 나라의 주요 관광지를 자세하게 알아볼 수 있습니다.

5 적도 지방에서 극지방으로 갈수록 기온이 점차 낮아지고, 햇볕을 수직으로 받는 적도 부근은 열대 기후가 나타납니다.

6 건조 기후는 주로 남·북위 20°~30° 일대와 중앙아시아처럼 바다와 멀리 떨어진 곳에 나타납니다.

7 사람들이 살아가는 지역의 자연환경과 인문환경이 서로 다르기 때문에 세계 여러 나라 사람들의 생활 모습이 다양하게 나타납니다.

8 중국에는 히말라야산맥, 시짱고원, 고비 사막, 황허강 등 여러 지형이 발달해 있습니다. ④ 네 개의 큰 섬과 3,000여 개의 작은 섬으로 이루어져 있는 이웃 나라는 일본입니다.

9 ① 러시아 발레단의 한국 공연과 ② 한·중·일 합작 만화 영화의 국내 개봉은 문화 교류 사례로 볼 수 있습니다. ④ 우리나라에서 물건을 구입하는 중국 관광객과 ⑤ 우리나라, 중국, 일본, 러시아의 전력망을 서로 잇는 사업은 경제 교류 사례로 볼 수 있습니다.

10 우리나라는 사우디아라비아 등이 위치한 서남아시아에서 가장 많은 원유를 수입합니다.

11 독도는 두 개의 큰 섬인 동도와 서도, 주변의 크고 작은 바위섬 89개로 이루어져 있습니다.

12 ④ 독도에는 주민, 경찰, 공무원 등 약 40명이 거주하고 있습니다. 정부는 독도의 생태계를 보호하고 독도를 지속적으로 이용할 수 있도록 여러 법령을 시행하고 있습니다.

13 ㉢ 남북 분단으로 남한과 북한에서 사용하는 언어, 문화와 생활 모습이 서로 달라지고 있습니다.

14 남북 교류의 움직임은 1970년대에 나타나기 시작하였

습니다. ①과 ⑤는 경제적 노력, ③과 ④는 사회·문화적 노력입니다.

15 지구촌 갈등은 짧은 시간에 해결하기 어렵고 영토, 자원, 종교, 언어, 인종, 민족, 역사, 정치 등의 다양한 원인이 복합적으로 얽혀 있습니다.

16 제시된 글은 비정부 기구에 대한 설명입니다. ④는 국제 연합(UN)의 전문 기구입니다.

17 국제 연합(UN)은 전쟁을 방지하고 지구촌의 평화를 유지하며 국제적 협력을 높이고자 1945년에 만든 국제기구입니다. ㉡ 난민 문제를 해결하는 데 힘쓰고 있고, ㉣ 전 세계의 노동 문제를 해결하고자 노력하고 있습니다.

18 개인들은 일상생활에서 실천할 수 있는 방법으로 지구촌의 환경 문제를 해결하고자 노력하고 있습니다. ② 일회용 플라스틱 제품 사용을 줄여야 합니다. ③과 ④는 국가, ⑤는 기업이 하는 노력입니다.

19

채점 기준
'생활에 필요한 물품과 의약품을 지원하는', '아동과 청소년이 교육받을 수 있는 환경을 제공하는', '농업과 공업의 발전에 필요한 기술을 알려 주어 자립할 수 있도록 돕는' 중 한 가지를 바르게 쓴 경우

빈곤은 생활필수품이 부족하여 생활하기가 어려운 상태이고, 기아는 먹을 것이 부족하여 굶주리는 것을 말합니다. 빈곤과 기아 문제를 해결하기 위해서는 이외에도 관심을 갖고 함께 참여할 수 있는 다양한 홍보 활동과 교육 활동을 합니다.

20 ㉡ 가까운 거리는 걸어서 이동하며, ㉣ 다른 나라에서 온 친구를 대할 때는 그 나라의 문화를 존중해야 합니다.

---

1 ② 　　　　**2** (1) ㉠ (2) ㉣
3 ④ 　　　　**4** ③, ⑤ 　　　　**5** ⑤
6 예 저위도 지역의 고도가 높은 곳에서 나타나는 고산 기후는 일 년 내내 날씨가 온화하여 무더운 평지보다 사람이 생활하기에 유리하기 때문이다.
7 ② 　　　　**8** ④ 　　　　**9** 이해
10 ⑤ 　　　　**11** 미국 　　　　**12** ⑤
13 「삼국접양지도」 　　　**14** ④, ⑤
15 ⑤ 　　　　**16** 말랄라 유사프자이
17 ㉠, ㉣ 　　　**18** ⑤ 　　　　**19** ①
20 예 지구촌 문화를 체험하는 행사를 연다. / 상담을 지원하고 필요한 도움을 제공한다. / 지구촌 문화를 이해하고 존중하는 태도의 중요성을 알린다. / 다른 나라 사람에게 우리나라 문화를 소개하여 이해하도록 돕는다.

1 ① 지구본은 가지고 다니기 불편하고, ③ 전 세계의 모습을 한눈에 보기 어렵습니다. ④는 세계 지도, ⑤는 디지털 영상 지도에 대한 설명입니다.

2 대륙은 아시아, 아프리카, 유럽, 북아메리카, 남아메리카, 오세아니아, 남극으로 나뉘며, 대양은 태평양, 대서양, 인도양, 북극해, 남극해로 나뉩니다.

3 세계 여러 나라의 범위를 알아볼 때는 나라의 위치와 속해 있는 대륙, 위도와 경도의 범위, 주변에 있는 대양, 주변에 있는 나라 등을 알아볼 수 있습니다.

4 ① 세계에서 영토 면적이 가장 넓은 나라는 러시아이고, ② 세계에서 영토 면적이 가장 좁은 나라는 바티칸 시국입니다. ④ 세계에서 영토 면적이 두 번째로 넓은 나라는 캐나다입니다.

5 제시된 지도와 같이 분포하는 기후는 건조 기후로, 주로 중위도 지역의 내륙에 나타납니다. 건조 기후 지역은 강수량이 매우 적어 사막이 널리 나타나는 곳도 있습니다.

6

채점 기준
'저위도 지역의 고도가 높은 곳에서 나타나는 고산 기후는 일 년 내내 날씨가 온화하여 무더운 평지보다 사람이 생활하기에 유리하기 때문이다.'라고 바르게 쓴 경우

저위도 지역의 해발 고도가 높은 고산 지대는 일 년 내내 날씨가 우리나라의 봄철과 같이 온화합니다.

7 인도에서 힌두교를 믿는 사람들은 소를 신성한 동물로 여기기 때문에 소를 죽이거나 먹지 않는 경우가 많습니다.

8 열대 기후가 나타나는 지역에서는 땅에서 올라오는 열기와 습기를 피하고 바람이 잘 통하게 하려고 나무 기둥을 세워 바닥이 땅에서 떨어지게 집을 짓습니다.

9 각 나라의 생활 모습이 다양함을 알아야 하고, 입장을 바꿔 생각할 수 있어야 합니다.

10 ④ 일본은 국토 대부분이 산지이며, 화산, 온천 등 관광 자원이 많고 수산업이 발달하였습니다.

11 미국은 우리나라의 주요 무역 상대국으로, 경제 외에도 정치, 군사, 외교, 문화 등 다양한 분야에서 우리나라와 매우 밀접한 관계를 맺고 있습니다.

12 ⑤ 독도 주변의 바다는 따뜻한 바닷물과 차가운 바닷물이 만나는 곳으로 물고기의 먹이가 풍부하여 많은 해양 생물이 살고 있습니다.

13 우리나라의 옛 지도와 기록뿐만 아니라 일본의 옛 지도와 기록에도 독도가 우리나라의 영토라는 사실이 명백히 나타나 있습니다.

14 남북통일이 되면 ① 이산가족 문제를 해결할 수 있고, ② 국방비 지출이 줄어들 것이며, ③ 자동차, 기차 등을 이용해 중국, 러시아, 유럽 등으로 갈 수 있을 것입니다.

15 지구촌 갈등은 영토, 자원, 종교, 언어, 인종, 민족, 역사, 정치 등의 다양한 원인이 복합적으로 얽혀서 일어나고 있습니다.

16 말랄라 유사프자이는 파키스탄 여성과 세계 어린이 교육권을 위해 활동하여 노벨 평화상을 수상하였습니다.

17 우리나라는 지구촌 문제 해결을 위해 도움이 필요한 지역의 사람들을 돕고 있으며, 다른 나라와 좋은 관계를 유지할 수 있도록 노력하고 있습니다.

18 국제 연합은 주권을 가진 두 개 이상의 국가가 합의하여 만든 국제 협력 단체로, 세계 여러 나라가 서로 협력하여 지구촌 갈등을 해결하려고 노력하고 있습니다. ⑤ 비정부 기구에 대한 설명입니다.

19 제시된 글은 지구 온난화에 대한 설명입니다. 지구 온난화로 극지방의 빙하가 녹고 세계 곳곳에서 이상 기후 현상이 나타나고 있습니다.

20	**채점 기준**
상	'지구촌 문화를 체험하는 행사를 연다.', '상담을 지원하고 필요한 도움을 제공한다.', '지구촌 문화를 이해하고 존중하는 태도의 중요성을 알린다.', '다른 나라 사람에게 우리나라 문화를 소개하여 이해하도록 돕는다.' 중 두 가지 모두 바르게 쓴 경우
하	위의 내용 중 한 가지만 쓴 경우

지속 가능한 미래는 사람들이 화합하고 협력하여 만들 수 있는데, 지구촌에는 자신과 다른 문화에 편견이 있는 사람들이 있습니다. 편견은 차별로 이어져 갈등의 원인이 됩니다.

평가책

Memo

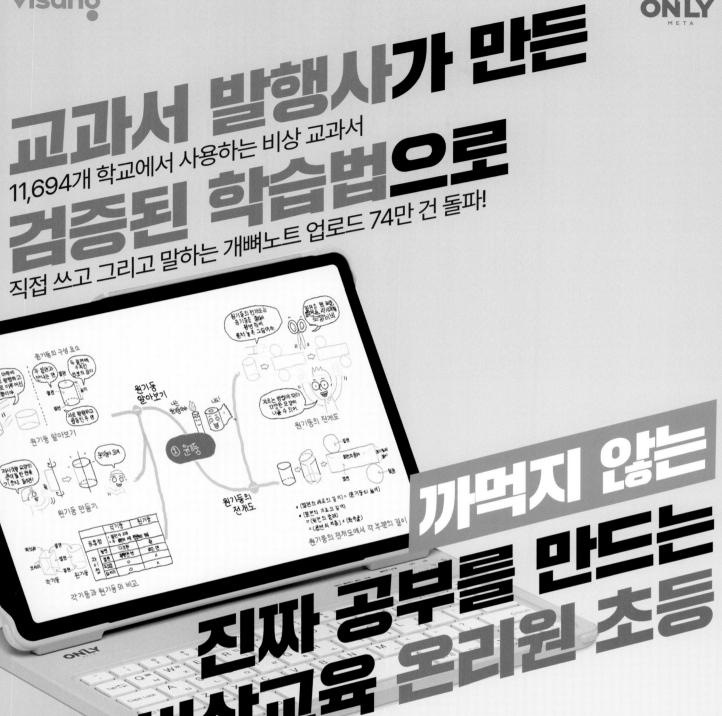

한·끝·시·리·즈 교과서 학습부터 평가 대비까지 한 권으로 끝! 사회 공부의 진리입니다.

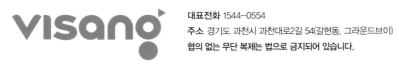

대표전화 1544-0554
주소 경기도 과천시 과천대로2길 54(갈현동, 그라운드브이)
협의 없는 무단 복제는 법으로 금지되어 있습니다.

비상 누리집에서 더 많은 정보를 확인해 보세요,
http://book.visang.com/

학업성취도 평가 대비

학업성취도 평가 대비 문제 2회

한끝 평가책

초등사회
6·2

단원 평가 대비 | 개념 정리 / 쪽지 시험 /
실전 단원 평가 / 수행 평가

학업성취도 평가 대비 | 학업성취도 평가 대비 문제 2회

책 속의 가접 별책 (특허 제 0557442호)

'평가책'은 본책에서 쉽게 분리할 수 있도록 제작되었으므로
유통 과정에서 분리될 수 있으나 파본이 아닌 정상제품입니다.

ABOVE IMAGINATION

우리는 남다른 상상과 혁신으로
교육 문화의 새로운 전형을 만들어
모든 이의 행복한 경험과 성장에 기여한다

한끝

평가책

초등 사회 | 6·2

① 지구, 대륙 그리고 국가들

1 세계 지도, 지구본, 디지털 영상 지도의 특징

세계 지도	• 둥근 지구를 평면으로 나타낸 것임. • 세계 여러 나라의 위치와 영역을 한눈에 살펴볼 수 있지만, 실제 모습과 다른 점이 있음. • 가로선(위선)과 세로선(경선)에 쓰여 있는 숫자를 보면 위도와 경도를 알 수 있음. 자료①
지구본	• 둥근 지구를 줄여서 지구와 비슷하게 만든 모형임. • 가지고 다니기 불편함. • 세계 지도와 같이 위선과 경선이 표시되어 있음.
디지털 영상 지도	• 위성 사진이나 항공 사진을 활용해 만든 지도임. • 스마트폰이나 컴퓨터가 필요하며, 인터넷을 연결해야 다양한 기능을 사용할 수 있음. 자료②

2 세계의 대륙과 대양 자료③

① 세계의 대륙

유럽	우랄산맥을 경계로 아시아의 서쪽에 있는 대륙임.
아프리카	아시아 다음으로 면적이 넓음.
아시아	세계에서 면적이 가장 넓은 대륙임.
오세아니아	남반구에 있으며, 대륙 중에서 면적이 가장 좁음.
북아메리카	주요 나라는 미국, 캐나다 등이 있음.
남아메리카	주요 나라는 브라질, 칠레, 아르헨티나 등이 있음.
남극	남극해로 둘러싸인 대륙임.

② 세계의 대양

태평양	세계에서 가장 넓은 바다로, 우리나라와 인접해 있음.
대서양	세계에서 두 번째로 넓은 바다임.
인도양	아시아, 아프리카, 오세아니아 대륙에 둘러싸여 있음.
북극해	북극 주변에 있는 바다임.
남극해	남극 대륙을 둘러싸고 있는 바다임.

3 세계 주요 나라들의 영토 특징

① **세계 여러 나라의 영토 면적**: 세계 여러 나라는 영토 면적이 서로 다릅니다. 예 가장 넓은 나라는 러시아이고, 그 다음은 캐나다이며, 가장 좁은 나라는 바티칸 시국입니다.

② **세계 여러 나라의 영토 모양**: 세계 여러 나라는 영토 모양이 매우 다양합니다. 자료④

자료① 위도와 경도

위도	• 위선(가로선)으로 나타냄. • 적도(위도 0°)를 기준으로 북쪽의 위도를 북위, 남쪽의 위도를 남위라고 함. • 북위와 남위는 각각 90°까지 나타냄.
경도	• 경선(세로선)으로 나타냄. • 본초 자오선(경도 0°)을 기준으로 동쪽의 경도를 동경, 서쪽의 경도를 서경이라고 함. • 동경과 서경은 각각 180°까지 나타냄.

자료② 디지털 영상 지도의 다양한 기능

검색	검색창에 찾고자 하는 나라나 장소를 입력하면 지도에서 위치와 주요 정보를 찾을 수 있음.
이동 경로 검색	출발지와 목적지를 입력하면 이동 수단에 따른 경로, 소요 시간 등을 알 수 있음.
지도의 종류 변환	지도의 종류를 위성 사진, 지형도 등으로 바꾸어 볼 수 있음.
내 위치 검색	현재의 내 위치를 검색할 수 있음.
확대 및 축소	지도를 자유롭게 확대하거나 축소할 수 있음.
실제 사진 확인	어떤 장소의 실제 모습을 여러 각도에서 찍은 사진으로 확인할 수 있음.

자료③ 세계의 대륙과 대양

자료④ 세계 여러 나라의 영토 모양

사우디 아라비아	국경선이 단조로움.
아이슬란드	해안선이 복잡함.
칠레	남북으로 길게 뻗어 있음.
탄자니아	둥근 모양임.

1 둥근 지구를 평면으로 나타낸 것으로, 나라와 바다의 모양, 거리 등이 실제와 다르게 표현되기도 하는 자료는 무엇입니까?

1 _____

2 (세계 지도 , 지구본)은/는 전 세계의 모습을 한눈에 보기 어렵고, 가지고 다니기 불편합니다.

2 _____

3 디지털 영상 지도는 스마트폰이나 컴퓨터가 필요하며, (   )을/를 연결해야 다양한 기능을 사용할 수 있습니다.

3 _____

4 (㉠)은/는 바다로 둘러싸인 큰 땅덩어리를 말하고, (㉡) 은/는 큰 바다를 말합니다.

4 ㉠: _____

㉡: _____

5 아시아 다음으로 면적이 넓고, 북반구와 남반구에 걸쳐 있는 대륙은 무엇입니까?

5 _____

6 대부분 얼음에 덮여 있는 북극해는 아시아, (남아메리카 , 북아메리카), 유럽에 둘러싸여 있습니다.

6 _____

7 세계에서 영토의 면적이 가장 넓은 나라는 ㉠ (캐나다 , 러시아)이며, 가장 좁은 나라는 ㉡ (바티칸 시국 , 모로코)입니다.

7 ㉠: _____

㉡: _____

8 아라비아반도에 있는 사우디아라비아는 국경선이 (복잡한 , 단조로운) 편입니다.

8 _____

② 세계의 다양한 삶의 모습

① 세계의 기후 분포

① 세계의 기후 분포 특징: 저위도 지역에서 고위도 지역으로 갈수록 기온이 낮아지며, 대체로 적도 지방에서 극지방으로 갈수록 열대, 건조, 온대, 냉대, 한대 기후 순으로 나타납니다. 자료①

② 세계 주요 기후의 특징 자료②

열대 기후	적도 부근 지역에서 주로 나타나며, 일 년 내내 더움.
건조 기후	주로 중위도 지역의 내륙에 나타나며, 강수량이 매우 적음.
온대 기후	중위도 지방에서 주로 나타나며, 사계절이 뚜렷함.
냉대 기후	사계절이 나타나지만 겨울이 몹시 춥고 긺.
한대 기후	극지방에서 나타나며, 기온이 매우 낮음.
고산 기후	적도 부근의 고산 지역은 일 년 내내 날씨가 온화함.

② 기후에 따른 사람들의 생활 모습

열대 기후	• 화전 농업으로 카사바, 얌 등을 재배하거나 커피, 바나나 등의 열대작물을 대규모로 재배함. • 생태 관광 산업이 발달하고 있음.
건조 기후	• 사막 지역에서는 오아시스나 강 주변에서 농사를 지음. • 초원 지역에서는 전통적으로 물과 풀을 찾아 이동하며 가축을 기르는 유목 생활을 함.
온대 기후	• 유럽에서는 밀 농사, 아시아에서는 벼농사가 발달함. • 지중해 주변 지역에서는 올리브, 포도 등을 많이 재배함.
냉대 기후	• 대규모 침엽수림 지대가 분포함. • 목재 및 펄프 공업이 발달함.
한대 기후	• 전통적으로 순록을 기르며 유목 생활을 하였음. • 최근 석유와 천연가스 등 자원 개발이 이루어지고 있음.
고산 기후	• 저위도 지역의 고산 지대에서는 도시가 발달하기도 함. • 낮은 기온에서도 잘 자라는 감자, 옥수수 등을 주식으로 함.

③ 세계 여러 나라 사람들의 의식주 문화

① 세계 여러 지역의 다양한 문화: 사람들의 의식주 생활 모습은 각 지역의 자연환경과 인문환경의 영향을 받아 매우 다양하게 나타납니다. 예 이란의 차도르, 인도의 사리, 튀르키예의 케밥, 가나의 푸푸, 몽골의 게르 등 자료③

② 세계 여러 지역의 다양한 생활 모습을 대하는 태도: 서로 다른 생활 모습을 이해하고 존중해야 합니다.

자료① **세계의 기후 분포**

자료② **세계 주요 기후의 구분**

열대 기후	가장 추운 달의 평균 기온이 18℃ 이상임.
건조 기후	강수량이 매우 적어 일 년 동안의 강수량 합이 500mm 미만임.
온대 기후	가장 추운 달의 평균 기온이 –3℃ 이상 18℃ 미만임.
냉대 기후	가장 추운 달의 평균 기온이 –3℃ 미만이고, 가장 따뜻한 달의 평균 기온이 10℃ 이상임.
한대 기후	가장 따뜻한 달의 평균 기온이 10℃ 미만임.
고산 기후	해발 고도가 높은 고산 지역에서 나타나는 기후임.

자료③ **환경의 영향을 받은 세계 여러 나라의 의식주 생활 모습**

인도의 전통 의복, 사리	• 사리는 한 장의 긴 천으로 만든 인도의 전통 의복임. • 옷감을 자르고 바느질하는 것을 바람직하지 않게 여기는 힌두교의 영향을 받은 것임.
튀르키예의 음식, 케밥	• 케밥은 초원 지대에서 유목 생활을 하던 사람들이 쉽게 요리하려고 고기를 조각내어 구워 먹던 것에서 비롯된 음식임. • 튀르키예 사람들은 대부분 이슬람교를 믿기 때문에 돼지고기를 사용하지 않고 주로 양고기로 케밥을 만듦.
몽골의 이동식 가옥, 게르	• 게르는 나무로 뼈대를 세우고 천막을 덮어 만든 조립식 가옥임. • 가축과 함께 이동하는 유목 생활에 적합함.

정답과 해설 • 26쪽

1 햇볕을 가장 많이 받는 ㉠ (적도 , 극지방) 부근은 열대 기후가 나타나고, 햇볕을 가장 적게 받는 ㉡ (적도 , 극지방) 부근은 한대 기후가 나타납니다.

1 ㉠:

   ㉡:

2 세계의 주요 기후 중에서 사계절이 가장 뚜렷하게 나타나는 기후는 무엇입니까?

2

3 (냉대 , 한대) 기후는 일 년 내내 평균 기온이 매우 낮은 기후로, 가장 따뜻한 달의 평균 기온이 10℃ 미만입니다.

3

4 건조 기후 지역 중 ㉠ (사막 , 초원) 지역의 사람들은 오아시스나 강 주변에서 농사를 지으며 살아가고, ㉡ (사막 , 초원) 지역의 사람들은 전통적으로 물과 풀을 찾아 이동하며 가축을 기르는 유목 생활을 하며 살아갑니다.

4 ㉠:

   ㉡:

5 냉대 기후 지역은 잎이 뾰족하고 재질이 부드러운 침엽수림이 널리 분포해 목재와 (   ) 공업이 발달하였습니다.

5

6 인도 여성의 전통 의복인 사리가 길고 넓은 한 장의 천으로 만들어진 것은 어떤 종교의 영향 때문입니까?

6

7 세계 각 지역의 지형, 기후 등 자연환경과 풍습, 종교 등 (   ) 은/는 그곳에 사는 사람들의 생활 모습에 영향을 미칩니다.

7

8 세계 여러 나라의 서로 다른 생활 모습을 이해하고 (   )하는 태도를 가져야 합니다.

8

③ 우리나라와 가까운 나라들

① 이웃 나라의 자연환경과 인문환경

① 이웃 나라의 자연환경과 인문환경 특징 〔자료 ①〕

중국	• 서쪽에는 주로 고원과 산지가 분포하고, 동쪽으로 갈수록 지형이 낮아져 넓은 평야가 발달하였음. • 동부 지역과 해안가에 대도시와 항구가 발달하였음.
일본	• 영토 대부분이 산지이며, 화산이 많고 지진이 잦음. • 태평양 연안을 따라 공업 지역이 발달하였음.
러시아	• 서쪽에는 넓은 평야, 동쪽에는 고원과 산지가 분포함. • 석유, 천연가스 등 천연자원이 풍부함.

② 우리나라와 이웃 나라 사람들의 생활 모습

우리나라, 중국, 일본	공통적으로 한자를 활용하며, 식사할 때 젓가락을 사용하는 문화가 있음. 〔자료 ②〕
러시아	영어 알파벳처럼 대문자와 소문자를 나누어 쓰고, 식사할 때 포크, 나이프를 주로 사용함.

② 우리나라와 이웃 나라의 교류 모습

경제 교류	우리나라의 최대 무역 상대국은 중국이며, 일본과 러시아도 주요 무역 상대국 중 하나임. 〔자료 ③〕
사회· 문화 교류	문화·예술 분야의 교류 행사, 동아시아 교육 협력 국제회의 개최 등이 이루어짐.
정치 교류	한·중·일 환경 장관 회의 개최, 한반도의 평화를 위한 각국 대표의 만남 등이 이루어짐.

③ 우리나라와 관계 깊은 나라의 자연환경과 인문환경

미국	• 중부에 평원이 분포하고, 서쪽에 로키산맥이 있음. • 옥수수, 밀 등의 곡물을 대규모로 생산함. • 자원, 기술 등을 바탕으로 다양한 산업이 발달하였음.
사우디 아라비아	• 비가 거의 내리지 않아 영토 대부분이 사막임. • 우리나라가 원유를 가장 많이 수입하는 나라임.
베트남	• 메콩강 하류에 평야가 넓게 발달해 있음. • 벼농사가 발달하여 세계 여러 나라에 쌀을 수출함.

④ 우리나라와 세계 여러 나라의 교류

① **교류와 협력**: 우리나라는 정치·경제·문화적으로 세계 여러 나라와 교류하고 협력하고 있습니다.

② **상호 의존 관계**: 세계 여러 나라가 활발하게 교류하면서 서로에게 미치는 영향도 커져 상호 의존 관계를 맺고 있습니다.

〔자료 ①〕 **우리나라와 이웃 나라의 위치**

〔자료 ②〕 **우리나라, 중국, 일본의 음식 문화와 젓가락**

우리나라	반찬의 크기와 종류가 다양하여 음식을 집기 편하도록 금속 젓가락을 사용함.
중국	기름에 볶거나 튀긴 음식이 많아 음식을 조리하거나 먹을 때 길고 끝이 뭉툭한 나무젓가락을 사용함.
일본	생선 요리가 많아 가시를 편하게 바를 수 있도록 끝이 뾰족한 나무젓가락을 사용함.

〔자료 ③〕 **우리나라와 이웃 나라의 무역 비중**
(2020년 기준)

구분	중국	일본	러시아
수출 비중	25.8% (1위)	4.9% (5위)	1.3% (12위)
수입 비중	23.3% (1위)	9.8% (3위)	2.3% (9위)

(한국 무역 협회, 2021)

1 우리나라의 동쪽에 있으며, 네 개의 큰 섬과 수천 개의 작은 섬들로 이루어진 이웃 나라는 어디입니까?

1 _____

2 세계에서 영토가 가장 넓은 나라인 (   )은/는 석유, 천연가스 등 천연자원이 풍부하여 다양한 산업이 발달하였고, 우주 항공 기술이 세계적으로 우수한 수준입니다.

2 _____

3 우리나라, 중국, 일본에서 공통적으로 (   )을/를 활용한 문자를 사용하는 까닭은 지리적으로 가까워 오래전부터 활발하게 교류했기 때문입니다.

3 _____

4 우리나라, 중국, 일본 사람들은 쌀밥을 주식으로 하며, 음식을 먹을 때 (   )을/를 사용하는 공통점이 있습니다.

4 _____

5 우리나라와 이웃 나라가 물건, 기술이나 자원 등을 수입·수출하는 것은 경제, 문화, 정치 교류 중 어떤 사례에 해당합니까?

5 _____

6 메콩강 하류에 평야가 넓게 발달해 있으며, 벼농사가 발달하여 세계 여러 나라에 쌀을 수출하는 나라는 어디입니까?

6 _____

7 우리나라는 칠레와 (   )을/를 맺고 칠레에서 구리, 과일 등을 수입하며 자동차, 전자 제품 등을 칠레에 수출합니다.

7 _____

8 우리나라와 세계 여러 나라가 활발하게 교류하면서 서로에게 미치는 영향이 더욱 (커지고 , 작아지고) 있습니다.

8 _____

[1~3] 다음 자료를 보고, 물음에 답하시오.

(가)

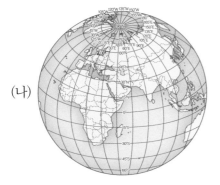

(나)

1 위 (가), (나) 자료를 무엇이라고 하는지 각각 쓰시오.

(가): (   )

(나): (   )

2 위 (가), (나)에 대한 설명으로 알맞지 <u>않은</u> 것은 어느 것입니까? (   )

① (가)는 실제 모습과 다른 점이 있다.
② (가)는 세계 여러 나라의 위치와 영역을 한눈에 살펴볼 수 있다.
③ (나)는 지구의 실제 모습과 비슷하다.
④ (나)는 둥근 지구를 평면으로 나타낸 것이다.
⑤ (나)는 (가)보다 세계 여러 나라의 지리 정보를 더 정확하게 담고 있다.

서술형
3 위 (나)를 이용해 세계 여러 나라를 살펴볼 때의 단점을 한 가지만 쓰시오.

_____

_____

4 지구의 육지와 바다에 대한 설명으로 알맞지 <u>않은</u> 것은 어느 것입니까? (   )

① 지구는 육지와 바다로 이루어졌다.
② 육지의 면적은 약 70%, 바다의 면적은 약 30%이다.
③ 바다로 둘러싸인 커다란 땅덩어리를 대륙이라고 한다.
④ 대양에는 태평양, 대서양, 인도양, 북극해, 남극해가 있다.
⑤ 대륙에는 아시아, 아프리카, 유럽, 오세아니아, 북아메리카, 남아메리카, 남극이 있다.

5 다음 세계 지도에서 ㉠ 대륙과 ㉡ 대양의 이름을 각각 쓰시오.

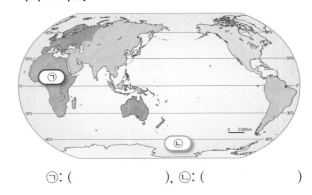

㉠: (   ), ㉡: (   )

6 세계 여러 나라의 영토 모양에 대해 바르게 말한 어린이는 누구입니까? (   )

① 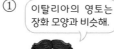 이탈리아의 영토는 장화 모양과 비슷해.

② 노르웨이와 칠레의 영토는 둥근 모양이야.

③ 사우디아라비아는 국경선이 복잡한 편이야.

④ 아르헨티나의 영토는 동서로 길게 뻗은 모양이야.

[7~9] 다음은 세계의 기후 분포를 나타낸 지도입니다. 이를 보고 물음에 답하시오.

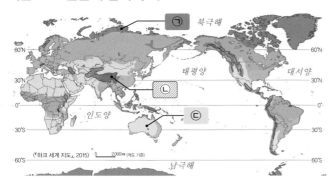

7 위 지도의 ㉠, ㉡ 지역에서 나타나는 기후를 각각 쓰시오.

㉠: (   ), ㉡: (   )

중요
8 위 지도의 ㉢ 지역에 나타나는 기후의 특징으로 알맞은 것은 어느 것입니까? (   )

① 건기와 우기가 나타난다.
② 사계절이 비교적 뚜렷하다.
③ 일 년 내내 평균 기온이 매우 낮다.
④ 일 년 내내 기온이 높고 강수량이 많다.
⑤ 일 년 동안의 강수량을 모두 합쳐도 500mm가 채 안 된다.

서술형
9 세계의 주요 기후가 적도에서 극지방으로 가면서 위 지도와 같이 분포하는 까닭을 쓰시오.

_____

_____

10 열대 기후 지역에서 볼 수 있는 사람들의 생활 모습으로 알맞은 것을 두 가지 고르시오. (,   )

① 생태 관광 산업이 발달하고 있다.
② 인구가 많고 여러 산업이 발달하였다.
③ 순록을 기르는 유목 생활을 하기도 한다.
④ 바나나, 기름야자, 커피를 대규모로 재배한다.
⑤ 석유와 천연가스 등이 풍부해 자원 개발이 활발하다.

11 온대 기후 지역에서 볼 수 있는 모습으로 알맞지 않은 것은 어느 것입니까? (   )

① ▲ 올리브 재배

② ▲ 벼농사

③ ▲ 화훼 농업

④ ▲ 흙집

12 다음에서 설명하는 집을 무엇이라고 하는지 쓰시오.

> 열대 기후가 나타나는 파푸아 뉴기니에서는 땅에서 올라오는 열기와 습기를 피하고 바람이 잘 통하게 하려고 나무 기둥을 세워 바닥이 땅에서 떨어지게 집을 짓습니다.

(   )

13 다음은 환경이 세계 여러 나라 사람들의 생활 모습에 미치는 영향을 조사하는 방법입니다. 순서대로 알맞게 기호를 쓰시오.

> ㉠ 발표하기   ㉡ 주제 정하기
> ㉢ 결과 정리하기   ㉣ 조사 계획 세우기
> ㉤ 자료를 수집하기

(→   →   →   →   )

14 다음과 같은 특징이 나타나는 우리나라의 이웃 나라를 쓰시오.

> • 다양한 문화를 가진 사람들이 함께 살고 있습니다.
> • 동부 지역과 해안가에 주요 항구와 대도시가 있습니다.
> • 히말라야산맥, 시짱고원, 고비 사막, 황허강 등 여러 지형이 발달해 있습니다.

(   )

★중요★
15 일본에 대한 설명으로 알맞지 <u>않은</u> 것은 어느 것입니까? (   )

① 국토 대부분이 산지이다.
② 화산이 많고 지진이 자주 일어난다.
③ 위도가 높아 냉대 기후가 널리 나타난다.
④ 네 개의 큰 섬과 수천 개의 작은 섬들로 이루어졌다.
⑤ 원료 수입과 제품 수출에 유리한 태평양 연안을 따라 공업 지역이 발달하였다.

16 이웃 나라의 식생활 모습으로 알맞은 것은 어느 것입니까? (   )

① 중국의 젓가락은 길이가 짧다.
② 일본의 젓가락은 끝이 뭉툭하다.
③ 중국의 젓가락은 끝이 뾰족하다.
④ 러시아에서는 금속 젓가락을 사용한다.
⑤ 일본에서는 녹슬지 않는 나무로 젓가락을 만든다.

17 다음 빈칸에 들어갈 알맞은 말을 쓰시오.

> 우리나라는 이웃 나라와 교류하며 환경, 역사, 국방 등 여러 문제를 해결하려고 노력합니다. 이를 위해 우리나라와 이웃 나라가 서로 이해하고 (   )하는 태도가 필요합니다.

(   )

18 미국에 대한 설명으로 알맞지 <u>않은</u> 것은 어느 것입니까? (   )

① 옥수수, 밀 생산량이 많다.
② 50개 주로 이루어진 나라이다.
③ 지하자원이나 에너지 자원이 부족하다.
④ 농업, 상업, 공업 등 다양한 산업이 발달하였다.
⑤ 우리나라와 다양한 물자와 서비스를 주고받고 있다.

19 베트남에 대해 잘못 이야기한 어린이는 누구인지 이름을 쓰시오.

> 선빈: 동남아시아 동부에 있는 나라야.
> 윤미: 노동력이 풍부해서 경공업이 발달했어.
> 주하: 벼농사가 어려워 쌀을 많이 수입하는 나라야.
> 재민: 일자리를 찾아 베트남에서 우리나라로 오는 사람이 많아.

(   )

20 우리나라와 세계 여러 나라 간의 상호 의존 관계를 알 수 있는 사례가 <u>아닌</u> 것은 어느 것입니까?
(   )

① 미국에서 제작한 영화가 우리나라에서 큰 인기를 얻었다.
② 우리나라 기업이 두바이에 세계 최고층 건물인 부르즈 칼리파를 건설하였다.
③ 우리나라와 세계 여러 나라 사람들의 안전을 위한 국제 수사 협력이 이루어졌다.
④ 우리나라와 세계 여러 나라는 자연환경, 역사 등을 바탕으로 각각 고유한 문화를 이룬다.
⑤ 우리나라와 세계 여러 나라의 공동 발전을 위한 아시아 태평양 경제 협력체(APEC) 회의가 열렸다.

실전 단원 평가 2회

1. 세계의 여러 나라들

1 다음 세계 지도의 특징으로 알맞지 <u>않은</u> 것은 어느 것입니까? ( )

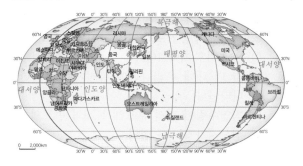

① 실제 모습과 다른 점이 있다.
② 둥근 지구를 평면으로 나타낸 것이다.
③ 세계 여러 나라의 위치를 한눈에 볼 수 있다.
④ 인터넷 사용이 불가능한 곳에서도 사용할 수 있다.
⑤ 세계 여러 나라의 지리 정보를 지구본보다 더 정확하게 담고 있다.

2 디지털 영상 지도의 특징으로 알맞은 것을 두 가지 고르시오. (,)

① 전 세계의 모습을 한눈에 보기 어렵다.
② 인터넷 사용이 불가능한 곳에서 사용하기 편리하다.
③ 지도의 지리적 정보 외에는 구체적 정보를 얻기 어렵다.
④ 스마트 기기를 활용하여 가고 싶은 장소를 쉽게 찾아갈 수 있다.
⑤ 세계 여러 나라나 장소와 관련된 다양한 정보를 편리하게 찾을 수 있다.

서술형

3 다음 세계 지도를 보고, 우리나라가 속해 있는 대륙의 이름과 그 대륙의 특징을 쓰시오.

_____

_____

중요★

4 유럽 대륙에 대한 설명으로 알맞은 것은 어느 것입니까? ( )

① 우리나라가 속해 있다.
② 북반구와 남반구에 걸쳐 있다.
③ 대륙 중에서 면적이 가장 넓다.
④ 대륙 중에서 면적이 가장 좁으며 남반구에 있다.
⑤ 다른 대륙에 비해 면적이 좁은 편이지만 많은 나라가 있다.

5 다음과 같은 특징이 나타나는 대양을 쓰시오.

> • 세계에서 두 번째로 넓은 바다입니다.
> • 북아메리카, 남아메리카, 유럽, 아프리카 대륙에 둘러싸여 있습니다.

( )

6 대륙의 이름과 대륙에 속한 나라를 바르게 연결한 것은 어느 것입니까? ( )

① 아시아 – 케냐, 앙골라
② 유럽 – 필리핀, 베트남
③ 남아메리카 – 캐나다, 미국
④ 아프리카 – 에스파냐, 세르비아
⑤ 오세아니아 – 오스트레일리아, 뉴질랜드

7 나라 이름과 영토 모양이 <u>잘못</u> 연결된 것은 어느 것입니까? ( )

① 탄자니아 – 둥근 모양
② 이탈리아 – 장화 모양
③ 이집트 – 사각형 모양
④ 칠레 – 동서로 길게 뻗은 모양
⑤ 아르헨티나 – 남북으로 길게 뻗은 모양

8 세계의 기후에 대해 잘못 이야기한 어린이는 누구입니까? ( )

① 해당 지역의 기온과 강수량 등을 기준으로 기후를 구분해.

② 각 나라의 위치나 지형에 따라 기후가 다르게 나타나기도 해.

③ 적도 지방에서 극지방으로 갈수록 기온이 점차 높아져.

④ 적도 부근은 열대 기후가, 극지방 부근은 한대 기후가 나타나.

★중요★
9 다음 지도에 나타난 기후의 특징으로 알맞은 것은 어느 것입니까? ( )

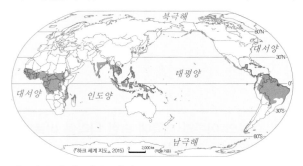

① 강수량이 매우 적다.
② 사계절이 뚜렷하게 나타난다.
③ 일 년 내내 평균 기온이 매우 낮다.
④ 일 년 내내 기온이 높고 강수량이 많다.
⑤ 여름에는 기온이 높고 강수량이 많으며, 겨울에는 기온이 낮고 강수량이 적다.

10 온대 기후 지역에서 발달한 농업에 대한 설명으로 알맞지 않은 것은 어느 것입니까? ( )

① 아시아에서는 벼농사가 발달하였다.
② 남아메리카에서는 목화를 대규모로 재배한다.
③ 서유럽에서는 밀 농사와 목축업이 발달하였다.
④ 북아메리카에서는 넓은 평원에서 밀을 대규모로 재배한다.
⑤ 지중해 주변에서는 포도, 오렌지, 올리브 등을 많이 재배한다.

★중요★
11 냉대 기후의 특성으로 알맞지 않은 것은 어느 것입니까? ( )

① 여름에는 밀, 감자, 옥수수 등을 재배할 수 있다.
② 북반구의 중위도와 고위도 지역에 널리 분포한다.
③ 온대 기후 지역보다 위도가 높은 지역에서 나타난다.
④ 일 년 내내 우리나라의 봄철처럼 온화한 날씨가 나타난다.
⑤ 침엽수림이 널리 분포해 목재와 펄프의 세계적인 생산지가 되기도 한다.

12 다음 보고서를 보고 이누이트족의 전통 복장에 영향을 미친 요소를 두 가지 고르시오. (,)

> **이누이트족의 전통 복장**
> 〈배려 모둠〉
> 이누이트족은 한대 기후가 나타나는 캐나다 북부, 알래스카, 그린란드, 시베리아 등 북극 지방에 살고 있으며 순록, 바다표범 등을 사냥하며 생활합니다. 이들은 가장 쉽게 구할 수 있는 재료인 동물의 가죽과 털로 옷을 만들어 추위와 바람을 효과적으로 막을 수 있습니다.

① 사람들의 나이
② 사람들의 생김새
③ 사람들의 생활 방식
④ 사람들이 좋아하는 동물
⑤ 사람들이 사는 곳의 자연환경

서술형
13 다음 자료를 보고, 사람들의 주거 형태에 영향을 미치는 환경 요인은 무엇인지 쓰시오.

> **몽골의 게르**
> • 게르는 뼈대를 이루는 나무와 뼈대를 덮는 천막으로 이루어졌습니다.
> • 천막은 여름의 강한 햇볕을 반사하고 겨울의 추위를 막아 주기 때문에 여름에는 시원하고 겨울에는 따뜻합니다.

14 세계 여러 나라의 다양한 생활 모습을 대하는 태도로 바른 것은 어느 것입니까? ( )

① 생활 모습의 옳고 그름을 따진다.
② 우리의 생활 모습을 따르게 한다.
③ 우리와 다른 생활 모습을 무시한다.
④ 다른 나라의 생활 모습을 그대로 따른다.
⑤ 서로 다른 생활 모습을 이해하고 존중한다.

[15~16] 다음 지도를 보고, 물음에 답하시오.

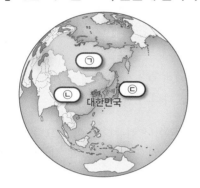

15 위 지도의 ㉠, ㉡에 해당하는 나라를 각각 쓰시오.

㉠: ( ), ㉡: ( )

16 위 지도의 ㉢ 나라에 대한 설명으로 알맞은 것은 어느 것입니까? ( )

① 서부는 평원이 넓게 자리한다.
② 습하고 비와 눈이 많이 내린다.
③ 우리나라의 서쪽에 위치해 있다.
④ 위도가 높아 냉대 기후가 널리 나타난다.
⑤ 석탄, 석유 등 풍부한 천연자원을 바탕으로 한 산업이 발달하였다.

17 우리나라, 중국, 일본의 젓가락 모양이 조금씩 다른 까닭을 두 가지 고르시오. (,)

① 인구수가 다르기 때문에
② 하는 일이 다르기 때문에
③ 영토 면적이 다르기 때문에
④ 식사 문화가 다르기 때문에
⑤ 주로 먹는 음식이 다르기 때문에

18 우리나라와 이웃 나라가 문화적으로 교류하는 사례로 알맞은 것은 어느 것입니까? ( )

① 한·중·일 환경 장관 회의가 열렸다.
② 우리나라 상점에서 러시아산 수산물이 판매되고 있다.
③ 한·중·일 합작 만화 영화가 우리나라에서 개봉하였다.
④ 한국, 중국, 일본, 러시아가 전력망을 서로 잇는 사업을 추진한다.
⑤ 한·러 정상 회담에서 자유 무역 협정 협상을 위한 절차를 의논하였다.

19 다음과 같은 특징을 가진 나라는 어디인지 쓰시오.

면적	남한의 약 세 배임.
인구	남한의 대략 두 배 정도임.
기후	대체로 덥고 습한 편임.
특징	우리나라와 활발하게 교류하는 대표적인 동남아시아의 국가로, 전 세계에 쌀을 많이 수출함.

( )

20 우리나라와 다른 나라 간의 교류가 활발하게 이루어지는 까닭으로 알맞은 것은 어느 것입니까? ( )

① 나라마다 역사가 비슷하기 때문에
② 나라마다 문화가 비슷하기 때문에
③ 나라마다 자연환경이 비슷하기 때문에
④ 나라마다 발달한 산업이 비슷하기 때문에
⑤ 나라마다 환경이 달라 서로 필요한 도움을 주고받을 수 있기 때문에

주제 ❶

• 세계 지도, 지구본, 디지털 영상 지도의 특징

|목표| • 세계 지도, 지구본, 디지털 영상 지도의 특징을 이해할 수 있다.
• 세계 지도, 지구본, 디지털 영상 지도의 장점과 단점을 비교할 수 있다.
• 세계 지도, 지구본, 디지털 영상 지도의 효과적인 활용 방법을 설명할 수 있다.

✿ 다음은 세계 지도, 지구본, 디지털 영상 지도의 특징을 정리한 표입니다. 물음에 답하시오.

구분	장점	단점
㉠	세계 여러 나라의 위치와 영역을 한눈에 살펴볼 수 있음.	㉢ 나라와 바다의 모양, 거리가 실제와 다르게 표현되기도 함.
㉡	• 지구의 실제 모습과 비슷함. • 지구상에서 특정 나라의 위치나 나라 간의 위치 관계를 파악하기에 좋음.	• 전 세계의 모습을 한눈에 보기 어려움. • 가지고 다니기 불편함.
디지털 영상 지도	㉣	• 스마트폰이나 컴퓨터 등이 필요함. • 인터넷을 연결해야 다양한 기능을 사용할 수 있음.

1-❶ 위 표의 ㉠, ㉡에 들어갈 자료의 이름을 각각 쓰시오.

㉠: (   ), ㉡: (   )

1-❷ 위 표의 밑줄 친 ㉢과 같은 단점이 나타나는 까닭을 쓰시오.

_____

_____

_____

1-❸ 위 표의 ㉣에 들어갈 디지털 영상 지도의 장점을 한 가지만 쓰시오.

_____

_____

주제 ❷

- 세계 여러 나라
- 사람들의 의식주
- 문화

|목표| • 세계 여러 나라의 다양한 생활 모습을 알 수 있다.
• 다양한 생활 모습에 영향을 미친 요인을 파악할 수 있다.
• 세계 여러 나라의 다양한 생활 모습을 대하는 태도를 설명할 수 있다.

✿ 다음은 세계 여러 나라의 생활 모습을 정리한 카드입니다. 물음에 답하시오.

(가)

- 이슬람교를 믿는 여성들은 얼굴이나 피부를 천으로 가리는 옷을 입습니다.
- 차도르는 얼굴, 손, 발을 제외한 온몸을 가리는 옷이고, 부르카는 신체 모두를 가리는 옷입니다.

(나)

- 케밥은 초원 지대에서 유목 생활을 하던 사람들이 쉽게 요리하려고 고기를 조각내어 구워 먹던 것에서 비롯된 음식입니다.
- 주로 양고기로 케밥을 만듭니다.

(다)

- 땅속 깊이 기둥을 박아 집의 바닥이 땅에서 떨어지게 집을 짓습니다.
- 난방 열기로 땅이 녹아서 집이 기울어지거나 눈이 쌓여 집의 입구가 막히는 일을 예방할 수 있습니다.

2-❶ 위 (가)~(다) 중 그린란드의 생활 모습으로 알맞은 카드를 골라 기호를 쓰시오.

(   )

2-❷ 위 (가)~(다)와 같이 세계 여러 나라의 생활 모습이 다양하게 나타나는 까닭을 쓰시오.

_____

_____

2-❸ 위 (가)~(다)와 같이 세계 여러 나라의 다양한 생활 모습을 대할 때 우리는 어떤 태도를 지녀야 하는지 쓰시오.

_____

_____

개념정리 ❶ 한반도의 미래와 통일

① 독도의 위치와 자연환경

위치	• 우리나라의 동쪽 끝에 있으며, 북위 37°, 동경 132° 가까이에 있음. • 동해의 중심에 있어 선박의 항로뿐만 아니라 군사적으로도 중요한 위치에 있음.
자연 환경	• 다양한 동식물이 서식하여 천연기념물로 지정됨. • 많은 수산 자원이 있고 가스 하이드레이트가 매장되어 있음.

② 독도가 우리나라 영토임을 알 수 있는 역사적 자료 자료❶

우리 나라의 기록	• 『세종실록』「지리지」: 독도가 조선의 영토이며 울릉도에서 독도를 직접 눈으로 볼 수 있다고 쓰여 있음. • 『신증동국여지승람』「팔도총도」: 현재 남아 있는 우리나라 옛 지도 중 우산도(지금의 독도)가 표기된 가장 오래된 지도임.
일본의 기록	• 태정관 지령: 당시 일본의 최고 행정 기관인 태정관에서 울릉도와 독도가 일본의 영토와 관계없다고 선언함. • 『삼국접양지도』: 울릉도와 독도가 조선의 영토와 같은 색으로 표현되어 있으며, '조선의 것'이라고 쓰여 있음.

③ 독도를 지키기 위한 노력

옛날	안용복, 심흥택, 홍순칠 등 많은 조상들이 독도를 지키려고 노력하였음. 자료❷
오늘날	정부와 민간단체가 세계 여러 나라에 독도가 우리나라의 고유 영토임을 알리는 홍보 활동을 함. 자료❸

④ 남북통일이 필요한 까닭 자료❹

① 전쟁의 불안감이 사라진 평화로운 나라를 만들 수 있습니다.
② 국방비를 줄여 다른 분야에 사용할 수 있습니다.
③ 남한의 발전된 기술력과 북한의 풍부한 자원을 활용하여 경제적으로 성장할 수 있습니다.
④ 문화적 차이를 극복하고, 이산가족 문제를 해결할 수 있습니다.

⑤ 남북통일을 위한 노력

정치적 노력	7·4 남북 공동 성명 발표, 남북 기본 합의서 채택, 남북 정상 회담 개최 등
경제적 노력	개성 공단 가동, 남북 경제 협력 공동 위원회 개최, 경의선·동해선 연결 및 현대화 착공식 등
사회·문화적 노력	개성 만월대 남북 공동 발굴, 평창 동계 올림픽 남북 선수단 공동 입장, 남북 예술단 합동 공연 등

자료❶ 독도가 우리나라 영토임을 알 수 있는 역사적 자료

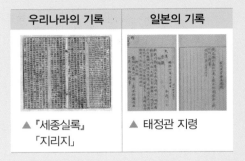

우리나라의 기록	일본의 기록
▲ 『세종실록』 「지리지」	▲ 태정관 지령

자료❷ 독도를 지키기 위한 옛 사람들의 노력

안용복	일본으로부터 독도가 우리나라 땅임을 확인받았음.
심흥택	일본이 독도를 일본 영토로 편입하려는 것을 알고, 이를 나라에 보고하였음.
홍순칠	독도에 몰래 들어오는 일본 어선에 맞서 독도를 지킨 민간 조직인 독도 의용 수비대를 조직하였음.

자료❸ 민간단체 '반크'

전 세계에 우리나라와 관련된 정보를 바르게 알리는 일을 하는 사이버 외교 사절단으로, 독도에 관한 사실을 전 세계 사람들에게 알리고 일본의 역사 왜곡을 바로잡는 활동을 합니다.

자료❹ 남북 분단으로 나타나는 어려움

전쟁에 대한 공포 / 이산가족의 아픔

군사적 긴장감이 높아지고 있습니다.

속보

국방비 부담 / 언어와 문화 차이

(조 원)
60
50
40
30
20
10
0

22.5 (2006)   33.0 (2012)   52.8 (2021(년))
(국방부, 2021)

'빙수'가 맛있겠는걸.

'단얼음'이 맛있어 보인다.

1 독도는 우리나라 영토의 가장 (　　　　　　)에 있는 섬이며 행정 구역으로는 경상북도 울릉군에 속합니다.

1 _____

2 현재 남아 있는 우리나라 옛 지도 중 우산도(지금의 독도)가 표기된 가장 오래된 지도는 (『세종실록』「지리지」, 『신증동국여지승람』「팔도총도」)입니다.

2 _____

3 일본이 독도를 일본 영토로 편입하려는 것을 알고 이를 나라에 보고하였던 사람은 누구입니까?

3 _____

4 우리나라 (정부 , 민간단체)는 독도에 등대, 주민 숙소, 선착장 등의 시설을 만들고, 독도를 지키는 데 필요한 여러 법령을 만들어 시행하고 있습니다.

4 _____

5 우리나라는 남북 분단의 상황으로 전쟁에 대한 공포, (교육비 , 국방비) 부담, 이산가족의 아픔, 언어와 문화 차이 등의 어려움이 나타나고 있습니다.

5 _____

6 남북통일이 이루어지면 ㉠ (남한 , 북한)의 발전된 기술력과 ㉡ (남한 , 북한)의 풍부한 자원을 활용하여 경제적으로 성장할 수 있습니다.

6 ㉠: _____

㉡: _____

7 남북통일을 위한 (정치 , 경제)적 노력으로 개성 공단 가동, 경의선·동해선 연결 및 현대화 착공식 등이 있습니다.

7 _____

8 남한과 북한이 군사적 충돌을 막고자 군대의 주둔과 군사 시설의 설치를 하지 않기로 정한 곳은 어디입니까?

8 _____

❷ 지구촌의 평화와 발전

1 지구촌 갈등의 원인과 문제점

원인	영토, 자원, 종교, 언어, 인종, 민족, 역사, 정치 등이 복합적으로 얽혀 있음.
사례	시리아 내전, 팔레스타인 분쟁, 인도와 파키스탄의 갈등, 남중국해 분쟁, 나이지리아 내전 등 `자료 ①`
문제점	• 많은 사람이 죽거나 다치고, 집과 가족을 잃음. • 의료 시설과 학교 시설이 파괴되어 어려움을 겪음. • 살던 곳을 떠나 난민이 되는 사람들이 있음.

2 지구촌 갈등의 해결 방안

지속되는 까닭	• 다름을 존중하지 않고 자기 이익만 생각하기 때문 • 역사적으로 오랫동안 쌓인 미움과 갈등이 크기 때문 • 강대국들이 과거의 잘못을 책임지지 않고, 자국의 이익을 위해 어려운 나라를 이용하기 때문 • 나라들이 지켜야 할 강력한 법이 없어 갈등을 막기 어렵기 때문 • 자원을 서로 더 많이 가지려고 욕심을 내기 때문
해결 방안	국제 사회의 갈등 협력 방안 논의, 국가 간 협력하려는 자세, 단체를 구성하여 문제 해결 요구 및 어려움을 겪는 사람 지원, 개인의 관심과 갈등을 해결하려는 실천 등

3 지구촌 평화와 발전을 위한 노력

개인	지구촌 문제를 해결하고 평화로운 지구촌을 만들고자 노력함. 예 이태석, 넬슨 만델라, 말랄라 유사프자이 등
비정부 기구	뜻이 같은 개인이 모여 공공의 이익을 추구하고 지구촌의 여러 문제를 해결하고자 활동하는 민간 조직 예 해비타트, 국경 없는 의사회, 핵무기 폐기 국제 운동, 세이브 더 칠드런 등 `자료 ②`
국가	국제기구 활동 참여, 외교 활동, 한국 국제 협력단(KOICA) 지원 활동 등
국제 기구	• 국제 연합(UN): 전쟁을 방지하고 지구촌의 평화를 유지하며 국제적 협력을 높이고자 만든 국제기구 • 국제 연합의 여러 기구: 국제 노동 기구, 유엔 난민 기구, 유네스코, 유엔 아동 기금, 세계 식량 계획 등 `자료 ③`

4 지구촌의 평화와 발전을 위한 실천

① **관심 주제 선정 및 참여 방안 토의하기**: 빈곤, 전쟁, 난민, 질병 등 관심 있는 주제를 선정하고 참여 방안을 토의합니다.

② **활동 계획하고 실천하기**: 어린이 비정부 기구를 만들어 활동하기, 비정부 기구 활동에 참여하기, 홍보 활동 하기 등이 있습니다.

`자료 ①` **지구촌 갈등 사례**

시리아 내전	독재 정치와 종교 문제로 국내에 크고 작은 전쟁이 지속됨.
팔레스타인 분쟁	유대교를 믿는 유대인과 이슬람교를 믿는 아랍인이 팔레스타인 지역을 차지하려고 서로 다툼.
인도와 파키스탄의 갈등	힌두교를 믿는 사람과 이슬람교를 믿는 사람이 카슈미르 지역을 두고 대립함.
남중국해 분쟁	스프래틀리 군도와 바다 밑 지하자원을 차지하려고 주변 나라들이 다툼.
나이지리아 내전	이슬람교와 크리스트교, 토속 신앙이 뒤섞인 종교 및 종족 분쟁이 일어남.

`자료 ②` **비정부 기구**

해비타트	열악한 주거 환경으로 고통받는 사람들에게 집을 지어 주고, 마을 시설을 고쳐 줌.
국경 없는 의사회	전쟁, 질병 등으로 고통받는 사람들에게 의료 구호 활동을 함.
핵무기 폐기 국제 운동	핵무기 관련 활동 반대 운동을 하며, 유엔 핵무기 금지 조약을 이끌어 냄.
세이브 더 칠드런	아동의 안전을 보장하고 권리를 실현하려는 다양한 활동을 하며 시민 참여를 이끌어 냄.

`자료 ③` **국제 연합의 여러 기구**

국제 노동 기구	노동자의 노동 조건 등 전 세계의 노동 문제를 해결하고자 노력함.
유엔 난민 기구	전쟁 등으로 살 곳을 잃은 난민을 돕고 난민 문제를 해결하는 데 힘씀.
유네스코	교육, 과학, 문화 등 여러 분야에서 교류와 협력을 함.
유엔 아동 기금	위기 상황에 있는 아동을 돕고 보호하는 활동을 하며, 아동 권리 보장을 위한 활동을 함.
세계 식량 계획	식량이 필요한 지역에 식량을 지원하고, 지역 농업 발전에 필요한 기술을 전하기도 함.

1 팔레스타인 지역에서는 ㉠ (유대교 , 이슬람교)를 믿는 유대인과 ㉡ (유대교 , 이슬람교)를 믿는 아랍인이 영토와 종교의 문제로 갈등하고 있습니다.

1 ㉠:

㉡:

2 중국, 베트남, 타이완, 필리핀, 말레이시아, 브루나이에 둘러싸인 바다로, 무역 항로로 중요한 가치를 지니는 스프래틀리 군도가 있는 바다는 어디입니까?

2

3 지구촌에서 일어나는 갈등으로 많은 사람이 죽거나 다치고 집과 가족을 잃고 있으며, 살던 곳을 떠나 (   )이/가 되는 사람들도 있습니다.

3

4 내전으로 어려움에 처한 남수단에서 학교와 병원을 세우는 등의 노력을 한 사람은 누구입니까?

4

5 (국제 연합 , 비정부 기구)은/는 뜻이 같은 개인이 모여 공공의 이익을 추구하고 지구촌의 여러 문제를 해결하고자 활동하는 민간 조직입니다.

5

6 전쟁, 질병 등으로 고통받는 사람들에게 구호 활동을 펼치며, 차별 없이 모두에게 의료 지원을 하는 비정부 기구는 무엇입니까?

6

7 우리나라는 전쟁이나 충돌을 막고자 관련 조약에 가입하거나 세계 여러 나라들과 사이좋은 관계를 유지할 수 있도록 다양한 (경제 , 외교) 활동을 펼치고 있습니다.

7

8 1945년에 전쟁을 방지하고 지구촌의 평화를 유지하며 국제적 협력을 높이고자 만든 국제기구는 무엇입니까?

8

개념 정리 ③ 지속 가능한 지구촌

① 지구촌의 환경 문제와 해결 노력

① 지구촌의 환경 문제 자료①

지구 온난화	지표면의 평균 기온이 올라가 극지방의 빙하가 녹고 세계 곳곳에서 이상 기후 현상이 발생함.
대기 오염	화석 연료 사용으로 공기가 오염되고 있음.
열대 우림 파괴	무분별한 벌목으로 열대 우림이 파괴되어 지구 온난화가 더욱 심해지고, 동식물이 살 곳을 잃음.
플라스틱 쓰레기	플라스틱은 잘 썩지 않아 오랫동안 쓰레기로 남아 있어 환경을 파괴함.

② 지구촌의 환경 문제를 해결하기 위한 각 주체별 노력 자료②

개인	쓰레기 분리배출하기, 일회용품 사용 줄이기 등
기업	오염 물질의 배출이 적은 생산 시설 설치, 친환경 제품 생산 등
국가	친환경 에너지 개발, 환경 정책과 법 제정 등
세계	온실가스를 줄이기 위한 협정 체결(파리 협정) 등

② 환경을 생각하는 생산과 소비 자료③

생산 방법	자원 재활용하기, 친환경 소재 개발, 친환경 농법 등
소비 방법	환경을 생각하여 만든 물건 구입하기, 가까운 곳에서 생산한 식품 구입하기, 사용하지 않은 물건 기부하기 등

③ 빈곤과 기아로 나타나는 문제와 해결 노력

문제	• 생활필수품이 부족하여 기본적인 생활을 할 수 없음. • 아동들이 일을 하느라 학교에 가지 못함. • 영양 상태가 좋지 않고 쉽게 질병에 걸림.
해결 노력	생활필수품과 의약품 지원하기, 아동과 청소년에게 교육 환경 제공하기, 농업과 공업 발전에 필요한 기술 전하기 등

④ 문화적 편견과 차별과 해결 노력

원인	다른 문화를 존중하지 않기 때문임.
해결 노력	다양한 문화를 이해하고 존중하는 태도 갖기 등

⑤ 세계 시민의 자세

① **세계 시민**: 지구촌에서 일어나는 문제에 관심을 두고 이를 해결하고자 협력하는 자세를 지닌 사람을 말합니다.

② **세계 시민의 자세**: 다양성을 존중하고, 지구촌 문제가 우리 모두의 문제임을 알며 해결하려고 노력해야 합니다. 자료④

자료① 지구촌 환경 문제로 나타나는 현상

▲ 살 곳을 잃은 북극곰　　▲ 미세 먼지

▲ 바다의 쓰레기 섬　　▲ 불타는 열대 우림

자료② 지구촌 환경 문제 해결을 위한 토의 과정

관심 있는 환경 문제 주제 정하기 → 관련 자료 조사하기 → 지구촌 환경 문제를 해결하는 방안 마련하기 → 실천 소감 이야기하기

자료③ 환경을 생각하는 생산과 소비

환경을 생각하는 생산	넓고 쾌적한 환경에서 닭을 키우고, 항생제가 들어 있지 않은 먹이를 먹여 건강하게 자람.
환경을 생각하는 소비	친환경 방식으로 키운 닭과 달걀을 더 많이 소비할수록 생산자들이 친환경적으로 닭과 달걀을 생산하려고 노력할 것임.

자료④ 세계 시민으로서 실천할 수 있는 일

• 가정에서 할 수 있는 일: 지구촌의 문제에 관심 기울이기, 에너지 절약하기, 쓰레기 분리배출하기, 물 절약하기 등이 있습니다.
• 학교에서 할 수 있는 일: 급식을 먹을 때 음식 남기지 않기, 지구촌의 문제를 알리는 활동 하기, 학용품 아끼기 등이 있습니다.
• 지역에서 할 수 있는 일: 친환경 제품 구입하기, 일회용품 사용 줄이기, 사용하지 않는 물건 기부하기 등이 있습니다.

1 지표면의 평균 기온이 (올라가는 , 내려가는) 지구 온난화로 극지방의 빙하가 녹고 세계 곳곳에서 이상 기후 현상이 나타나고 있습니다.

1 _____

2 많은 오염 물질을 배출하는 화석 연료를 사용하여 공기가 오염되는 현상을 무엇이라고 합니까?

2 _____

3 지구촌의 환경 문제 해결을 위해 ㉠ (개인 , 국가)은/는 일회용품 사용 줄이기, 쓰레기 분리배출하기 등의 노력을 하며 ㉡ (개인 , 국가)은/는 환경 관련 정책과 법령을 만드는 등의 노력을 합니다.

3 ㉠: _____

㉡: _____

4 2015년에 세계 195개 나라가 기후 변화에 대응하고자 온실가스를 줄이는 방법 등에 합의하며 체결한 협정을 무엇이라고 합니까?

4 _____

5 지구촌 사람들 모두가 (_____)을/를 생각하는 생산과 소비 활동을 실천하여 지속 가능한 미래를 이루고자 노력해야 합니다.

5 _____

6 ㉠ (빈곤 , 기아)은/는 생활필수품이 부족하여 최소한의 삶을 살아가기 어려운 상황을, ㉡ (빈곤 , 기아)은/는 먹을 것이 부족하여 굶주리는 것을 말합니다.

6 ㉠: _____

㉡: _____

7 문화적 편견과 차별을 해결하려면 다른 문화를 이해하고 (존중 , 무시)하는 태도를 길러야 합니다.

7 _____

8 지구촌 문제에 관심을 갖고, 지구촌 문제가 우리 모두의 문제임을 알며 이를 해결하고자 협력하는 자세를 지닌 사람을 무엇이라고 합니까?

8 _____

중요

1 다음 보기 에서 독도에 대한 설명으로 알맞은 것을 모두 골라 기호를 쓰시오.

> 보기
> ㉠ 화산 폭발로 만들어진 화산섬이다.
> ㉡ 천연기념물로 지정되어 보호받는다.
> ㉢ 두 개의 큰 섬으로만 이루어져 있다.
> ㉣ 우리나라 남해의 중심에 위치해 있다.

( )

2 다음 빈칸에 들어갈 알맞은 말을 쓰시오.

> ( )은/는 천연가스가 물과 결합하여 얼음 형태로 만들어진 에너지 자원으로, 독도 주변 바다의 밑바닥에 매장되어 있습니다.

( )

3 다음에서 설명하는 옛 기록은 무엇입니까? ( )

> 현재 남아 있는 우리나라 옛 지도 중 우산도(지금의 독도)가 표기된 가장 오래된 지도입니다.

① 「조선전도」
② 「대동여지도」
③ 「조선왕국전도」
④ 「삼국접양지도」
⑤ 『신증동국여지승람』「팔도총도」

4 오늘날 독도를 지키기 위한 노력으로 알맞지 <u>않은</u> 것은 어느 것입니까? ( )

① 독도에 아무도 살지 못하게 하고 있다.
② 독도에 필요한 각종 시설물을 설치한다.
③ 독도를 지키는 데 필요한 법령을 만든다.
④ 독도가 우리나라의 영토임을 전 세계에 알리고 있다.
⑤ 독도를 잘못 소개한 정보와 자료를 찾아 수정을 요청하고 있다.

5 남북 분단으로 인한 어려움으로 알맞은 것을 두 가지 고르시오. (,)

① 이산가족들이 슬픔을 겪고 있다.
② 남북한의 언어가 비슷해지고 있다.
③ 국방비로 지출하는 비용이 줄어들고 있다.
④ 남북한의 문화와 생활 모습이 서로 달라지고 있다.
⑤ 전쟁이 일어날지 모른다는 불안감이 점점 사라지고 있다.

서술형

6 다음 자료를 통해 알 수 있는 남북통일이 되면 좋은 점을 쓰시오.

남한의 발전된 기술력 / 북한의 풍부한 자원 → 경쟁력 높은 제품

_____

_____

7 남북통일을 위한 정치적 노력으로 알맞은 것은 어느 것입니까? ( )

①
▲ 개성 공단 가동

②
▲ 남북 정상 회담 개최

③
▲ 개성 만월대 남북 공동 발굴

④
▲ 경의선·동해선 연결 및 현대화 착공식

[8~9] 다음 글을 읽고, 물음에 답하시오.

> 1947년에 힌두교도가 많은 인도와 이슬람교도가 많은 파키스탄이 영국으로부터 독립하였습니다. 하지만 두 나라는 힌두교를 믿는 사람과 이슬람교를 믿는 사람이 함께 살고 있던 카슈미르 지역을 어느 소속으로 할지를 두고 대립하였고, 이러한 대립이 오늘날까지 이어지고 있습니다.

8 윗글에 나타난 지구촌 갈등의 원인으로 알맞은 것은 어느 것입니까? ( )

① 자원으로 인한 갈등
② 영토를 둘러싼 갈등
③ 대통령 독재로 인한 갈등
④ 언어적 차이에 따른 분쟁
⑤ 식민 지배와 관련된 갈등

서술형

9 윗글에 나타난 지구촌 갈등의 문제점을 두 가지 쓰시오.

_____

_____

중요

10 다음 보기 에서 지구촌 갈등이 지속되는 까닭으로 알맞은 것을 모두 고른 것은 어느 것입니까? ( )

> **보기**
> ㉠ 화해하려는 의지가 없기 때문이다.
> ㉡ 다른 나라의 이익을 생각하기 때문이다.
> ㉢ 강대국들이 과거 잘못을 모두 책임지기 때문이다.
> ㉣ 나라들이 지켜야 하는 강력한 법이 없기 때문이다.

① ㉠, ㉡   ② ㉠, ㉢   ③ ㉠, ㉣
④ ㉡, ㉢   ⑤ ㉢, ㉣

11 다음에서 설명하는 사람은 누구입니까? ( )

> 남아프리카 공화국의 흑인 차별과 종족 간의 갈등 해결을 위해 노력하였으며, 남아프리카 공화국의 대통령에 뽑혀 흑인과 백인 사이의 격차를 줄이고자 하였습니다.

① 이태석   ② 넬슨 만델라
③ 에글렌타인 제브   ④ 말랄라 유사프자이
⑤ 엘런 존슨 설리프

12 다음과 같은 활동을 하는 비정부 기구는 무엇입니까? ( )

> 아동의 안전을 보장하고 권리를 실현하려는 다양한 활동을 하며 시민 참여를 이끌어 냅니다.

①
▲ 해비타트

②
▲ 국경 없는 의사회

③
▲ 핵무기 폐기 국제 운동

④
▲ 세이브 더 칠드런

13 국제 연합(UN)에 대해 바르게 설명한 어린이를 모두 찾아 이름을 쓰시오.

> 연재: 개인들이 스스로 모여서 만든 민간단체야.
> 도아: 우리나라는 아직 회원국으로 가입하지 못했어.
> 민지: 1945년에 지구촌 갈등을 해결을 위해 설립되었어.
> 현서: 지구촌의 평화 유지, 전쟁 방지, 국제 협력 활동을 하고 있어.

( )

14 다음 빈칸에 들어갈 알맞은 말을 쓰시오.

> 지표면의 평균 기온이 올라가는 ( )(으)로 극지방의 빙하가 녹고 세계 곳곳에서 이상 기후 현상이 나타나고 있습니다.

( )

15 다음 현상과 관련 있는 환경 문제로 알맞은 것은 어느 것입니까? ( )

▲ 태평양 한가운데 만들어진 쓰레기 섬 ▲ 플라스틱을 먹이로 착각하는 해양 생물

① 대기 오염
② 지구 온난화
③ 열대 우림 파괴
④ 이상 기후 현상
⑤ 플라스틱 쓰레기 증가

16 지구촌 환경 문제 해결을 위한 개인의 노력으로 알맞지 <u>않은</u> 것은 어느 것입니까? ( )

① 쓰레기를 분리배출한다.
② 일회용품 사용을 줄인다.
③ 환경 운동에 직접 참여한다.
④ 환경 관련 정책과 법을 만든다.
⑤ 전기, 수도 등 에너지를 절약한다.

17 다음 보기 에서 친환경적 소비 방법으로 알맞은 것을 모두 골라 기호를 쓰시오.

> **보기**
> ㉠ 사용하지 않는 물건 기부하기
> ㉡ 환경을 생각하여 만든 물건 구입하기
> ㉢ 최대한 먼 곳에서 생산한 식품 구입하기

( )

---

18 ★중요★ 다음과 같은 문제를 해결하기 위한 노력으로 알맞지 <u>않은</u> 것은 무엇입니까? ( )

▲ 생활필수품 부족 ▲ 물과 식량 부족

① 생활에 필요한 물품 지원하기
② 아동과 청소년에게 일자리 제공하기
③ 질병을 치료할 수 있는 의약품 지원하기
④ 농업과 공업 발전에 필요한 기술 전달하기
⑤ 관심을 갖고 참여할 수 있는 다양한 홍보 활동 하기

19 다음 ㉠, ㉡에 들어갈 알맞은 말을 쓰시오.

> (㉠)은/는 공정하지 못하고 한쪽으로 치우친 생각으로, 지구촌에는 자신과 다른 문화에 (㉠)이/가 있는 사람들이 있으며 이는 (㉡)(으)로 이어져 갈등의 원인 되기도 합니다.

㉠: ( ), ㉡: ( )

20 세계 시민으로서 우리가 할 수 있는 일로 알맞은 것을 두 가지 고르시오. (,)

① 학교에서는 꼭 일회용품을 사용한다.
② 가까운 거리를 이동할 때에는 걸어다닌다.
③ 학교 급식을 많이 받아서 음식물을 남긴다.
④ 세수나 목욕을 할 때 물을 낭비하지 않는다.
⑤ 세계 곳곳에서 일어나는 지구촌 문제에 관심을 갖지 않는다.

실전 단원 평가 2회

2. 통일 한국의 미래와 지구촌의 평화

[1~2] 다음 글을 읽고, 물음에 답하시오.

> ㉠ 독도는 우리나라의 동쪽 끝에 있으며, ㉡ 북위 37°, 동경 132° 가까이에 있습니다. 독도는 동해의 중심에 있어 ___(가)___. ㉢ 독도는 화산 활동으로 만들어진 화산섬으로, 경사가 급하고 대부분 암석이어서 ㉣ 동식물이 전혀 서식하지 않습니다. 또한 ㉤ 독도 주변의 바다는 따뜻한 바닷물과 차가운 바닷물이 만나는 곳으로 물고기의 먹이가 풍부하여 많은 해양 생물이 살고 있습니다.

1 위 ㉠~㉤ 중 독도에 대한 설명으로 알맞지 <u>않은</u> 것을 골라 기호를 쓰시오.

( )

서술형

2 위 (가)에 들어갈 독도가 동해의 중심에 있다는 위치가 가지는 중요성은 무엇인지 쓰시오.

_____

_____

3 다음에서 설명하는 옛 기록은 무엇인지 쓰시오.

> "우산(독도)과 무릉(울릉도) 두 섬은 울진현의 정동쪽 바다 한가운데에 있다. 두 섬은 거리가 멀지 않아 날씨가 맑으면 바라볼 수 있다."라고 기록되어 있습니다.

( )

4 다음에서 설명하는 단체는 무엇인지 쓰시오.

> 전 세계에 우리나라와 관련된 정보를 바르게 알리는 일을 하는 사이버 외교 사절단입니다. 독도와 관련해서는 독도에 관한 사실을 전 세계 사람들에게 알리고 일본의 역사 왜곡을 바로잡는 활동을 합니다.

( )

5 안용복이 독도를 지키려고 노력한 일로 알맞은 것을 고르시오. ( )

① 독도 의용 수비대를 조직하였다.
② 독도라는 명칭을 공식적으로 처음 사용하였다.
③ 일본으로부터 독도가 우리나라 땅임을 확인받았다.
④ 주민 등록을 독도로 옮겨 독도의 1호 주민이 되었다.
⑤ 일본이 독도를 일본 영토로 편입하려는 것을 알고 이를 나라에 보고하였다.

중요

6 남북통일이 필요한 까닭에 대해 바르게 말한 어린이의 이름을 모두 쓰시오.

> 정윤: 이산가족 문제를 해결할 수 있어.
> 지원: 국방비 지출을 많이 늘릴 수 있어.
> 기현: 남한과 북한의 문화적 차이가 커질 거야.
> 시영: 한반도의 지리적 장점을 활용할 수 있어.

( )

7 남북통일을 위한 사회·문화적 노력으로 알맞은 것은 어느 것입니까? ( )

① 개성 공단 가동
② 남북 기본 합의서 채택
③ 7·4 남북 공동 성명 발표
④ 남북 경제 협력 공동 위원회 개최
⑤ 평창 동계 올림픽 남북 선수단 공동 입장

8 시리아 내전이 일어난 까닭으로 알맞은 것을 **두 가지** 고르시오. (,)

① 종교 갈등이 발생하였기 때문에
② 오랜 기간 대통령이 독재를 하였기 때문에
③ 하나의 지역을 서로 차지하려고 하기 때문에
④ 자원이 매장된 지역을 서로 차지하려고 하기 때문에
⑤ 독립하는 과정에서 여러 종족이 한 나라에 살게 되었기 때문에

★중요★
9 다음 보기 에서 지구촌 갈등에 대한 설명으로 알맞은 것을 모두 골라 기호를 쓰시오.

보기
㉠ 짧은 시간에 해결할 수 있다.
㉡ 갈등을 겪는 지역만 어려움을 겪는다.
㉢ 다양한 원인이 복합적으로 얽혀 있다.
㉣ 지구촌 전체의 평화와 발전을 위협하고 있다.

( )

10 지구촌 갈등 해결을 위해 개인이 할 수 있는 노력으로 알맞은 것은 어느 것입니까? ( )

① 갈등 해결을 위한 정책을 마련한다.
② 갈등을 막기 위한 강력한 법을 제정한다.
③ 전쟁이 일어난 지역에 직접 가서 지원한다.
④ 지구촌 갈등에 대해 전혀 관심을 갖지 않는다.
⑤ 지구촌 갈등으로 피해를 입은 사람들을 돕는 모금 활동을 한다.

11 다음 밑줄 친 '이 사람'은 누구인지 쓰시오.

남수단에서 의료 봉사와 교육 관련 일을 하였던 이 사람은 국적과 종교를 넘은 희생과 봉사로 지구촌 평화를 위해 노력한다고 하여 '남수단의 슈바이처'라고 부르기도 하였습니다.

( )

12 비정부 기구에 대한 설명으로 알맞지 <u>않은</u> 것은 어느 것입니까? ( )

① 국경을 넘어 함께 활동하고 있다.
② 여러 나라의 정부 관리들이 모여서 활동한다.
③ 지구촌의 여러 문제를 해결하고자 노력하고 있다.
④ 뜻이 같은 개인들이 모여서 공공의 이익을 추구한다.
⑤ 인권, 환경, 빈곤 퇴치 등의 문제를 해결하는 활동을 한다.

13 다음과 같은 일을 하는 국제 연합(UN)의 기구는 어느 것입니까? ( )

위기 상황에 있는 아동을 돕고 보호하는 활동을 하며, 아동 권리 보장을 위한 활동을 합니다.

①
▲ 국제 노동 기구

②
▲ 유엔 난민 기구

③
▲ 유엔 아동 기금

④
▲ 국경 없는 의사회

14 지구촌 갈등을 해결하고자 우리나라가 하는 일로 알맞지 <u>않은</u> 것은 어느 것입니까? ( )

① 전쟁 무기를 개발해서 전쟁에 참여한다.
② 다른 나라와 좋은 관계를 유지하기 위해 노력한다.
③ 국제기구에 가입하여 지구촌 문제 해결에 협력한다.
④ 지구촌에서 일어나는 문제를 여러 나라와 함께 해결한다.
⑤ 어려움을 겪는 세계의 여러 지역을 지원하는 조직을 만들어 활동한다.

15 다음과 같은 환경 문제가 일어나는 까닭은 무엇입니까? ( )

아마존 열대 우림이 2019년 8월부터 2020년 7월 사이에 12년 만에 최대 규모로 파괴되었습니다.

① 일회용품을 사용하지 않기 때문에
② 화석 연료 사용이 줄어들기 때문에
③ 지구의 기온이 점점 낮아지기 때문에
④ 플라스틱 사용량이 점점 줄어들기 때문에
⑤ 농경과 목축을 위해 무분별하게 나무를 베고 숲을 불태웠기 때문에

[16~17] 다음 자료를 보고, 물음에 답하시오.

ㄱ ▲ 극지방 빙하가 녹음.

ㄴ ▲ 해양 생물이 플라스틱을 먹음.

ㄷ ▲ 미세 먼지가 심해짐.

ㄹ ▲ 더위가 심한 날이 많음.

16 위 환경 문제 중 다음 내용과 관련 있는 현상으로 알맞은 것을 모두 골라 기호를 쓰시오.

• 지구 온난화	• 이상 기후

( )

17 위와 같은 환경 문제 해결을 위한 기업의 노력으로 알맞은 것을 두 가지 고르시오. (,)

① 쓰레기를 분리배출한다.
② 친환경 포장재로 제품을 포장한다.
③ 환경과 관련된 정책과 법을 만든다.
④ '지구촌 전등 끄기' 운동을 개최한다.
⑤ 온실가스를 적게 배출하는 생산 시설을 설치한다.

18 친환경적으로 키운 닭과 달걀의 생산과 소비에 대한 설명으로 알맞지 <u>않은</u> 것은 어느 것입니까? ( )

① 신선한 달걀을 먹을 수 있다.
② 넓고 쾌적한 환경에서 닭을 키운다.
③ 건강한 닭을 먹을 수 있어서 우리 몸에 이롭다.
④ 닭이 병에 걸리지 않도록 항생제가 들어간 먹이를 먹여 키운다.
⑤ 소비가 늘어날수록 생산자들이 친환경적으로 닭과 달걀을 생산하려고 노력할 것이다.

서술형
19 다음과 같이 빈곤과 기아로 나타나는 문제를 해결하기 위한 노력을 두 가지만 쓰시오.

▲ 생활필수품이 부족함.

▲ 일하느라 학교에 가지 못함.

_____

_____

중요
20 다음과 같은 문제를 해결하기 위한 노력으로 알맞지 <u>않은</u> 것은 어느 것입니까? ( )

• 종교적인 이유로 돼지고기를 먹지 않는데, 사람들이 이를 이상하게 생각할 때가 있어요.
• 사람들에게 제가 믿는 종교를 설명했는데 이상하다고 하였어요.

① 다양한 문화를 이해하고 존중한다.
② 다른 나라 문화에 관심을 갖지 않는다.
③ 상담을 지원하고 필요한 도움을 제공한다.
④ 다양한 문화를 체험할 수 있는 행사를 연다.
⑤ 다양한 문화를 소개하여 이해할 수 있도록 돕는다.

주제 ❶

- 독도 관련
- 역사적 자료

|목표| • 독도 관련 역사적 자료에 담긴 내용과 의미를 이해할 수 있다.
- 독도 관련 역사적 자료를 근거로, 독도가 우리나라 고유 영토임을 설명할 수 있다.

✤ 다음은 독도 관련 역사적 자료입니다. 물음에 답하시오.

(가)	(나)	(다)	(라)
▲ 『세종실록』「지리지」 (1454년)	▲ 태정관 지령(1877년)	▲ 『신증동국여지승람』 「팔도총도」(1531년)	▲ 「삼국접양지도」(1785년)
독도가 조선의 영토라는 사실과 울릉도에서 독도를 직접 눈으로 볼 수 있다는 지리적 특징이 기록되어 있다.	태정관에서 울릉도와 독도가 일본의 영토와 관계 없다고 선언한 지령이다.	현재 남아 있는 우리나라 옛 지도 중 ㉠_____	울릉도와 독도가 조선의 영토와 같은 색으로 표현되어 있으며, '조선의 것'이라고 쓰여 있다.

1-❶ 위 독도 관련 역사적 자료를 우리나라 자료와 일본 자료로 구분하여 모두 기호를 쓰시오.

(1)	우리나라의 자료	
(2)	일본의 자료	

1-❷ 위 ㉠에 들어갈 (다) 자료가 가지는 의미를 쓰시오.

_____

_____

1-❸ 위 독도 관련 역사적 자료를 통해 알 수 있는 사실을 쓰시오.

_____

_____

주제 ❷

- 지구촌 갈등의
- 원인과 해결 노력

|목표| • 지구촌에서 일어나는 다양한 갈등 사례의 원인을 파악할 수 있다.
- 지구촌에서 일어나는 다양한 갈등이 지속되는 까닭을 이해할 수 있다.
- 지구촌 갈등 해결을 위한 주체별 노력을 설명할 수 있다.

✤ 다음은 지구촌 갈등을 나타난 지도입니다. 물음에 답하시오.

2-❶ 위와 같은 지구촌 갈등의 원인을 세 가지만 쓰시오.

(   )

2-❷ 위와 같은 지구촌 갈등이 지속되는 까닭을 두 가지만 쓰시오.

_____

_____

2-❸ 위와 같은 지구촌 갈등을 해결하기 위한 주체별 노력을 각각 한 가지만 쓰시오.

(1)	국가	
(2)	민간단체	
(3)	개인	

1 다음 자료의 특징으로 알맞지 <u>않은</u> 것은 어느 것입니까? ( )

① 전 세계를 한눈에 보기 힘들다.
② 둥근 지구를 작게 줄여서 만든 모형이다.
③ 세계 지도와 달리 가지고 다니기 편리하다.
④ 가로선과 세로선에 쓰여 있는 숫자를 보면 위도와 경도를 알 수 있다.
⑤ 세계 여러 나라의 위치, 넓이, 영토 모양, 거리 등을 비교적 정확하게 살펴볼 수 있다.

[2~3] 다음 지도를 보고, 물음에 답하시오.

2 위 지도를 보고, 다음 설명에 해당하는 대륙을 쓰시오.

> ( )은/는 대부분 남반구에 속해 있고, 동쪽은 대서양과 접하고, 남쪽은 남극해와 접해 있는 대륙입니다.

( )

서술형

3 위 지도를 보고, 태평양의 특징을 쓰시오.

_____

_____

4 다음은 '우리가 꿈꾸는 세계 일주'라는 주제로 조사하면서 알게 된 점을 이야기한 것입니다. 빈칸에 들어갈 알맞은 자료를 쓰시오.

> 지혜: 세계 지도에 방문할 도시를 표시하고 선으로 이어 보니 세계 일주 경로를 한눈에 볼 수 있어 좋았어.
> 재민: ( )을/를 활용해서 각 나라의 주요 관광지와 가는 방법을 미리 찾아보고 정리할 수 있어 좋았어.

( )

5 기후의 특징에 대해 바르게 이야기 한 어린이는 누구인지 이름을 쓰시오.

> 서현: 적도 지방에서 극지방으로 갈수록 기온이 점차 높아져.
> 재석: 햇볕을 수직으로 받는 적도 부근은 온대 기후가 나타나.
> 지수: 기후는 해당 지역의 기온과 강수량 등을 기준으로 구분해.

( )

6 다음 ㉠, ㉡에 들어갈 알맞은 말을 각각 쓰시오.

> 건조 기후 지역 중에는 아프리카 사하라처럼 강수량이 매우 적어 (㉠)이/가 널리 나타나는 곳도 있고, 중앙아시아처럼 약간의 비나 눈이 내려 (㉡)이/가 넓게 나타나는 곳도 있습니다.

㉠: ( ), ㉡: ( )

7 세계 여러 나라 사람들의 생활 모습이 다양하게 나타나는 까닭으로 알맞지 <u>않은</u> 것은 어느 것입니까? ( )

① 기후가 다르기 때문에
② 소득이 다르기 때문에
③ 종교가 다르기 때문에
④ 지형이 다르기 때문에
⑤ 풍습이 다르기 때문에

8 다음 사진과 같은 지형을 볼 수 있는 이웃 나라에 대한 설명으로 알맞지 <u>않은</u> 것은 어느 것입니까?

(   )

▲ 고비 사막

▲ 황허강

① 서쪽에는 주로 고원과 산지가 분포한다.
② 동부 지역과 해안가에 대도시와 항구가 발달하였다.
③ 동쪽으로 갈수록 지형이 낮아져 넓은 평야가 발달한다.
④ 네 개의 큰 섬과 3,000여 개의 작은 섬으로 이루어져 있다.
⑤ 영토가 넓어 열대, 온대, 건조, 냉대, 고산 기후 등 지역마다 다른 기후가 나타난다.

9 우리나라와 이웃 나라가 정치적으로 교류하는 사례로 알맞은 것은 어느 것입니까? (   )

① 러시아 발레단의 한국 공연
② 한·중·일 합작 만화 영화의 국내 개봉
③ 한·중·일 3국의 미세 먼지 해결 방안 논의
④ 우리나라에서 물건을 구입하는 중국 관광객
⑤ 우리나라, 중국, 일본, 러시아의 전력망을 서로 잇는 사업 추진

10 우리나라가 원유를 가장 많이 수입하는 지역은 어디입니까? (   )

① 아프리카　　　② 서유럽
③ 북아메리카　　④ 동남아시아
⑤ 서남아시아

[11~12] 다음 사진을 보고, 물음에 답하시오.

▲ 탕건봉

▲ 코끼리 바위

▲ 한반도 바위

11 위와 같은 지형이 있는 우리나라의 동쪽 끝에 있는 섬은 무엇인지 쓰시오.

(   )

중요★
12 위와 같은 지형이 있는 섬을 지키기 위한 노력으로 알맞지 <u>않은</u> 것은 어느 것입니까? (   )

① 여러 법령을 만들어 시행한다.
② 등대, 선착장 등 다양한 시설을 만든다.
③ 세계 여러 나라에 아름다움을 홍보한다.
④ 자연을 보호하기 위해 사람이 살지 못하게 한다.
⑤ 우리나라 고유 영토임을 세계 여러 나라에 알리는 활동을 한다.

13 다음 보기 에서 남북 분단으로 인한 어려움으로 알맞은 것을 모두 골라 기호를 쓰시오.

보기
㉠ 해마다 많은 국방비를 지출하고 있다.
㉡ 자원을 효율적으로 사용하지 못하고 있다.
㉢ 언어, 문화와 생활 모습이 서로 비슷해지고 있다.
㉣ 언제 전쟁이 일어날지 모른다는 불안감이 계속되고 있다.

(   )

14 남북통일을 위한 정치적 노력으로 알맞은 것은 어느 것입니까? (   )

① 개성 공단 가동
② 남북 정상 회담 개최
③ 남북 예술단 합동 공연
④ 개성 만월대 남북 공동 발굴
⑤ 남북 경제 협력 공동 위원회 개최

15 지구촌 갈등에 대해 바르게 설명한 어린이의 이름을 모두 쓰시오.

> 동주: 짧은 시간에 해결할 수 있어.
> 지안: 지구촌 갈등으로 난민이 되는 사람들이 있어.
> 진설: 지구촌 갈등은 모두 종교 분쟁으로 일어나고 있어.
> 도윤: 갈등을 겪는 지역뿐만 아니라 다른 여러 나라와도 연결되어 있어.

(   )

16 다음에서 설명하는 조직이 <u>아닌</u> 것은 어느 것입니까?
(   )

> 뜻이 같은 개인들이 모여 공공의 이익을 추구하고 지구촌의 여러 문제를 해결하고자 활동하는 민간 조직을 말합니다.

① 해비타트   ② 국경 없는 의사회
③ 세이브 더 칠드런   ④ 국제 원자력 기구
⑤ 핵무기 폐기 국제 운동

17 다음과 같은 활동을 하는 국제 연합(UN)의 기구를 보기 에서 골라 각각 기호를 쓰시오.

> **보기**
> ㉠ 유네스코   ㉡ 유엔 난민 기구
> ㉢ 유엔 아동 기금   ㉣ 국제 노동 기구

(1) 교육, 과학, 문화 등 여러 분야에서 교류와 협력을 하고 있다. (   )
(2) 위기 상황에 있는 아동을 돕고 보호하는 활동을 하며, 아동 권리 보장을 위한 활동을 한다.
(   )

⭐중요⭐ 18 다음과 같은 문제를 해결하려는 개인의 노력으로 알맞은 것은 어느 것입니까? (   )

> • 대기 오염   • 지구 온난화
> • 열대 우림 파괴   • 플라스틱 쓰레기 증가

① 쓰레기를 분리배출한다.
② 플라스틱 빨대를 사용한다.
③ 환경 관련 정책과 법을 만든다.
④ 다른 나라와 환경 관련 협약을 맺는다.
⑤ 재사용이 가능한 원료를 이용하여 제품을 생산한다.

서술형 19 다음 밑줄 친 부분에 들어갈 알맞은 내용을 쓰시오.

> 세계 곳곳에서 일어나는 빈곤과 기아 문제를 해결하기 위해 지구촌 사람들은 _____ 등의 노력을 하고 있습니다.

_____

_____

20 다음 보기 에서 세계 시민으로서 할 수 있는 일로 알맞은 것을 모두 골라 기호를 쓰시오.

> **보기**
> ㉠ 급식을 먹을 때 음식을 남기지 않는다.
> ㉡ 가까운 거리도 자동차를 이용하여 이동한다.
> ㉢ 지구촌에서 일어나는 문제를 알리는 활동을 한다.
> ㉣ 다른 나라에서 온 친구들에게 우리나라 문화를 지키도록 강요한다.

(   )

학업성취도 2회 평가 대비 문제	1. 세계의 여러 나라들 ~ 2. 통일 한국의 미래와 지구촌의 평화	6학년	반	점수
		이름		

1 지구본에 대한 설명으로 알맞은 것은 어느 것입니까?
( )

① 가지고 다니기 편하다.
② 지구의 실제 모습과 비슷하다.
③ 전 세계의 모습을 한눈에 볼 수 있다.
④ 둥근 지구를 평면으로 나타낸 것이다.
⑤ 인터넷을 연결해야 다양한 기능을 사용할 수 있다.

2 다음에서 설명하는 대륙과 대양을 보기 에서 골라 기호를 쓰시오.

보기
ㄱ 유럽   ㄴ 아시아   ㄷ 태평양
ㄹ 북극해   ㅁ 대서양   ㅂ 아프리카

(1) 북반구와 남반구에 걸쳐 있는 아시아 다음으로 큰 대륙: ( )
(2) 아시아, 유럽, 북아메리카 대륙에 둘러싸인 대양: ( )

3 세계 여러 나라의 범위를 알아보는 방법으로 알맞지 않은 것은 어느 것입니까? ( )

① 주변에 있는 대양을 알아본다.
② 주변에 있는 나라를 살펴본다.
③ 위도와 경도의 범위를 알아본다.
④ 각 나라에서 발달한 산업을 조사한다.
⑤ 북반구에 속해 있는지 남반구에 속해 있는지 찾아본다.

4 세계 여러 나라의 영토 면적에 대한 설명으로 알맞은 것을 두 가지 고르시오. (,)

① 캐나다는 세계에서 영토 면적이 가장 넓다.
② 모나코는 세계에서 영토 면적이 가장 좁다.
③ 라오스는 우리나라와 영토 면적이 비슷하다.
④ 세계에서 영토 면적이 두 번째로 넓은 나라는 브라질이다.
⑤ 우리나라의 영토 면적은 약 22만 km²이며 세계에서 85번째로 넓다.

5 다음 지도와 같이 분포하는 기후의 특징으로 알맞은 것은 어느 것입니까? ( )

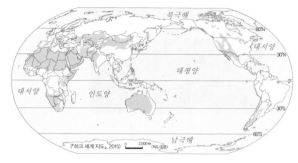

① 사계절이 비교적 뚜렷하다.
② 일 년 내내 평균 기온이 매우 낮다.
③ 일 년 내내 기온이 높고 강수량이 많다.
④ 건기와 우기가 나타나 우림이 발달한다.
⑤ 일 년 동안의 강수량을 모두 합쳐도 500mm 미만이다.

서술형
6 해발 고도가 높은 곳에 다음과 같은 도시가 발달하는 까닭을 쓰시오.

• 에콰도르의 수도, 키토
• 콜롬비아의 수도, 보고타
• 멕시코의 수도, 멕시코시티

_____

_____

7 인도 사람들이 소를 죽이거나 먹지 않는 데 영향을 미친 종교는 무엇입니까? ( )

① 불교   ② 힌두교
③ 유대교   ④ 이슬람교
⑤ 크리스트교

8 열대 기후 지역 사람들이 다음 사진과 같은 집을 짓는 까닭으로 알맞은 것은 어느 것입니까? (   )

① 추위를 막으려고
② 강한 바람을 막으려고
③ 눈이 쌓이는 것을 막으려고
④ 땅에서 올라오는 열기와 습기를 피하려고
⑤ 모래가 집 안으로 들어오는 것을 막으려고

9 다음 빈칸에 들어갈 알맞은 말을 쓰시오.

> 자연환경과 인문환경의 영향을 받아 세계 여러 나라의 생활 모습이 매우 다양하게 나타나며 이는 고유한 가치를 지니고 있습니다. 따라서 서로 다른 생활 모습을 (   )하고 존중하려는 태도가 필요합니다.

(   )

10 이웃 나라에 대한 설명이 <u>잘못</u> 연결된 것은 어느 것입니까? (   )

① 중국 – 동부 해안가 지역에 도시가 발달하였다.
② 일본 – 섬나라이기 때문에 비와 눈이 많이 내린다.
③ 러시아 – 대부분의 인구가 서남부 지역에 집중해 있다.
④ 중국 – 영토가 넓어 지역마다 다양한 지형과 기후가 나타난다.
⑤ 일본 – 국토 대부분이 평야로 이루어져 있어 농업이 발달하였다.

11 다음 세 단계의 도움말을 읽고, 해당하는 나라 이름을 쓰시오.

> • 1단계: 50개의 주로 이루어졌습니다.
> • 2단계: 영토 면적이 우리나라의 약 44배 정도로 넓습니다.
> • 3단계: 넓은 땅에서 옥수수, 밀 등의 곡물을 대규모로 생산합니다.

(   )

중요
12 독도의 자연환경과 자원에 대한 설명으로 알맞지 <u>않은</u> 것은 어느 것입니까? (   )

① 다양한 동식물이 서식하고 있다.
② 용암이 굳어져 만들어진 화산섬이다.
③ 천연기념물로 지정되어 보호받고 있다.
④ 두 개의 큰 섬인 동도, 서도와 89개의 작은 섬으로 이루어져 있다.
⑤ 주변 바다는 일 년 내내 차가운 바닷물이 흘러서 해양 생물이 살기에 좋다.

13 다음에서 설명하는 옛 기록은 무엇인지 쓰시오.

> 일본의 지도 제작자가 그린 지도로, 조선은 황색, 일본은 녹색 등으로 나라마다 색을 달리하였습니다. 울릉도와 독도는 한반도와 같은 황색으로 칠하였으며, 그 옆에 '조선의 것'이라고 적혀 있습니다.

(   )

14 남북통일이 되면 일어날 수 있는 일로 알맞은 것을 두 가지 고르시오. (,   )

① 이산가족이 늘어날 것이다.
② 해마다 많은 예산을 국방비로 지출할 것이다.
③ 세계 여러 나라에 갈 때 꼭 비행기를 이용해야 할 것이다.
④ 전쟁의 불안감이 사라진 평화로운 나라를 만들 수 있을 것이다.
⑤ 남한의 발전된 기술력과 북한의 풍부한 자원을 활용하여 경제적으로 성장할 수 있을 것이다.

15 지구촌 갈등의 원인으로 알맞지 <u>않은</u> 것은 어느 것입니까? ( )

① 영토 분쟁　　　② 종교 갈등
③ 자원 분쟁　　　④ 인종 갈등
⑤ 지구 온난화

16 다음 빈칸에 들어갈 사람은 누구인지 쓰시오.

> 파키스탄의 (　　　)은/는 누리 소통망을 이용해 파키스탄 탈레반 점령 지역의 생활과 여성 교육 문제를 알렸습니다.

( )

17 지구촌 갈등 해결을 위한 우리나라의 노력으로 알맞은 것을 **보기** 에서 모두 골라 기호를 쓰시오.

> **보기**
> ㉠ 국제기구에 가입하여 지구촌의 문제 해결에 협력하고 있다.
> ㉡ 외교적 갈등을 피하고자 다른 나라의 갈등에 대해 관심을 갖지 않고 있다.
> ㉢ 갈등을 겪고 있는 지역에 군대를 파견하여 무력으로 갈등을 없애려 노력하고 있다.
> ㉣ 지구촌에서 일어나는 문제를 여러 나라와 함께 고민하고 해결하는 활동을 하고 있다.

( )

18 국제 연합(UN)에 대한 설명으로 알맞지 <u>않은</u> 것은 어느 것입니까? ( )

① 우리나라는 1991년에 회원국으로 가입했다.
② 전쟁 방지, 지구촌 평화 유지 등의 일을 하고 있다.
③ 제1차, 제2차 세계 대전을 계기로 1945년에 설립되었다.
④ 지구촌에서 일어나는 문제 해결을 위해 분야별로 기구를 만들었다.
⑤ 뜻이 같은 개인들이 모여 지구촌 문제 해결을 위해 만든 민간 조직이다.

19 다음과 같은 원인으로 일어난 환경 문제로 알맞은 것은 어느 것입니까? ( )

> 지표면의 평균 기온이 올라가는 현상을 말합니다.

①
▲ 극지방 빙하가 녹음.

②
▲ 열대 우림이 파괴됨.

③
▲ 미세 먼지가 심해짐.

④
▲ 쓰레기 섬이 만들어짐.

20 다음과 같은 문화적 편견과 차별 문제를 해결하기 위한 노력을 두 가지만 쓰시오.

사람들에게 제가 믿는 종교를 설명했는데 이상하다고 하였어요.

종교적인 이유로 돼지고기를 먹지 않는데, 이를 사람들이 이상하게 생각해요.

우리의 전통 음식을 잘 모르는 사람들이 함부로 평가할 때가 있어요.

Memo